JN294008

現代日本企業のイノベーションⅢ

中小企業の
イノベーションと
新事業創出

小川正博
西岡　正　編著

同友館

はしがき

　グローバリゼーションの進展や情報技術の革新の一方で，日本企業のプレゼンス低下を示すニュースが相次いでいる。情報産業分野では以前から世界での存在感は希薄だったが，近年では半導体やテレビ，携帯電話などハイテク技術を標榜してきた得意分野で凋落が顕著である。そして新しく成長領域として期待されるスマートフォンやタブレット端末など，モバイル機器では凋落するどころか，初めから世界市場に登場さえしていない。世界をリードすると期待された自動車産業では，ハイブリッド車や電気自動車では存在感を示すものの，数年前の勢いがない。今日の成長市場である新興国市場で，日本企業がリード出来ていないからである。

　21世紀には，永い眠りから覚めた日本企業が再び躍進するとの期待は，残念ながら急速にしぼもうとしている。しかしわれわれは日本企業が再び輝く日を創造することを信じている。若者たちが明日を夢見て前進するには，またゆとりある生活を営むには活発な産業活動が不可欠である。経済活動が活発なときは社会に活力が生まれ，夢や希望が社会を先導する。

　しかし今，ユーロ圏の経済混乱は解決どころか混迷の度を深めている。世界の経済社会はますます不確実性を高めている。そして新興国企業が急速に技術力を高めて台頭し，競争の舞台に新しい風を巻き起こし，日本企業を凌駕する場面が増えてきた。

　輝く明るい未来を築くためには日本企業は変わらなくてはならない。過去の成功は忘れ，新しい環境に対応した経営や技術を，そして事業の仕組みを斬新な発想で創造し再構築することが課題である。新しい環境に合わせたイノベーションが行われないために，日本企業は存在感をなくしている。既存産業の革新を図るだけでなく，新たな事業や産業の開発も不可欠である。［現代日本企業のイノベーションシリーズ］第3巻になる本書では，新事業や新産業，新市場創出に向けてのイノベーションの課題とその克服への試みを，とりわけ中小

企業を中心に検討する。

　高度な技術力を標榜してきたはずの日本企業の経営が不振なのはなぜだろうか。確かに高度な技術を保有するものの，それが社会の求める価値を実現する技術でなかったり，顧客が求める価値を考慮しない製品開発であったり，優れた技術を活用する戦略を持たないなどの理由からである。第1章の「カテゴリーのイノベーションによる新事業創出」では，技術志向のイノベーションではなく，顧客価値基準による価値創造のイノベーションという視点から，カテゴリーという概念を用いて事業イノベーションを提起する。それは大企業だけでなく中小企業にとっても有効で事業創造に結びつくことをみる。

　つづく第2章「デザイン思考によるイノベーション」は，デザインという観点から中小企業のイノベーションについて検討を加えたものである。従来のイノベーション研究では技術を中心に議論が展開されており，デザインという観点からのイノベーション解明は十分ではなかったが，近年イノベーションの新たな形態や，デザインによるイノベーションについての研究が進展している。第2章ではデザイン思考という概念を中心に，これらの問題に検討を加える。単なる製品デザインではなく，顧客を中核にビジネス・プロセスを再構築するという観点から，デザイナーやデザイン会社との連携によるイノベーションに注目したものである。

　第3章「ICT活用によるプロセス・イノベーション」は，企業ばかりでなく社会活動にもその大きな影響を与えている情報通信技術によるイノベーションを検討する。ここでは顧客満足度を作り込むのはビジネス・プロセスであるという視点からICT活用によるプロセス革新に注目する。突出した製品や技術をもたない大半の中小企業にとって，いわば企業の総合力を引き上げるプロセス・イノベーションに取組むことが企業生き残りに不可欠である。

　今日，世界の自動車産業では，相次ぐ環境規制に対応する次世代自動車開発と，発展する新興国市場向けの低価格な自動車開発という2つの領域でイノベーションが競われている。第4章「低価格自動車にみるものづくり革新」は

後者の視点から新しい方法による低価格自動車の開発と生産に注目し，自動車産業に大きなインパクトを与えたインドの完成車メーカーのタタ社が投入した超低価格車ナノのイノベーションを解明して，新たな自動車産業の可能性を検討する。

第5章「風力発電機産業の潜在的競争優位性」は，再生可能エネルギーの中でも国内製造業への波及効果が期待される風力発電機産業を取り上げ，日本製風力発電機の潜在的競争優位性と内需型産業の創出について考察したものである。風力発電機産業にはすでに競争力を高めた海外企業が存在している。その中にあって洋上風力発電機分野では日本企業に強みがあることをみる。

先にも触れたようにアニメの他には，情報産業では日本企業の影は薄い。コンテンツ産業は成長産業と期待できるものの，ハードなものづくりと異なって異質な制度や異質な事業方法が求められている。第6章「コンテンツ産業にみる権利ビジネス」では，価値中立性の高い技術が，価値志向性の高い制度・政策と共に権利ビジネスに如何なる役割を担ってきたかを考察する。ほとんどの著作物が著作権制度に深く関わっており，著作物を巡って権利者と利用者との間では利害関係が対立してきた。第6章ではデジタル・ネットワーク技術のイノベーションのなかで，著作権制度がどのように変化して，コンテンツ事業に影響をもたらすかという著作権制度について解明する。

近年，社会変革を担う社会的企業に対する関心と期待が高まっている。企業や政府などの取組では解決できないほどに社会が複雑化しているからである。しかし現実には経営基盤が脆弱で，期待される役割に応えられていない。第7章「社会的企業の可能性」では，社会的企業の特徴を活用した経営基盤の強化策について検討する。さらに社会的企業にとって，主要な資源調達先である政府やコミュニティとの関係のあり方について論じつつ，その可能性を考察する。

つづく第8章と第9章は中小企業のイノベーションについて，論理的な解明を試みたものである。グローバル化や少子高齢化の急速な進展等を背景に，強まる近年の閉そく感を打破するためには大企業部門だけでなく，中小企業部門においても，その特性を生かした新たな産業や事業の叢生につながるイノベー

ションの創出が不可欠といえる。そこで第8章「中小企業のイノベーション創出と持続的競争優位」では，持続的競争優位の源泉となる中小企業のイノベーションの創出に焦点を当てて，中小企業のイノベーションを創出するための基盤的能力とその特徴について検討を行う。

　最終の第9章「イノベーションと中小企業の企業成長」では，イノベーションと企業成長の関係について論じる。企業の成長はしばしば企業規模の拡大と同義に捉えられているが，イノベーション創出の上では中小企業がいたずらに企業規模を拡大することは逆効果であり，中小企業は量的成長よりも質的成長を目指すべきではないかとする主張に基づいて，理論とケースを交えて検討する。

　2011年3月の未曽有の大災害と，その厄災をさらに拡大させた原子力発電所の事故から1年以上過ぎた。この大災害を復旧させ災いを転じて，21世紀の範たる町を災害地に創ることは日本人の使命である。しかしまだその青写真さえ見えていない。それを一人，政府の力量不足にして叫んでも前進はない。自治体も企業も，そしてわれわれ国民一人ひとりが自らできることに挑戦することで再建するしかない。

　躍進する新興国企業に対して日本企業が停滞しているのは，大きく変わってしまった環境のなかで企業や国民が自ら挑戦し，新しいものへとイノベーションしようとする姿勢が弱体化したからではないだろうか。経済の悪化や予期できぬ災害もすべて政府の怠慢や対策の遅れということで非難する。そのことの少なからずは事実であろう。しかし他者のせいにしているだけでは企業は消滅してしまう。自ら行動することなくして困難は打開できない。

　日本企業に必要なことは，グローバルな市場で需要を獲得する経営，円高のなかで競争力のある経営，顧客の求める製品を素早く提供できる経営，それに新興国企業のものづくりに対応できる経営へのイノベーションである。過去に成功した方法ではなく，斬新なコンセプトと情報技術を融合させて新しい事業の仕組みを創造することである。このとき，失敗を恐れず果敢に挑戦して日本

を新興国から先進国へと躍進させた高度成長期の企業家精神に立ち返ることである。かつてわれわれは輝く明日を夢見て，他者のせいにせず，自ら挑戦することで企業や国民が繁栄する経済を創造してきたのではなかったろうか。日本という国が，企業がイノベーションを求められている今，本書が少しでもその創造活動に誘うことに役立てば幸いである。

　最後に，出版事情が厳しいなかシリーズ第3巻になる本書執筆の機会を設け，快く出版を頂いている株式会社同友館代表取締役社長脇坂康弘氏，および企画や面倒な編集作業をしていただいている出版部次長の佐藤文彦氏に厚く御礼をもうしあげたい。

2012年盛夏

編　者

❖ 目　次 ❖

はしがき　*iii*

第1章　カテゴリーのイノベーションによる新事業創出……… （小川正博）*1*
　　　　　―顧客価値基準による事業イノベーション―

　Ⅰ．はじめに　*1*
　Ⅱ．事業の再定義　*2*
　Ⅲ．価値の多様性と顧客価値創造　*9*
　Ⅳ．カテゴリー・イノベーション　*15*
　Ⅴ．中小企業におけるカテゴリー・イノベーションの可能性　*22*
　Ⅵ．カテゴリーからの事業の再定義　*28*

第2章　デザイン思考によるイノベーション……………… （秋山秀一）*33*

　Ⅰ．はじめに　*33*
　Ⅱ．イノベーションの議論の展開　*34*
　Ⅲ．イノベーションとデザインの関わり　*38*
　Ⅳ．企業による取り組み　*42*
　Ⅴ．デザイン思考による経営とは　*45*
　Ⅵ．デザイン思考のイノベーション　*48*
　Ⅶ．インプリケーション　*49*

第3章　ICT活用によるプロセス・イノベーション………… （竹内英二）*57*

　Ⅰ．中小企業におけるICT利用の現状　*57*
　Ⅱ．ICT投資の目的はプロセス・イノベーションにある　*65*
　Ⅲ．ICTを活用したプロセス・イノベーションの例　*70*
　Ⅳ．ICTを活用したプロセス・イノベーションを実現する2つの要因　*79*

第4章 低価格自動車にみるものづくり革新 ……………（太田志乃）83
　　　―インドにおける自動車産業のテイクオフ―

　　Ⅰ．はじめに　83
　　Ⅱ．先進国自動車産業に影響を与えたナノのインパクト　84
　　Ⅲ．低価格自動車ナノに向けたものづくり革新　89
　　Ⅳ．低価格自動車に学ぶこととは　100

第5章 風力発電機産業の潜在的競争優位性 ……………（北嶋　守）107
　　　―再生可能エネルギーを軸にした国内機械産業の活性化―

　　Ⅰ．日本の風力発電導入ポテンシャルと風力発電機産業の特徴　107
　　Ⅱ．拡大する世界市場と日本メーカーの対応　110
　　Ⅲ．日本の風力発電機産業の弱みと強み　115
　　Ⅳ．風力発電機産業クラスターによる国内産業の創出　124

第6章 コンテンツ産業に見る権利ビジネス ……………（崔　圭皓）131
　　　―著作権制度を中心に―

　　Ⅰ．はじめに　131
　　Ⅱ．コンテンツ産業とは　132
　　Ⅲ．浮上する著作権ビジネス　134
　　Ⅳ．著作権の諸問題　141
　　Ⅴ．テクノロジーと制度改革の動き　144
　　Ⅵ．まとめにかえて　150

第7章 社会的企業の可能性 ……………………………（鈴木正明）155

　　Ⅰ．はじめに　155
　　Ⅱ．社会的企業とは何か　157
　　Ⅲ．注目される背景　162

Ⅳ．社会的企業の特徴は何か　*165*
　Ⅴ．どのように事業活動を強化するのか　*170*
　Ⅵ．政府，コミュニティとの関係強化　*174*
　Ⅶ．おわりに　*177*

**第8章　中小企業におけるイノベーション創出と
　　　　持続的競争優位**……………………………（西岡　正）*183*

　Ⅰ．はじめに　*183*
　Ⅱ．イノベーションと中小企業経営　*184*
　Ⅲ．持続的競争優位とイノベーションの創出　*191*
　Ⅳ．中小企業におけるイノベーション創出　*199*
　Ⅴ．まとめ；事例からのインプリケーション　*205*

第9章　イノベーションと中小企業の企業成長……………（髙橋美樹）*211*

　Ⅰ．はじめに　*211*
　Ⅱ．「イノベーション過程」と企業のイノベーション創出能力　*214*
　Ⅲ．イノベーションと中小企業　*220*
　Ⅳ．中小企業のイノベーションと企業成長〜まとめに代えて〜　*230*

索引　*234*

第1章

カテゴリーのイノベーションによる
新事業創出

―顧客価値基準による事業イノベーション―

　近年，高度な技術力を標榜する日本企業が世界市場から撤退したり，多額の損失計上によって事業の縮小や売却を余儀なくされている。本章では技術志向のイノベーションではなく，顧客価値基準による価値創造のイノベーションという視点から，カテゴリーという概念を用いて，新たな顧客価値に対応するとともに模倣しにくい事業へのイノベーションを提起する。それは大企業だけでなく中小企業にとっても有効で事業創造に結びつく。

I. はじめに

　斬新な事業の創出は革新的な製品や技術の開発という視点から検討されることが少なくない。しかし，豊富な知見のある既存の事業領域やその周辺で，顧客との新しい関係を構築できる新たな顧客価値を創造することも，事業創出の有効な方法になる。それは事業ドメインを大きく変化させなくとも，例えば顧客との関係を変革する従来とは異なった価値を提供する製品カテゴリーを創造すれば，新しい事業や市場が創造できることを意味する。本章では顧客価値の再定義を基点にした新たなカテゴリー創造によるイノベーションが実現する事業や市場の創出を検討する。

　部品加工を主体にする中小製造業の場合も，業務範囲の拡大や付加，反対に特定技術やサービスに絞り込むことで，前述のような新たなカテゴリー形成が可能である。それは業務の仕組みであるビジネスシステムのイノベーションを

行うことになる。このとき新たな顧客価値を創造するには製品の使用場面，コンテクストに注目し，その多様な使用状況のなかから新しい価値を再定義する。そして模倣を少しでも無力化するカテゴリー化と，可視化しにくいビジネスシステムのイノベーションで新たな価値を創造する。

　以下第Ⅱ節では，環境変化の中での事業再定義の必要性と，再定義の考え方をみる。続く第Ⅲ節では時計を取り上げ，価値の多様性と顧客価値創造の視点を検討する。ここで得られた製品カテゴリーという概念と新しい事業の考え方をみたのが第Ⅳ節である。製品カテゴリーによるイノベーションをアーカー（Aaker）の視点をもとに検討し，それが新しい事業や市場創造に有力な方法であることをみる。その方法を中小企業に援用して，中小企業のカテゴリー・イノベーションを事例から見たのが第Ⅴ節である。第Ⅵ節では中小企業のカテゴリー・イノベーションの場合，とりわけ生産や事業というトータルなビジネスシステム構築が不可欠なことを述べ，まとめとする。

Ⅱ. 事業の再定義

　日本企業の事業基盤は大きく変化している。事業の前提を分析して事業を再定義することは新しい事業や市場を創造することでもある。

1　変化に対応しないことが危機を招く

　今日，日本企業の少なからずが，とりわけ中小企業の経営が悪化して廃業や倒産によって姿を消している。1983年には780,280事業所を数えた製造業は2008年には442,562事業所へと約43％も減少している。もちろん残った企業の業績が良好であれば，企業数の減少そのものは産業の衰退を意味しない。しかし今日の中小企業の売上高経常利益率は1.8％，大企業であっても平均値は3.2％と低い[1]。わが国の製造業は危機的状況にある。収益性を高めなければ研

---

(1)　売上高経常利益率の平均は財務省『法人企業統計』を使用しているため，事業者規

究開発や新規設備投資も行えなくなってしまう。従来経営の踏襲ではなく，事業そのもののイノベーションが不可欠なのである。

かつてドラッカー（Drucker［1995］）はIBMやGMという巨大企業が危機に陥ったことを取り上げ，ある前提のもとに形成された事業の定義が，新しい現実にそぐわなくなっているのにそれを放置して，新たな前提に対応した事業の再定義を行わないことが危機を招いたと指摘した。企業の存立基盤や運営の基礎になる前提が変わってしまったのに，従来と同じ事業を続けていることが企業を苦境に陥れるとドラッカーはみた。

事業を成立させている前提が他方では事業の定義要素になり，第1の要素は社会構造，市場や顧客，技術とその変化などの環境である。第2は企業の使命である。第3はこれら環境のなかで使命を達成するための企業の強みである。これらの前提の変化に対応したイノベーションが不可欠である。ドラッカーの指摘は，そのまま今日の日本企業衰退の要因として当てはまる。変質した環境に合わせて事業の定義を見直し，新しい前提の中での事業の仕組みを構築すればドラッカーが例にあげたIBMやGMのように再生できる[2]。

今日，世界の成長市場は先進国ではなく，経済が沸騰する新興国市場に向かっている。グローバル化した市場では先進国市場で効果のあった事業の定義も通用しない。所得水準の違いや所得格差，購買行動そして民族の慣習や宗教などの違いによる生活スタイルも多様なグローバル市場では，同じ製品領域でも異なった価値が求められる。新興国市場をターゲットにして躍進した韓国のサムスンやLG電子は，地域ごとに顧客価値を掘り起こして，顧客からの発想

模が大きな企業の数値であり，現実の中小企業の平均利益率はこの数値を大きく下回り，マイナスであることさえ予想できる。なお売上高経常利益率についての資料は中小企業庁［2011］，p.63を参照。
(2) ドラッカーの指摘のように再建を果たしたGMであるが，2008年のリーマンショックで極度の経営不振に陥って株価が1ドルを割り込む事態になり，2009年6月に連邦倒産法第11章の適用を申請して破たんする。再建のためアメリカ政府が新会社に出資し新生GMに移行する。身軽になったGMは2010年ニューヨーク証券取引所に再上場を果たし，再び世界のGMとして躍進している。

で90年代末の経営危機を脱し，短期間に世界ブランドを構築している[3][4]。

中国や台湾，韓国など新興国企業はコスト競争力を誇るだけでなく，新しい価値を提案し品質も向上させてきた。13億人の人口を抱える中国は低賃金労働力による労働集約型のものづくりだけでなく，一方で労働力不足への対応として最新の機械設備を装備し始めている。スマートフォンiPhoneを組立てる台湾本社の世界最大のEMS（Electronics Manufacturing Service）企業である鴻海精密工業は，中国本土の工場従業員が110万人といわれるが，今後100万台のロボットを導入して労働力不足を補うとしている[5]。

今日のスマートフォンのような精密な電子機器の基板組立では，極小の部品を扱うため既に人間労働が不可能になっている。そんな超精密な生産業務が中国工場で行われている。そこでは最新の電子部品の表面実装機が使用され，ロボットによる組立作業が行われるという現実を理解することが，とりわけ中小企業には必要である。事業の定義の前提はドラスチックに変化している。

画一的な顧客価値の提供や過去と同じ視点で市場をとらえるのではなく，それぞれの顧客が置かれている状況の中で求めているものを提供するという視点から新たな価値創造に向けて，抜本的に事業の仕組みまでを再構築することが日本企業の喫緊の課題である。大企業などから部品生産を受注する中小企業は取引関係にある顧客だけではなく，市場や未対象顧客の動向から新しいものづくりを発想することが必要になっている。自社の技術からの発想ではなく，顧客の状況変化や市場の変化から事業の在り方を検証する。

2　企業の使命と強みの認識

環境という前提条件の中でどのような事業を行い，社会に貢献していくかを明確にしたものが企業の使命である。それは具体化していくと事業ドメインに

---

[3]　新興国市場をターゲットにしたサムスンのマーケティング戦略については，張［2009］，pp.116-130参照。
[4]　サムスンの経営については畑村・吉川［2009］参照。
[5]　日本経済新聞電子版，2011年8月2日付。

なる。使命は事業として成立し持続できる内容であることが重要になる。そうすると変質する環境の中で運営できる競争力のある事業でなくてはならず，競争企業に優位な事業としての強みが不可欠になる。

かつて，半導体は産業のコメと呼ばれ，とりわけDRAM分野で1980年代は日本企業はアメリカを圧倒した。しかし次第に競争力を低下させるなかで日立製作所，NECそして三菱電機3社のDRAM部門の合併によって生まれ，わが国唯一のDRAM企業であったエルピーダメモリは，2012年2月に会社更生法申請に追い込まれた。そして経営権はマイクロン社に移り，日本のDRAM企業は消失した。

また2012年には，パナソニックやソニーのテレビ部門が相次ぐ多額の赤字によって，事業縮小に追い込まれた。そしてシャープは液晶パネルの最新工場である堺工場を単独では運営できなくなり，台湾の鴻海精密工業が筆頭株主として資本参加することになった。これらはかつてハイテク分野と呼ばれ，わが国ものづくり技術力の象徴的存在であった。しかし今日，韓国や台湾企業に敗退し，事業の縮小撤退に追い込まれている（小川［2010］）。短期間に強みを失い，しかもその回復の兆しが見えない。

かつて競争力を誇ったこれらの分野にはどんな強みがあったのだろうか。日本企業は最新の設備を導入し，一方で全員参加による生産現場での改善運動を行うことで不良率を低下させ歩留まり率を向上させてきた[6]。この結果，高品質で多様な製品を，欧米企業より低価格で提供できるのが強みであった。しかしバブル崩壊後は需要の低迷の中で設備投資をためらい，また製品がコモディティ化して普及品需要が高まるなかで，より高性能で高機能な製品分野に移行した。それは過剰な品質領域への移行であり，必ずしも多くの顧客が求めるものではなかったが，外国企業が参入しにくいガラパゴス化した国内市場では通用したため，海外市場を失っても国内市場で需要を獲得できた。

このため，海外市場を奪われ国内市場に追い込まれて収益を低下させ，技術

---

(6) 今井［2010］参照。

革新でも新興国企業に後れを取るようになってしまったが故の敗退であった[7]。また半導体産業では設計と生産を分離した新しい分業の登場や，デジタル製品分野ではモジュール化という製品アーキテクチャによる自律分散型のものづくりが登場しているにもかかわらず，独自規格で垂直統合型といわれる一貫生産の仕組みに拘泥し，新たな業務プロセスの構築にも遅れてしまった（小川[2012]）。それは顧客ニーズを把握せず，新たなものづくりシステムへと転換しなかったが故の結果でもある。そして技術力を標榜するも，それを活かす仕組みを再構築できなかった。

　グローバル化した市場，コモディティ化した市場で，かつての強みがいつしか弱みになっているのに，過去の成功におぼれ海外企業の力量を過小評価して，新たな強みや仕組みを構築せずに敗退した。そしてグローバル市場を獲得しなければ収益を確保できない製品分野で，国内市場を前提にした経営を続け，国内の延長として2次的に海外市場を扱うという戦略から脱皮できずにいる。成長するグローバル市場中心ではなく，縮小する国内市場に固執する経営である。

　これらは大企業の例であるが，中小企業はどうなのだろうか。そこでも同じことが当てはまらないだろうか。中小企業の場合，高度な技術力を持ちそれが大企業も支えているといわれている。しかし顧客になる大企業が競争力を低下させているとき，そこに部品を供給する企業が市場の求める技術力を保有しているのだろうか。それらはすでに過去の技術力だとは言えないだろうか。日本製価格の半分程度の台湾製や中国製の工作機械を，中国企業は多数導入し設備能力を向上させている。デジタル化された最新の日本企業の工作機械を導入している企業も珍しくはない。

　ものづくりのデジタル化や，グローバリゼーションの進展の下で新興国企業

---

(7)　日本企業の技術革新の遅れは，近年のスマートフォンをみれば明瞭である。1996年にカナダのRIM社のブラックベリー，2007年のアップルのiPhoneが発売され，台湾企業や韓国サムスンが参入して携帯電話に取って代わりつつあるが，日本企業の参入は2010年からであり，世界市場ではほとんど影響力を見いだせない。参入が決定的に遅れただけでなく，技術的にリードされている。

が急速に台頭しているために，色あせた熟練技能や過去のコア・コンピタンスに依存するものづくりは通用しなくなっている。新興国企業よりも古い機械設備を使用して，熟練技能による技術力を標榜していれば凋落の道を歩むことになる[8]。

しかし今日，前述したように新しい設備を導入する国内中小企業は少ない。最新設備を導入せずに熟練技能をうたっても高度な技術力とはいえない。競争力のある熟練とは，その時点で最新の技術や設備を他社以上に活用できる能力である。高度成長期から1980年代までのかつての日本企業のように，新興国企業は飛躍的に技術力を高めている。日本企業も当時は，欧米の最新技術と最新設備に熟練技能を融合させてものづくりの組織能力を高めた。

3 新たな顧客価値と強みを活かす事業の再定義

今日の環境や競争状況という新しい前提を踏まえた事業の再定義が日本企業の課題である。事業を再定義する場合例外はあるにしても，強みを技術だけに求めているだけでは，技術力を高める低コストな海外企業に対抗できない。それに，クリステンセン（Christensen [1997]）が解明したように，高度な技術力が顧客価値や収益獲得に結び付くわけではない。顧客が使用できる機能また必要とする製品に活用される技術にしか，顧客は経済的価値を認めない。それ以上の技術にも，それ以下の技術にも顧客は対価を支払わない。

2012年に株式時価総額がトヨタの4倍にもなって，かつての倒産状態から復活したアップルを再建した音楽プレーヤーのiPodやスマートフォンのiPhoneそして，タブレット端末のiPadはとりわけ斬新な技術で構成されているわけではない。既存の技術を組合せて製品化したものである。しかも製品化時点では先行企業が存在していた。しかしアップルの製品コンセプトは斬新であ

---

[8] わが国企業の設備投資は2008年以降低迷しており，これに伴って導入した設備の経過年数を意味する設備年齢は年々長くなる傾向にある。『ものづくり白書2011年版』pp.23-27参照。古い設備でも熟練技能で最先端の製品生産を行うことも可能であるがそれは例外である。そのような例については小川［2007］で取り上げた清田製作所を参照。

り，他の追従を許さない。そこにある新しい顧客価値創造を学ぶべきである。確かに企業のイノベーションには斬新な製品開発が重要である。しかし，革新的な製品や技術が開発できれば，顧客を獲得でき競争優位が形成される訳ではない。そうではないことはパナソニックやソニー，シャープなどの例が物語る。

　低価格な自動車整備を謳うNCオート（大阪）は，早くから板金加工や塗装部門を持つ自動車整備業ではあるが，それだけには終わらない。レンタル用自動車15台やリース用自動車200台を保有し，自動車の買い取り，中古車販売，新車販売，保険業と多彩な事業を行う。同社の場合これらの事業は密接に関連して他の事業と結びつき循環することで利益を確保する。修理の際には好評な代車を用意して，その乗車体験から買い替えやリースやレンタル利用に誘う。リースやレンタルの車は，顧客が希望すれば中古車として販売できる。多数台所有しているため，古い車の中から使用できる部品を他の中古車に回して性能を向上させる。買い取った中古車も整備によって性能を向上させ販売やリース，レンタルに回す。法人顧客を多数擁しているため，これらの事業と車検や整備事業が関連して結びつく。顧客との信頼のなかで，法人向けに中古車や新車を販売するだけでなく，経営者にも販売できる。

　こうした事業を可能にしたのは強みのある整備業である。顧客が車を使用しない時間帯に車検整備を行い，また低価格な修理や短時間の納車などで信頼を獲得し，その信頼で法人需要を拡大してきた。幅広い事業が相互に結び付いて顧客へのサービスを高める一方で，それぞれの事業は低価格でも可能になる。このため顧客は車のことなら同社に相談することになり，自動車に関連する業務をすべて扱うようになる。さらに中古自動車を改造して，電気自動車の開発販売も行っている。ディーラー車検や整備が進む中で自動車整備業の経営は一般に厳しい。しかし同社は自動車総合サービスという新しい事業カテゴリーで利益を獲得する。

　この事例からいえることは，社会経済が変わる中で顧客は新たなニーズを潜在的に保有することであり，それを顧客との接点のなかで探り出し顧客価値と

することで新しい事業が創造できることである。そのための事業の再定義と仕組みを構築することで，変化を事業機会に変えることである。そのとき自社の強みを活用して新しいミッションを形成する。ただ，多くの企業にみられるように技術だけに依存し拘っていては，変化を取り込む事業の定義はできない。創造の出発とは，解決を待っている顧客価値の発見である。

Ⅲ. 価値の多様性と顧客価値創造

　製品に対する顧客価値は多様である。顧客が潜在的に欲している価値を見出して顧客に提案することで新しい事業が創造できる。

1　顧客価値

　顧客価値とはどのようなものかは必ずしも明確ではない。価値概念を理論の出発点にするマーケティングでは，価値を品質とサービス，そして価格の組合せと考える。品質やサービスが向上すれば価値は向上し，一方で価格が低下すれば価値が向上する。低価格で品質やサービスが高いものほど価値が高いことになる。さらに顧客から見た価値を分析するために，顧客ベネフィットから顧客コストを差し引いたものを顧客価値とする。製品のほかサービス，人材，イメージなどから顧客ベネフィットは構成され，顧客コストは購入価格のほか，製品獲得や使用，メンテナンス，所有などにかかわるコストから構成される（Kotler［2006］）。

　顧客価値を高めるには単純に製品価格を引き下げるだけでなく，製品が発揮する便益性を高め，サービスやイメージ，ブランド価値を高めることで顧客満足度を向上させる，一方で製品の購買や使用，廃棄などにかかわるコストを低下させていく。このように，顧客が製品やサービスに期待するベネフィットの束と，その製品を評価・獲得・使用・廃棄することに伴う費用の束の差を顧客価値とすることより，顧客価値を高める方途の選択肢が広がってくる。

　そして価値を認めるベネフィットは，顧客によって多様であり異なるため，

顧客を絞り込むことによって顧客価値を高めやすくなる。しかし現実にはコスト削減ができないため，顧客を無視した多機能化によって高額な製品としての体裁を整えたり，多機能化すればそのなかから必要な機能を選択できるので多様な顧客に対応できる，という方法が採用されている。多くの顧客は不要な機能が装備されその分割高な製品を強いられている。顧客が必要とするベネフィットを低価格で提供することが基本であることが忘れられている。

　当然，顧客を絞り込めば，一方でより大きな市場を事業の対象外にしてしまう。ただ顧客満足度の高い製品は，その評判によって価値観の異なった顧客をも誘引できる可能性を秘める。それは自ら働きかけることによって市場を創造することになる。反対にはじめから顧客対象を広げてしまうと，顧客価値が捉えきれず満足する顧客が少なく，獲得できる顧客まで逃してしまう。

2　時計にみる顧客価値の創造

　ただ，企業が顧客価値を的確に設定することは難しい。それを時計という身近な製品を例に考えてみよう。所得水準の上昇に伴って時計は需要を拡大し，貴重品や奢侈品から生活必需品に，そして流行製品，装飾品へと変化しながら価値を変容させてきた。1956年には国産初の自動巻腕時計が発売されるなど，時計は日本経済の復興の中で産業基盤を確立する。

(1) 時刻の正確な時計

　そして需要が飛躍的に拡大するなかで，大きなイノベーションがわが国で登場する。従来のゼンマイやテンプ，振子を使った機械式の時計に対して，集積回路や水晶振動子を使った水晶式時計である。セイコーは1967年に世界初の国産の水晶式置時計，1969年には世界初の国産の水晶式腕時計「アストロン」を発売する[9]。クォーツとよばれる水晶式時計は時刻精度を飛躍的に向上させた。機械式の時計は当時1日に10秒から1分程度の誤差だが，水晶式時計は1

---

(9)　1967年にスイス・ヌーシャテル州のスイス電子時計センター (CEH : Centre Electronique Horloger) と，日本のセイコーは集積回路を用いたアナログ式の世界初のクォーツ時計の開発に成功した。ただ，その後いち早く量産化に成功したのはセイコーである。

か月で20秒程度，中には1年で数秒の誤差と正確な時刻を刻む。それは斬新で画期的な技術革新であった。

　この技術革新によって日本の時計産業は長年の目標であったスイス時計産業を抜いて，世界一の時計生産国に躍進した。1979年には腕・懐中時計5,970万個，置掛時計4,350万個，総生産は1億個を超えた。1970年代にはセイコーが特許を公開したことで各メーカーがクォーツ時計の製造に参入し，時計市場はクォーツ一色になる。このため，クォーツ時計の量産化に遅れて市場を奪われたスイス時計産業は壊滅的打撃を受けた。普及品市場を日本企業に奪われて企業数を縮小させて衰退する。

(2) 時計のファッション化

　しかし，1983年スウォッチの登場によってスイス時計産業は再び復活する[10]。SMH社が提案したスウォッチは，時を知るための機械をスタイリッシュで面白く，個性的，高品質で，低価格な小道具として提案された。それは刺激的なファッションを求める若者への新しい顧客価値の提案であった。時計という製品を再定義し，顧客に新しい価値を提案したのである。そしてスイス時計産業はスウォッチを軸に復活していく。それは，スイスの時計産業が多数の部品メーカーと組立企業からなる小規模企業の分業構造で成り立っているからである。スウォッチは産業集積に部品需要をもたらし活性化させた。それにスウォッチで成功したSMH社はオメガやロンジン，そしてブランパンやブレゲといった超高級時計企業をグループ化して復活させたからである[11]。

　SMH社は廉価な時を知る小道具をファッション製品のスウォッチにして新

---

(10)　19世紀半ばには世界最大の時計王国になったスイス時計産業は19世紀後半，互換性のある精密な部品の大量生産によって躍進したアメリカの台頭によって，深刻な打撃を受けた。そこでスイスも互換性のある精密時計部品の大量生産を開始し，さらに20世紀の初めには，時計にカレンダーやストップウォッチなどの付加機能を付けて競争力を高めた。1920年には，ロレックスが世界で初めて防水時計を開発している。

(11)　スイス時計産業ではスウォッチグループやリシュモン，LVMH，WPHHなどの著名なグループがみられる。これらは協同組合的なゆるやかなネットワークである。ただ，スウォッチグループの場合はスウォッチ，オメガ，ロンジンなどのブランド管理やマーケティングなどを集権的に行っている。

たな価値を創造し，一方で昔から宝石商や専門流通業を通じて販売していた高価な時計を，高精度な時刻の高級時計として復活させる。心臓部ともいうべきムーブメントを専業のETA社で超薄型化して，精密な工作機械と職人技能を活用した超精密な複雑時計にして製品価値を高め，利益率の高い高額製品としての地位を高めることに成功する（磯山［2006］）。時刻の正確な数千円という低価格なファッション製品と，古くからのコア技術のリニューアルによる機械式の超精密時計とによって，スイス時計産業は再び躍進する。これに対してクォーツ時計は世界中で生産され，最初の45万円という高額製品から瞬く間に価格を低下させてコモディティ製品になる。

その結果，大きく輝いたSEIKOブランドは急速に色あせる。そこにはセイコーの時計製品の定義と技術に課題があった。歴史あるスイス時計に遅れて参入したセイコーにとって，最大の技術目標は時刻の正確性であった。機械式時計の大量生産品でスイス時計の時刻の正確性に追いつくことが難しかったセイコーは，古くはベル研究所が創案した水晶発振式時計を研究し，半導体を用いて超小型にしさらにデジタル化に成功した。これによって機械式では達成できない正確な時刻を刻む技術を開発した。

時刻の正確な時計を大量に安価に生産することには成功したセイコーやシチズンが，その正確なムーブメントを世界中に低価格で供給したこととも相まって，クォーツ時計は一挙にコモディティ化した。しかし時計にはもう一つ装飾品としての機能があった。SMH社はクォーツ時計のファッション化の一方で，時計師の職人技術の粋を集めた精緻な時計機構とデザイン，そしてブランドによる模倣しにくく，コモディティ化しにくい価値を発見し，時計事業の再定義に成功したのである。

(3) 価値の再定義と新たなカテゴリー形成

技術志向の強い日本企業は正確な時を刻む製品という価値を実現したが，SMH社が提案したような新たな顧客価値を創造できなかった。正確な時刻という基本機能をほぼ達成したとき，時計の持つ装飾性，ファッション性に目を向けて価値創造することができなかった。スイス時計には普及品の機械式時計

と，奢侈品として価値の減耗しにくい古くからのラグジュアリーブランド時計があった。後者の製品を持たない日本企業は時計の新たな意味づけができなかった。一方でスイス企業は，それこそが自己の強みであることを再認識して，職人の熟練技能を活用した高度なものづくり技術にまい進して，複雑な機構や宝飾性による高額な機械式時計と，クォーツを使用した安価だがファッション豊かなファッション時計という2つの領域で事業を再定義して新しいカテゴリーを創造した。

　ただSMH社はファッション性の高い製品だけで事業を推進したのではない。その新たな顧客価値を実現するため，事業の定義に即した新たな事業の仕組みを構築している。ミラノにデザイン研究所を設けてデザイン技術の向上に努めた。そして年2回の展示会を開催して世界中からアーティストやデザイナー，企画者を呼び込んでいる。1つのモデルは1シーズンのみの販売にしたりと，まさにファッション製品にしている。また部品の購買をグループ内で一本化して効率的な部品調達システムを開発する。そして新たな時計流通チャネルを構築するためブハムコ社と合弁会社を設立して，従来の時計の流通とは異なった販売方法を採用する[12]。

　普及品市場では単なる安価で正確な時計ではなく，おしゃれなファッション小物として何度も購入する製品として，スウォッチは時計の性格を変えたのである。そのために衣服と同じように展示会を開催して，多彩なデザイナーに参画を求め，ファション製品としての流行を作り出す。顧客は衣服と同じように好きな，あるいは自分の服装に会う時計を買い求め，複数の時計の購買を促すという仕組みを創造した。

3　模倣しにくい価値の設定

　セイコーのクォーツ時計が短期間にコモディティ化したように，需要を獲得できる製品は模倣される宿命にある。そこで模倣しにくい製品にすることが課

---

(12)　Markides［1997］参照。

題になる。競合企業が模倣しにくい顧客価値とはどのようなものだろうか。

　近年では冒頭に触れたように，シャープが長い時間をかけて研究開発して製品化した液晶テレビが5年程度で模倣され，10年で競争力を逆転されたり，DVDプレーヤーに至っては3年程度で追いつかれるなど，技術開発に力を注いでも短期間で模倣されてしまう(13)。模倣されるだけではなく，同時にコモディティ化して激しい価格競争に突入して，収益確保ができないという状況に追い込まれてしまう。

　そうしたコモディティ化による競争を避けるために，キム（Kim［2005］）はブルー・オーシャン戦略を提起した。それまで支配的だった価値を再構築して新しい価値を創造するバリュー・イノベーションによって新しい市場を創造するのである。そこでは，考慮されなかった価値要素を付加したり反対に特定の価値要素を削減したりして，競合他社とは異なった価値曲線を創出することで競争者の存在しない市場を開拓できるとした。しかし楠木［2010］はいくら新しい価値曲線を発見しても，その製品が顧客を獲得すれば直ちに模倣されてしまうので，再びコモディティの波に襲われてしまい根本的な対策にはならないとする。

　それを解決するには，イノベーションを不可視化して模倣を防ぐことであると提起した。このとき，製品の性能といった価値次元は数値化し易く，それは他社の目標になって模倣されてしまう。これに対して「新しい用途をもたらすような価値次元の転換と，可視性の低い価値次元での差別化を同時に実現する（中略）ブルー・オーシャンと資源の見えないイノベーションの合わせ技による」カテゴリー・イノベーションによって，可視性の低い価値次元の創造が重要だとした(14)。

　その例としてiPodをあげる。それは音楽ソフトの編集を顧客側で行えるプレーヤーという新しい価値次元の製品であり，ユーザーは自分の好きな楽曲だ

---

(13) デジタル製品のキャッチアップについては小川［2009］，pp.3-8参照。
(14) 楠木［2010］。

けを持ち歩くことができる。その価値は単純に数値化できるようなものではなく、また曖昧である。そのため模倣しにくく、それが顧客層に受け入れられたときにはMP3プレーヤー、あるいはデジタル・オーディオプレーヤーという新しい市場カテゴリーで圧倒的なシェアを確保してしまっている[15]。

　それは、新しい用途をもたらすような価値次元への転換と、可視性の低い価値次元での差別化を同時に実現する。そのようなイノベーションによって生まれた製品では、製品についての概念そのものが顧客側に新しく形成される。そのため何が良いものかという製品を選択するとき、カテゴリーを創造した製品そのものが基準になり模倣追従しにくくなるとする。模倣製品が現れ、なかには当該製品と同等の性能を誇っても、当初にイノベーションを実現した当該製品が注目されてしまう。楠木［2011］は、そうした新しい次元の異なった製品創出には新しい概念が必要であり、その価値を顧客に訴えるには、それが素晴らしい価値を持つというストーリーの創造が不可欠だとしている。

Ⅳ. カテゴリー・イノベーション

　前節でみた新しいカテゴリーの創造による新事業・新市場創造について検討しよう。それは同時に模倣しにくい事業を創造することである。

1　カテゴリー・イノベーション

　楠木があげたカテゴリー・イノベーションという概念をいち早く提起したのはアーカー（Aaker［2004］）である。ブランド論の大家であるアーカーはブランドと顧客との関連性（relevance）を失わせるような新しいカテゴリーやサブカテゴリーの製品が登場して、従来の競争関係やブランドの効力を失わせるような競争が今日起こっていると提起した。新しいカテゴリーが登場するとライバル企業はそれに追いつこうとするが、追いつけずに脱落していく。新し

---

(15)　iPodの進化についてはSteven［2007］参照。

いカテゴリーが顧客に認知されたときは，既存の有力なブランドさえ役たたなくなっている。そして今日，そうした新規のカテゴリー創設を伴ったイノベーションが多くの分野で出現して，企業のライバル関係を一新していると提起した。

　アーカーはミニコンピュータの覇者DEC社がパソコンの登場で消滅した例，ソリューションという新しいカテゴリーによって復活したIBM社の例，日本のビール業界でのドライビールというサブカテゴリーで業界シェアの大変動をもたらしたアサヒの例，低価格のディスクトップ型のコピー機というカテゴリーによってゼロックス社の事業を侵食したキヤノンの例などをはじめとして，新たなカテゴリーが事業をイノベーションしていることを指摘している。

　新しいカテゴリーの形成をAaker［2011］は次のように2つの方法で説明した。1つは，製品の属性によって新しいカテゴリーを形成する。製品の持つ何らかの属性で他の製品カテゴリーとは異なる領域を作ることである。先駆的企業はその属性をアピールすることによって新しいカテゴリーを主張し，それが市場から受け入れられれば成功する。このとき，属性によって従来の領域と異なった製品として区分されれば，一部の性能は既存製品より劣ってもよい。

　もう一つの方法はロールモデル（模範例）を構築することである。先のiPodのように特定製品が新規のカテゴリーを示してしまう例である。この場合はその模範製品にどれくらい近いかということで，カテゴリーに属するかどうかが決まる。前述の方法より曖昧ではあるが，このカテゴリー形成は当該企業にとって強力である。強力なブランドがあれば，前者よりもこのロールモデルとしての新しいカテゴリーあるいはサブカテゴリーが形成される。この方法で新しい製品を形成した企業は一人勝ちに近い状況を形成できる。こうした特定製品の模範が形成できない場合のカテゴリー基準は，前者の製品属性になる。

　このように新しいカテゴリーでロールモデルのブランドを獲得できれば，企業は大きな恩恵を得ることができる。カテゴリー形成の主導権を持つことができるし，競合企業が優れた製品を創造しても後追いの印象になり，それはモデル製品の正当性を高めることにも作用する。ただ，いち早くカテゴリーを形成

した企業が必ずしもロールモデル企業になれるわけではない。デジタル・オーディオプレーヤーの場合，1998年セハン情報システムズ社が世界で初めてMP3プレーヤーを発売し，同年には一定市場を確保したダイヤモンドマルチメディア社のRioも登場している。1999年にはソニーもメモリースティック・ウォークマンを発売している。しかし，デジタル・オーディオプレーヤーのロールモデルになるのは2001年発売のアップル社のiPodであり，一人勝ちしていく。

　アーカーは自社のブランドを訴求するのではなく，カテゴリーを提唱して市場に認知させ，そのカテゴリーが認められれば提唱者がロールモデルになること，このためにカテゴリーのオピニオンリーダーになること，加えてイノベーションを継続していくこと，そして売上と市場シェアでリーダーになることがロールモデルの条件になるとする。スティーブ・ジョブズは自らが広告塔になってこれらを実践した。そしてデジタル・オーディオプレーヤーというカテゴリーはiPodというブランドがロールモデルの地位を獲得する。カテゴリーが認知された後，ソニーやパナソニックが技術的に優れた製品を創出しても，iPodの牙城を崩すことはできず市場を奪われ，一方でアップルは2012年時点で株式時価総額のトップ企業となる礎を築く。

2　模倣しにくいカテゴリー・イノベーションを実現するには

　Aaker［2011］はイノベーションの程度を漸進的イノベーションと本格的イノベーション，そして市場を一変させる変革的イノベーションとに分けた。漸進的イノベーションはブランド選好に少し影響を与える程度の改善であり，本格的イノベーションは製品・サービスに目にみえる改善があるため，新しいカテゴリーかサブカテゴリーを定義できる。ただそれには目を引き話題性のある変化が必要になる。そして変革的なイノベーションは，既存の製品・サービスや事業の仕組みを陳腐化させ劇的な変化で市場を一変させる。それを実現するには新しい資産や能力が必要になり，クリステンセン（Christensen［1997］）の破壊的イノベーションと同一の概念で，新しいカテゴリーを登場

させる。

　模倣しにくいのではなく，模倣してもライバル企業を有利にしてしまうカテゴリー・イノベーションは企業の戦略として理想的である。しかし，カテゴリー・イノベーションを実現するには次のような要件が必要になる。

① 　まず既存企業が実現していない発想での新たな顧客価値の創造である。その価値に気づいていたとしても，技術的な理由や採算性といった経済的理由によって実現できなかった価値の創造である。
② 　それは顧客側の満たされないニーズを満たす製品であり，市場化されたとき直ちに顧客の願望を満たす製品であること。それまで提供されずに顧客が不満を感じているニーズや価値を発掘したカテゴリーの創造である。

　いくら優れた価値を提供する新たなカテゴリーであっても，それが市場に浸透しなければカテゴリーは形成できない。ときにはもっと遅ければ市場から受け入れられるが，製品の登場があまりに早くて受け入れられないこともある[16]。

③ 　そして競争企業にはすぐには模倣しにくく，そのカテゴリーを構築して市場をリードするまでの時間があること。

　例えば，他社が光電管を使用した電卓で市場を競っていたとき，液晶を長らく研究してきたシャープは1973年，表示部に液晶を使用して初めて液晶仕様の製品を世に出した。その後複雑な画像表示の研究開発を積み重ね，1995年に初めて液晶テレビを開発し，1999年には20型液晶テレビを商品化した。それは従来のテレビに対して革新的な製品であるが，先述したように

---

(16)　著名な例でいえば電気炊飯器である。東京通信工業と称していたソニーも1946年開発に取り組むなど，さまざまな企業が電気炊飯器を製品化しているが，それを1950年に発売して市場を獲得したのは東芝である。それは技術的課題の他に，カマドで美味しいご飯を炊くのが主婦であるという通念の打破が必要だったからであり，その利便性が浸透しなかったからである。東芝は電力会社と共同での実演販売で市場を開拓した。その後，家庭の主婦が働きに出て素早い炊飯が求められたり，集合住宅の登場によってカマドの使えない家庭が登場して一挙に市場は拡大していく。ソニーの開発については盛田［1987］参照。

すぐにパナソニックや東芝などの国内企業が追従し，5年ほどでサムスンが技術をキャッチアップして業界のリーダー的地位を確保してしまった。

　今日ではテレビといえば，液晶さらに有機ELパネルを使用した製品になろうとしているが，シャープはカテゴリー・イノベーションリーダーとしての位置を獲得できなかった。それは，技術的課題はあったものの平面的で薄く，大画面化できるという製品特性に向けて，開発目標が明確な技術開発を各社が行っていたため，そして製造装置の少なからずを外部専門企業に依存したため，設備を導入して競争企業が短期間に追従してしまったからである。シャープは技術のリーダーではあったが，カテゴリー・リーダーにはなれなかった。そして液晶テレビは従来と使用方法が変わらなかった。新しいカテゴリー化には新たな用途開発が欠かせない。

④　比較的短時間に，新しいカテゴリーであることを社会的に認知させる。徐々に浸透すれば追従も容易で，たとえカテゴリーが認知されたとしても，カテゴリー・リーダーにはなれないかも知れない。

⑤　このとき短期間に新規のカテゴリーを市場から認知されるには強力なブランドも欠かせない。

　新たなカテゴリーのなかでリーダーになるには，その領域での強力なブランドが有効である。デジタル・オーディオプレーヤーの場合，初期にリードしたRioはそのブランド認知度が低かったし，シャープは海外の知名度が低く，海外市場を制覇できなかった。

3　顧客価値基準によるカテゴリー形成の可能性

　シャープが開発した液晶テレビは画期的な技術革新によって実現したものである。しかし，従来のブラウン管テレビと技術的には異次元ではあっても製品カテゴリーが大きく変わることはなく，画期的ではあったものの短期間で類似製品が登場し，価格やブランド，販路などによって独創的な地位を獲得維持することはなかった。新しいカテゴリーを形成できず，ロールモデルになることもできず競争力が低下して，多額の損失を計上するまでに追い込まれた。

斬新な技術を開発した新製品であっても，それでカテゴリーを形成できるものではない。新たなカテゴリーは従来とは非連続な製品分野であることが必要である。このとき液晶テレビのように画期的な技術であっても，同じ用途で同じ顧客が使用するのであれば，せいぜいサブカテゴリーの形成で終わってしまう。光磁気媒体であるCD-ROM，DVD，BDなども，それぞれには技術的飛躍がある。それでも使用目的はほぼ同一であり，次第に大容量になって映像まで扱えるようになるという技術的な大きな進歩があるものの，サブカテゴリー的な位置づけで終わっている。

　今日の製品カテゴリーという概念は技術によって生じるよりも，用途や使用方法，今まで困難だったものを可能にさせる，顧客にとって驚きを感じるような新しさ，そして欲しくなってしまうものといった側面から区分されるものである。異質で新たなベネフィットを与えるものが，サブカテゴリーあるいはカテゴリーになる。さらに，新しいカテゴリーとして自然に形成されるものではなく，既存製品とは異なるものとして企業が意識的に位置づけて，顧客や社会にアピールして認知させるものである。

　そうすると，かつて室内で聴く音楽を室外に持ち出した製品として新しいカテゴリーを創造したソニーのウォークマン，さらにその持ち運ぶ楽曲を数千曲にも可能にし，その曲目を編集選択できるようにしたiPodというように，カテゴリーは使用場面，使用状況に注目することから生まれている。それは使用方法が異なり，従来とは異なる価値を提供する。カテゴリーは技術基準ではなく，顧客価値基準で製品を創造する結果生まれることになる。それを実現するのは技術やビジネス・システムであるが，基本にあるのは新たな価値であり，その価値は異質な場面や状況の中に存在している。そして従来は技術や経済的理由で考慮されず，また無視されてきた価値である。

4　より多様なカテゴリー形成の可能性

　今日の製品は物理的なものだけでなく，ハードにソフトやサービスが加わってシステム化した複雑な製品という特質を顕著にしている。そのように複合化

した製品では，ハードよりもソフトやサービスの価値が増大している。

　コンピュータから始まったデジタル製品では，ハード部分の価値よりもプログラムの価値が大きくなり，製造コストでもソフトのコストの方が大きくなっている。ただ家電や自動車などの製品では，プログラムは物的な回路や素子の中にパッケージ化されて物的な部品として扱われている。自動車は3万点ほどの部品で構成されるといわれるがその3分の1強が電子部品であり[17]，例えば使用されているマイコンは，外見はハードだが中身はソフトである。自動車ユーザーはソフトを意識することは少ないものの，エンジン制御だけでなく今日ではブレーキ操作さえプログラムで制御されている。

　スティーブ・ジョブスのようにどんな働きをするかというソフトが初めにあり，そのソフトを実現するためにハードを構想するという，発想の転換での製品創造さえ始まっている。ソフトが製品の主役になって重要性が逆転している。ハードの複雑なメカニズムをソフトが担当したり，ハードでは発揮することが困難な複雑なメカニズムをソフトが行う。ソフトで実現できれば部品の摩耗や消耗を防ぐことができ，物理的な加工を経なくてもソフトは容易に複製できるため製造コストも削減できる。

　こうして製品全体の中でハードの役割が低下しているために，いくらハードの品質を向上させても，その評価は相対的に小さくなる。このためハードの生産では利益が獲得しにくくなる。そしてソフトは関連するソフトを求め，それらは直ちにシステム化していく。ハードの部品もそれらシステム化の一環として求められることになる。

　ただ，ハードの良し悪しは直ちに認識できるが，ソフトの場合は目に見えず直接的には認識しにくい。作動した結果，その結果が所定の働きをしない場合にソフトの不具合，いわゆるバグが発見される。そのバグによる不具合がある条件の時だけ発生すると，ますますバグは事前には発見しにくくなり，顧客が使用する中で発見されるためその影響は大きくなる。ソフトが複雑化する中で

---

(17)　佐伯［2012］参照。

そうした不具合が内在化する。自動車やコンピュータ，携帯電話など複雑なシステムではそのような不具合の内蔵が宿命的である。

　システム化した製品では複雑性が高まり，使用場面の中で不具合が発生するため，迅速なアフターサービス体制，不具合修正の仕組みが欠かせない。不具合の発生を拡大させずに，未然に顧客に伝えて解消する仕組みが必要になり，それには顧客とのネットワークを保持しなければならない。そしてそれらも顧客価値を形成することになる。

　ソフトとハードやサービスが複合化しシステム化した製品は，多様な機能を発揮しさらに周辺機器や他の機器との連結やネットワーク化も可能になる。このためハード中心の製品に比べてより多様な顧客価値を発揮できる。製品価値が多面化するのである。さらに製品機能だけでなく，迅速な配送やきめの細かいアフターサービスといった製品提供に付随するソフトやサービスも複雑になり，それも製品価値を形成する。

　それに対して顧客の求める価値は個々に異なってくる。このため企業は顧客の求めるニーズや価値観に応じて，必要な価値を中核にしてより多様なカテゴリー化が可能になる。特定の顧客や使用場面に絞ることで，必要とされる顧客価値は異なり，それを重視した製品カテゴリーの形成が可能になる。

V. 中小企業におけるカテゴリー・イノベーションの可能性

　製品カテゴリーのイノベーションによる新たな事業や市場の創造についてみてきたが，それは中小企業でも可能なのだろうか。部品加工業のように製品ブランドを保有しない加工サービス業でも可能なのだろうか。以下ではこれらについて事例を中心に見ていく。

1　ニッチな市場でも新しいカテゴリーが形成

　第Ⅳ節でみたように新しいカテゴリーを形成して，そのリーダーになるためには強力なブランドが必要になり，この面からいえば中小企業は不利である。

しかし，カテゴリーは顧客の求める新しいベネフィットに合致したとき形成されるのであり，それはニッチな領域にも存在する。ニッチな市場は中小企業の市場であり，そのなかで通用している強力な中小企業のブランドも存在するし形成できる。このため中小企業でもカテゴリー・イノベーションの実現は可能であり，ニッチなカテゴリーで形成した市場を拡大できる可能性もある。

　例えば回転寿司店という飲食店は，従来の寿司店とは異なった大衆化寿司店カテゴリーとして認知され，今日では世界に回転寿司店が開かれたり，その仕組みをもとにした異質なチェーン店も登場している[18]。

　その回転寿司店のコア設備になる寿司ロボットは1981年，最中あん充填機を主力にする食品機械製造業であった鈴茂器工が開発したものである。同社は今日でも国内の寿司ロボットの半数以上のシェアを握るリーダー企業であり，新しいカテゴリーを創造しJASDAQ上場企業に成長した。それはチェーン化する回転寿司店の寿司職人の人手不足と，人件費を低下させたい顧客ニーズに応じたことから生まれたものである[19]。ニッチな世界で新しい顧客価値を掘り起こすことによって，中小企業でも新しいカテゴリーが形成できる例である。

　中小企業はニッチな市場で，独自な技術で製品を市場に提供していることが少なくない。大きな市場領域で中小企業が製品カテゴリーを形成することは難しいが，小さな領域なら可能である。ただ自社の資源からの発想ではなく，顧客の製品使用場面やソリューションからニーズを発掘してカテゴリーを創造する。

2　加工製造業の新規カテゴリー開発事例

　それではさらに，部品加工業のような中小企業でも新規カテゴリー開発は可能であろうか。次にこの点について例を挙げて検討しよう。

　チバダイス（東京，主力工場埼玉）は従業員30名の歯車用金型製作を本業

---

[18]　海外の回転寿司の事情については，加藤［2002］参照。
[19]　渡辺［2002］，pp.104-132参照。

にする企業である。歯車を生産加工する企業も，各種金型を加工する企業もあるが，歯車用金型に特化する企業は珍しい。それに同社は金属用とプラスチック用という2つの歯車加工向け金型を提供する。前者の場合は長尺の棒材を引っ張りながらギア溝などを特殊切削加工して仕上げる同社独特の工具ともいうべき金型が中心であり，後者の場合は射出成型用金型である。そして両者とも特殊な歯車用金型であり，また形状も小さく直径0.4ミリとルーペで拡大しないと判別できない極小な歯車もある。大きな歯車でも直径120ミリであり，自動車や精密機器向け小型特殊形状の歯車金型が主力製品になる。

同社は前述の金属棒を削り出して歯車を加工する金型から出発して，歯車金型製作や特殊歯車製作をたどって進化してきた。金型製作とそれを使用して加工する加工機械製作企業としての歩みが，同社のユニークな事業の原点である。国内の歯車需要の低下によって，歯車切削用金型やそれを使用する加工機械需要が減少したため，プラスチック金型や特殊歯車生産に事業の重点を移して来たが，海外顧客から歯車引き抜き切削技術の引き合いが近年増えてきて事業の見直しが始まっている。他の歯車の量産技術と異なって，加工の際に材料を変質させないため加工精度が高く，耐久性にも勝ることが評価されて古い技術が息を吹き返したのである。顧客が変われば顧客価値も変わる。

同社は環境変化に合わせて新しい事業を開始してきた。近年では2002～03年ころに受注が大きく減少したため，事業の在り方を抜本的に見直しをする。そこで新しい事業にしたのが試作歯車を短時間で納品する「スピードトライ」と名付けた試作品事業である。顧客は次々と新製品開発を行い，その際に試作の歯車を必要にする。従来は工作機械で歯切り加工して試作品を納品したが，量産化を開始すると面の粗さなどが試作品とは異なって障害が発生するのが顧客の悩みである。そこで，金型による量産品と同様な射出成型品を生産して，3日で顧客に納品する仕組みで試作品の受注増を実現した。

同社は2004年，中小企業では珍しいプラスチック歯車の研究所を，前私大助手を所長に迎えて社内に設立した。この研究所は樹脂素材の材質や成形品にした場合の騒音，耐久性，強度などの試験検証業務を外部受託する。そこでは

検証のために短期間に成形歯車を生産する必要があり，このための技術が前述のスピードトライの技術開発にも結び付いている。また2012年には社員教育用に，160頁の本格的なプラスチック歯車専門書を刊行した。こうして，検査証明書を発行できる研究所の存在が，歯車企業としての信頼性を高めている。

　同社は2代目になる現社長も含めて家族経営を標榜する。このため企業規模は大きくできない。そこで古くは1966年にという早い時期に，金型加工用に放電加工機を導入するなど，放電加工機やマシニングセンター，各種歯車加工機など新しい設備を積極的に導入して生産量の増大と品質の向上を図る。一方で従業員教育を進めて技術力を向上させ，より難しい歯車加工に挑戦して付加価値を高め，人員の制約を克服して新しい技術，新しい事業に挑戦する。

　顧客の動向に注目すれば，新しい事業は事業の再定義で可能であり，その挑戦が新たな組織能力を形成し，また新しい事業を可能にして収益を支える。今日では歯車の開発から金型製作，生産技術，歯車製造それに研究検証業務と，歯車一貫生産を行えるユニークな小さな企業として，グローバル化時代の中小企業経営の一つの在り方を示す企業になった。

　チバダイスの場合，ニッチではあるが長尺棒材のまま歯車を精密加工する製品カテゴリーを初期には形成している。顧客企業にはそのための金型とそれを使用して加工する製造機械を販売する。その後，需要の変化に合わせて金属とプラスチック製の特殊な歯車を加工する企業として業務を拡大し，さらに量産品と同じ品質の歯車を短納期で提供する試作品事業を開始したり，中小企業では珍しい研究所を設けて試験サービスやコンサルティング業務を行うようになる。小規模な企業にもかかわらず，品質検証を行う超精密小型歯車企業という事業カテゴリー化を進めているといえる。

　加工サービス業の場合，新たなカテゴリー形成は技術や加工方法に依存する割合が大きくなるものの，顧客企業のニーズに応えるソリューションという視点を持つことによって，短納期や量産品と同様な試作製品を提供するといった業務によるカテゴリー化も可能なことをチバダイスの例は示唆する。ただそこでは製品カテゴリーではなく，新たな事業カテゴリーという色彩が強くなる。

技術だけでなく事業の仕組みのイノベーションを行い，その事業のカテゴリーをアピールしていく。市場に向けて情報を発信して自社がカテゴリーの先進企業であること，そのカテゴリーが顧客に新しい価値を提供することを訴える。アピールするための絶えざるイノベーションと，新しい事業概念によるビジネスシステムの形成によって事業カテゴリーを形成できる。

3　トータルなものづくりシステムによる事業カテゴリーの形成事例

　もう一つ加工業の例をみよう。加藤製作所は岐阜県可児市に本社工場を構える精密プレス加工，プラスチックインサート成形加工，金型設計製作業である。売上高の6割が自動車関連で，そのほか燃焼・厨房機器部品等を生産する。同社の技術力は世界的に定評があり，世界中の自動車用各種機能部品を主に生産している。主力製品の一つは金属板を筒状に絞り加工後，側面に複数の穴加工や，内面の鏡面加工をするが，これらの加工を1台のトランスファ・プレス機械で行い，しかもキズ・バリがなく，肉厚も均一な製品にするプレス技術を保有する。これを生産する工場は無人化工場であり，異常が発生すると機械に設置した通信機が担当者の携帯電話を呼び出す仕組みがとられている。

　同社の技術力は蓄積し磨きあげられたファクトリー・オートメーション化された生産システムにある。工場の床は1㎡当たり15tの荷重に耐えられる堅固な強度を持つ。建屋内は温度調整されそこには200～300tプレスが並び，コイル状にまかれたフープ材に複雑な絞り加工を施したり，加工品の一部の厚みを増す増肉加工や，反対に材料よりも薄くする減肉加工といった複雑な加工などが，1人の作業者でプレス機5台以上を担当するという徹底した自動化で行われる。使用する金型も空調付の立体倉庫に保管され，コンピュータ操作で短時間に取り出しや保管できる。

　建屋には震度計が設置され，震度4ですべての設備が自動停止する。強力なプレス機が多数稼動しているものの，建屋外からはその騒音はほどんと聞こえず振動もない。品質検査を行って厳選した材料を，強固な建物に設置された設備と自社製の高精度な金型を活用して，超精密で複雑な加工を行う。品質管理

も徹底しており，加工品は組成断面の検査，応力検査など各種検査が随時実施され，また当日の検査サンプルは2年間保管して，品質トラブルがあった場合は，その原因を検証できる体制を敷いて顧客の信頼を確保する。

ここには，高品質・低コストを求められて，国内でのものづくり環境が厳しくなる中でも，コスト競争力のある工場経営がある。単に超精密な加工を行うだけでなく，世界中にその製品を量産供給可能な徹底して自動化した生産システムがある。技術と品質と価格で価値を形成する日本人が追求してきたものづくりの一つの姿がある。それはものづくりの仕組み全体で形成されるマン・マシン・システムであり，組織能力による日本型ものづくりというカテゴリーを確立する。製品ではなく仕組みがもたらす生産システムのカテゴリーである。

ただ同社は，国内だけで生産システムを構築するという姿勢ではなく，一方でグローバル企業でもある。1991年から海外展開を開始し，子会社や関連会社としてアメリカ，韓国，シンガポール，中国などに会社を保有し，複数の大企業との連携も行うグローバル企業でもある。このとき，同社より出資割合が多い国内大企業との合弁事業であっても，同社に経営を任されるほどの海外経営のノウハウを持つ。国内外の5工場はすべて24時間稼働が可能であり，設備やシステムは共通化が図られ，緊急時には相互に生産の融通が可能な体制を敷く。

生産システムのカテゴリーで顧客ニーズに応える事業の在り方を加藤製作所の例は示している。そこでも特殊な加工技術だけでなく，材料から製品検査まで含めたトータルな仕組み，さらには突如発生する自然災害などによるトラブルに対してもグローバルな生産体制で対応できる安心感を顧客に与える仕組みまで構築する。顧客が抱いている不安やセキュリティに対して，製品の品質保証だけでなく安定的な供給も含めたグローバルでトータルな生産システムを基盤にした安心保障の事業カテゴリーでもある。技術が基盤だが，それをより大局的な視点から編成して全体で発揮する事業カテゴリーである。

今，同社のように海外展開する中小企業も増大している。自動車や電機の1次協力工場ではすでに当然のことでもあり，2次協力工場以下の企業まで海外

展開を行っている。東京都大田区のように，小規模な企業の海外拠点を公的機関が設置して海外に誘導するような地域まで現れている[20]。ただ，海外展開には政治，宗教，労務などカントリーリスクが大きい。このため，単なる低い労働コスト目的の進出ではなく，事例企業の供給体制の整備のような，新しいカテゴリーによる進出国での事業基盤形成が不可欠になってきている。

VI．カテゴリーからの事業の再定義

日本企業は技術力中心の事業経営から，顧客価値によるカテゴリー構築の経営にイノベーションすることが求められている。

1　技術力標榜の経営からの脱皮

1990年代末以降日本企業には製品や技術のイノベーションが求められ，十分とはいえないまでも実現してきた。しかし，その成果は短期間で模倣され，さらに新興国企業の積極果敢な設備投資の前に競争力が低下して収益を悪化させ，一部では研究開発力の低下や製品生産の撤退に追い込まれるなど，製品や技術開発一辺倒の経営がほころんできている。製品や技術の革新性，斬新性だけにこだわっていては競争に勝利できない時代が来ているのである。これに対して本章では新たな製品カテゴリーの創造という視点から，模倣しにくい，追従しても効果が薄い事業の創出や市場創造を検討してきた。

冒頭にあげたスイスの時計産業復活でも，SMH社はファッション時計という新たな製品カテゴリーを創造して，正確な時刻表示を実現した日本企業を尻目に復活した。それは日本企業や新興国企業でも模倣しにくいものであり，その後の独走態勢を許すことになった。近年いろんな視点で取り上げられるアップルの復活も，新たな製品カテゴリーの創造という視点からiPodやiPhone，iPadをみていくとその強さがわかり易い。それらは模倣できるが，他社が追

---

[20]　山田［2009］，pp.106-115参照。

従するほどその優れた製品コンセプトが高まって行く。モデルとなるそれら製品より優れた製品を創造しても，需要を獲得しにくい。

　アップルは技術ではなく，その製品コンセプトの斬新さで顧客を引き付けてきた。1976年の創業以来，スティーブ・ジョブスは社会を変える製品を提供してきた。このため顧客は同社が発売する新しい製品を期待を込めて待っている。製品化のパイオニアでなくとも，その製品コンセプトではパイオニアであり，顧客の期待とコンセプトでロールモデルになる新しいカテゴリーを築く。顧客は技術を待っているのではなく，その製品で生活スタイルや生産スタイルを変革することを待っている。さまざまな製品にあふれても顧客は解決したい課題を持っている。新しい製品カテゴリーの登場を待っているのである。

2　事業の仕組みの構築

　前節で部品加工業における製品カテゴリー形成の可能性をみた。そして自社ブランド製品を持たない部品加工業の場合，顧客価値基準でトータルな事業の仕組みにすることでカテゴリーを形成できた。

　先に著者は，顧客に価値を提供するためのトータルな事業の仕組みがビジネスシステムであるとした（小川［2007］）。ビジネスシステムは選択した顧客のニーズに応えるために，さまざまな事業の要素を組み合わせて意識的に構築される。そこで事業概念，業務プロセス，組織，資源そして組織能力（ケイパビリティ），顧客が求める製品，顧客と企業との情報作用，という7つの要素から構成するビジネスシステムのモデルを提示した。それぞれの要素をさらにサブ要素に分け，それら要素やサブ要素の組合せ，相互補完によって異なったビジネスシステムが形成される。要素が相互補完するシステムであるため，他社より劣る資源という制約があっても，事業概念に基づいて要素やサブ要素を編成することによって，他社よりも優れた顧客価値を創造できる。

　カテゴリー・イノベーションは単純にカテゴリーを標榜するだけでは完成しない。顧客にその価値が認識できなければカテゴリーは存在できない。このため顧客が求めているニーズを，また問題解決を求めている事象から解決策を探

り出してニーズ化することからカテゴリー・イノベーションを始めることが中小企業こそ重要になる。使用場面の中に潜んでいる新しい価値基準の発見こそが新しい市場創造の鍵であり，それを実現するのがビジネスシステムになる。

そのニーズを価値あるものにするためには，製品開発や技術開発が必要になる。ただはじめにそれらの開発ありきでは顧客は獲得できない。そして顧客価値を提供するためには，対象にする顧客を選択し，そのターゲットにする顧客層に対してトータルな事業の仕組みを構築して対応することが重要である。

その意味では部品加工業でなくとも製品カテゴリーを成功させるには，顧客層の特性と提供する価値と，そして保有する資源という企業の制約条件のなかで，顧客価値を創出できる斬新な事業概念実現に最適なビジネスシステムを構築できるか否かが鍵になる。今日のグローバル化した環境，複雑化する製品，移ろいやすい価値観のなかでは，製品や技術やブランドだけで顧客を獲得することは難しい。顧客に信頼を与える斬新なビジネスシステムが不可欠である。

顧客の求める価値を新しい視点で発見し，その絞り込んだ価値提供を事業の仕組み全体で提供することが必要になっている。顧客に密着し，顧客の求める価値に的を絞って，新しい事業の仕組みを形成することが事業創造には不可欠である。それは需要を獲得できるイノベーションの原点にもなる。斬新な製品の創造だけではなく，自社の能力に合致した顧客価値提供のビジネスシステムへのイノベーションを行う。

3　絶えざるイノベーションと価値の訴求

本章では初めに，今日の状況に合致した事業の再定義が必要なことをみた。今日の日本企業にはかつての成功体験を棄却し，新しいものづくりの再構築が求められている。そのときの原点は新しい顧客価値の発見であった。顧客の生活や生産の場に入り，潜在する顧客価値を発掘して，それを製品やサービスの形態に具体化していく。このとき企業の強みや資源を活用できる事業でなければ，事業として確立しにくい。ただ従来の強みや資源も再構築しないと新しい事業領域には参入できない。

そして全く異なった事業領域ではなく，知見のある領域で新しい顧客価値を発見して事業化し，それをカテゴリー化していく。カテゴリー化するには斬新な使用方法を実現する優れた製品に仕上げることが必要である。そしてそのカテゴリーの必要性や有効性を市場に継続してアピールしていく。そこには必要性や有用性をストーリーにして訴求していくことが欠かせない。そうした情報を作るには製品やビジネスシステムの絶えざるイノベーションが不可欠である。市場の声に応えるイノベーションを繰り返し，その市場に応える作業もストーリー化して市場にアピールすることで新たなカテゴリーを形成する。

【参考文献】
磯山友幸［2006］『ブランド王国・スイスの秘密』日経BP社
今井正明［2010］『カイゼン 新装改訂版』日本経済新聞社
小川紘一［2009］『国際標準化と事業戦略』白桃書房
小川正博［2006］「企業の創業と進化」渡辺幸男・小川正博・黒瀬直宏・向山雅夫『21世紀中小企業論』有斐閣
小川正博［2007］「事業の仕組みによる独自事業の創出」『商工金融』第57巻第9号，㈶商工総合研究所
小川正博［2010］「ものづくりのパラダイム転換」小川正博・西岡正・北嶋守編著『日本企業のものづくり革新』同友館
小川正博［2012］「製品アーキテクチャの変化とものづくりネットワーク」小川正博・西岡正・北嶋守編著『ネットワークの再編とイノベーション』同友館
加藤裕子［2002］『寿司，プリーズ！』集英社新書
楠木建［2006］「次元の見えない差別化」『一橋ビジネスレビュー』53巻第4号
楠木建［2010］「イノベーションの「見え過ぎ化」」『一橋ビジネスレビュー』57巻第4号
経済産業省・厚生労働省・文部科学省編［2011］『ものづくり白書2011年版』
佐伯靖雄［2012］『自動車の電動化・電子化とサプライヤー・システム』晃洋書房
ダイヤモンド編集部「ガラパゴス・ニッポン包囲網」『週刊ダイヤモンド』2011年11月号
中小企業庁［2011］『中小企業白書2011年版』同友館
張世進［2009］『ソニー VS サムスン』日本経済新聞社，116-130
畑村洋太郎・吉川良三［2009］『危機の経営』講談社

盛田昭夫［1987］『MADE in JAPAN』朝日新聞社
山田伸顯［2009］『日本のモノづくりイノベーション―大田区から世界の母工場へ』日刊工業新聞社
渡辺米英［2002］『回転寿司の経済学』ベスト新書
Aaker, David A. [2004] Brad Portfolio Strategy, Free Press. (阿久津聡訳『ブランド・ポートフォリオ戦略』ダイヤモンド社，2005年)
Aaker, David A. [2011] *Brand Relevance-Makig Competitors Irrelvant*, Jossey-Bass. (阿久津聡監訳『カテゴリー・イノベーション』ダイヤモンド社，2011年)
Christensen, Clayton M. [1997] *The Innovator's Dilemma*, Hatvard Business School. (伊豆原弓訳『イノベーションのジレンマ』翔泳社，2000年)
Drucker, Peter F. [1994] The Thory of The Business, *Harvard Business Review*, Sep.-Oct.. (田代正美訳「企業永続の原理」『DIAMONDハーバード・ビジネスレビュー』1995年，12-1月号)
Kim, W. Chan and Runée Mauburgne [2005] *Blue Ocean Strategy*, Hatvard Business School Press. (有賀裕子訳『ブルー・オーシャン戦略』ランダムハウス講談社)
Kotler, K., and K.L. Keller [2006] *Marketing Management* 12th Ed., Prentice Hall. (恩蔵直人監訳『マーケティング・マネジメント』ピアソン・エデュケーション，2008年)
Markides, Constantinos C. [1997] To Diversity or Not to Diversity, *Harvard Business Review*. Dec.-Nov.. (白鳥東五訳「多角化を成功させる戦略的資産」『DIAMONDハーバード・ビジネスレビュー』1998年，2-3月号)
Steven, Levy [2006] *The Perfect Thing*, Simon and Schuster. (上浦倫人訳『iPodは何を変えたのか？』ソフトバンククリエイティブ，2007年)

(小川正博)

第2章

デザイン思考によるイノベーション

　本章では日本企業，とりわけ中小企業のイノベーションについて，デザインという観点から検討する。従来のイノベーション研究の分野では技術革新を中心に議論が展開されており，デザインは補完的な位置づけであった。しかし近年になって，イノベーションの新たな形態，さらにはデザインによるイノベーションについての研究が進展している。そこで本章では，デザイン思考という概念を中心にこれらの問題に検討を加える。単なる製品デザインではなく顧客を中心にビジネス・プロセスを再構築するという観点から，デザイナーやデザイン会社との連携によるイノベーションについて注目する。

I. はじめに

　経済のグローバル化や市場の成熟化が進展する中で，また東日本大震災からの復興においても，産業や企業，さらには社会におけるイノベーションが求められている（米倉［2011］）。

　既にイノベーション研究には膨大な蓄積があるが，その多くは製品や技術の革新を想定したものであり，デザインは補完的な存在であった（Verganti［2003］, p.34）。他方，デザイン・マネジメントに関する研究もすでに多くあるが，両社の接点は必ずしも明確にはなっていない。このことは，現実の企業においてもデザインへの資源配分が十分でなく，有効なデザイン活用やそのマネジメントについても体系的な研究がなされてこなかった（ラインメラ・米倉［2007］）ことや，そもそもデザインという感性的な要素を含む概念を客観的に説明することが難しい（Talke, et al.［2009］；秋池［2009］）側面があるこ

とも関連している。

　しかし近年において，現実の社会や企業の動向を受けて，イノベーションやデザインの研究にも新たな展開がみられる。例えば，オープン・イノベーションの議論では，企業内だけではなく外部の多様な主体の技術や知識を有機的に組み合わせることがイノベーションにつながることが指摘されている（Chesbrough, et al. [2006]）。それは，企業ではなく顧客によるイノベーションに焦点が当てられるユーザー・イノベーションの議論（von Hippel [1988]）とも関連している。他方，企業におけるデザインの位置づけ自体もまた，従来の製品やパッケージといった意匠から戦略やビジネス・モデルの設計へと拡張している（水越 [2008]；Verganti [2009]）。こうした議論をつなぐ媒介項として，デザインの役割を見出すことができる。

　そこで本章では，イノベーションとデザインとの関わりを概観しつつ，デザインを活用したイノベーションについて検討を加えたい。本章で注目するのは，デザイン思考という概念である。単なる製品デザインという限界を超えて，製品開発のプロセスや企業間関係の再構築を促すイノベーションの考え方について，その規定要因を探っていくこととする。

II. イノベーションの議論の展開

1　イノベーションとは

　いうまでもなく，イノベーションの分野には多くの研究があり，現在もそれは進展している。ここでイノベーションとは，新たな価値を創造し社会的に大きな変化をおこす変革のことであり，新しい経済的な価値を創造する一連の社会経済行為でもある（Schumpeter [1912]；米倉 [2011]）。具体的には，新しいものを生み出す研究開発活動を通じた発見や発明，技術開発活動を通じた実用化，生産体制や販売サービス体制の構築を通じた事業化，そして市場取引を通じた社会への普及，という一連のプロセスを経て経済成果が求められる革

新（武石・青島・軽部［2012］, pp.4-5）であり，企業のビジネス活動のさまざまな局面におけるイノベーションを対象としている。武石・青島・軽部［2012］では，イノベーションの実現過程に焦点を当てる。新しいアイデアを実現するためにはどのようなプロセスを経るのか，新しいゆえに不確実性が高い状況の中でどのようにして社内外の資源を動員するのか，「創造的正当化」という概念をもとに詳細な事例研究が行われている。

アイデアを実現するものは，必ずしも最先端の革新的な技術とは限らない。クリステンセンは劣位の技術によっても革新が行われるというイノベーションのジレンマを指摘した。いかに優れた技術や製品を有する大企業であっても，その改良のみに目を奪われることで既存顧客とは別の需要を喚起するような新興企業の破壊的イノベーションにより力を失う（Christensen［1997］, pp.9-10）という考え方である。このことは，技術革新を中心としたイノベーションの議論の限界を提示するとともに，イノベーションに多様な要因が存在することを示した。

2 イノベーションの多様な形態

そうした観点からも，従来のイノベーションが前提とするような，ある企業内での研究開発（R&D）活動から流通に至る垂直統合モデルへの反証として近年注目されているのが，オープン・イノベーションの議論である（Chesbrough, et al.［2006］, p.17）。それは，従来のクローズなプロセスを前提としたイノベーションから，企業内外の知識を有機的に組み合わせ活用するオープン・プロセスへの移行である（Chesbrough, et al.［2006］; Chesbrough［2007］）。企業にとってオープン・イノベーション戦略にはさまざまな類型がある（真鍋・安本［2010］）[1]が，現代の社会において新しい価値を創造する

---

(1) 真鍋・安本［2010］は，国内外のオープン・イノベーションについて詳細なサーベイを行い，その戦略類型について大きく①インバウンド型，②アウトバウンド型の2つに分類し考察している。インバウンド型とは，社外の技術や知識を社内に取り込みイノベーションを実現するもので，その手段として，ユーザー，サプライヤー，大学や公的機関との共同研究開発，開発コミュニティ等を挙げている。他方，アウトバウンド型は，自

ことが企業の差別化にとって重要な要素となっており，そのために社内外の数多くの技術やアイデアを融合させることが求められているということである。

その点に関して注目されるのは，ユーザー・イノベーションの議論である。そこでは，多くのイノベーションがメーカーではなくユーザーやサプライヤーなど多様な主体が重要な役割を担うことに注目し，イノベーションの発生場所の多様性やそれを説明する要因について説明している（von Hippel [1988]；小川 [2011]）。つまり，ある条件の下では，イノベーションにとって重要な市場情報を保有するユーザー（＝リード・ユーザー）が，メーカーよりも先に世の中にある技術や知識を組み合わせて自分たちに必要なイノベーションを実現している（von Hippel [1988]；水野 [2008]）というのである。例えば，この特質を活かしたリード・ユーザー法と呼ばれる製品開発手法を導入し画期的な新製品を生み出している企業として，3M，ネスレ，ゼロックスが知られている（von Hippel [2005]）。また，インターネットやソーシャル・ネットワークの普及により，ユーザー・イノベーションは今後とも注目される概念であろう。

3 イノベーションの類型

以上の議論をもとに，イノベーションの類型について便宜的に整理したものが図表2-1である。イノベーションは，その担い手が企業であるか顧客であるかによって，また，オープン性が高いか低いかによって，4つの類型に分けることができる。しかしながらそれぞれの境界は明確に区別される訳ではない。例えばオープン・イノベーションの場合，担い手が顧客ということも想定できよう[2]。

社の技術や知識をリソースとして提供することによりイノベーションを実現するもので，知財のライセンシング，スピンオフ，JV（ジョイント・ベンチャー）等を挙げている（真鍋・安本 [2010]，pp.17-23）。

(2) この点に関して，水野 [2011] は，問題発見と問題解決という2軸での分類から，メーカーが問題を発見しユーザーが問題解決を図るというユーザー・オープン・イノベーションの可能性について指摘している。

図表2-1 イノベーションの類型

イノベーションの担い手

		企業	顧客
オープン性	低い	伝統的なイノベーション論	
	高い	オープン・イノベーション	ユーザー・イノベーション

出所：筆者作成。

　このように，イノベーションの創出方法については多様なアプローチがあり，それぞれについて多くの研究や実践がある。ここではその一部について触れたに過ぎないが，イノベーションのプロセスがよりオープンに，そしてユーザーも巻き込む形で展開されていることは注目される。

　とりわけ先述したリード・ユーザー法は，メーカーが特定のユーザーが既に行っているイノベーションを積極的に取り込むことを意図した手法（小川［2002］；von Hippel［2005］）であり，後述のとおりその開発プロセスはデザイナーによるデザイン・プロセスと共通する部分も多い。例えば製品や建築デザインにおける「ユーザー・センタード・デザイン（UCD）」の考え方は，ユーザーを常にデザインの中心に据えることで，顧客にとって魅力的で使いやすく個性ある商品をデザインするための手法である（Norman［1988］；日本インダストリアルデザイナー協会編［2012］）。

　すなわち，従来のイノベーションが技術中心であったとすれば，デザインは人間中心のイノベーション（Brown［2009］）とすることもできる。人間とは顧客のことでもあり，ユーザー・イノベーションの議論が注目する製品開発や事業創造のプロセスは，デザイナーやデザイン会社が取り組むデザイン・プロセスには共通点が多いのである。ここに，イノベーションとデザインの接点をみることができる。

III. イノベーションとデザインの関わり

1 企業活動におけるデザイン

　21世紀の知識社会においては，これまでの工業デザインにかわって知識のデザインが重要な役割を果たすといわれている（紺野［2010］）。企業がデザインという知の技法を身に付けることで顧客の要望を把握し，デザイン・プロセスを通じて問題を解決する価値生産システムへと転換するというものである（紺野［2010］，pp.50-51）。

　では，企業活動にとってのデザインとは何か[3]。企業活動におけるデザインの対象はもはや製品デザインだけではなく，サービス，そしてビジネス・モデルにまでひろがっている（紺野［2010］，p.2）。グローバル化や市場の成熟化が進展する中で，企業もまた，製品という「モノ」ではなくブランドや経験価値といった「コト」による差別化がより一層重要となっている。さらに，近年では，地球環境や社会問題も解決するような，イノベーションのあり方への関心も高まっている（米倉［2011］）。時代とともに，企業におけるデザインの位置づけも変化しているのである。

　経営やマーケティングとデザインとの関わりについて，水越［2008］は，2005年刊行の『Journal of Product Innovation Management』誌（デザイン研究特集）に掲載された11の論文をレビューし検討を加えている。それによると，近年のデザイン研究は大きく3つに領域に分類できるとしている。それは，①意匠に関する研究，②設計に関する研究，③企業のデザイン部門に関する研究である。①に関しては，製品やパッケージなどに対する消費者の認知や選好という消費者行動面での研究が中心である。②に関しては，製品開発全般に関

---

[3]　平凡社『現代デザイン辞典』（2012年版）によると，デザインとは，「生活に必要ないろいろなものを作るにあたって，物の材質や構造や機能はもとより，美しさや調和を考えて，一つの形態あるいは形式へとまとめあげる総合的な計画，設計のこと（中略）であり，意匠，設計，計画，構造的仕組みという意味を含んでいる」としている（p.13）。

わる設計の問題について，中でもあらゆる環境変化に対応できるロバストデザインという概念の可能性について指摘している。さらに，③に関しては，企業のデザイン部門の役割が新製品開発の設計全体に関わるリーダー的な存在となっていることを明らかにしている。このレビューからも確認されるように，企業にとってのデザインの位置づけもまた，意匠から設計へ変化している。つまり，今日的なデザインとは単なるプロダクトデザインだけを意味するのではなく，新製品開発全体やさらにはビジネス・モデル，コミュニケーションの設計まで含む広い概念としてとらえ実践することが重要である。

2 デザインによるイノベーション

デザインによるイノベーションの特徴について，Verganti[2003]は，デザインにより世界的にも競争力を高めてきたイタリアの製造企業の研究をもとに，デザイナーやデザイン会社の役割に注目しつつ，製品デザインが持つ現象学的な観点から検討している。そこでは，デザインの導入により世界的に成功するイタリア製造企業の特徴は，技術や顧客ニーズを超えたラディカルなデザイン・イノベーション（radical design-driven innovation）にあるとしている（Verganti[2003]，pp.36-37.)。その中心は，製品の機能（技術）や形状（スタイル）そのものではなく，製品のスタイルなどによって表現されるメッセージ（言語）と，ユーザーとの間に形成され解釈される意味における革新である（図表2-2）。

つまり，イタリア企業の研究から得られるデザインによるイノベーションの特質の1つは，製品の機能や技術そのものではなく，デザイナーによって製品に付与されたメッセージと，それを顧客が解釈するプロセスにあるということである。もちろん，Verganti[2003]の議論は製品デザインに焦点を当てたものであるが，実際にはその製品の流通やコミュニケーションの仕組み，ビジネス・モデル全体を設計する必要がある。つまり，企業にとってはデザイナーやデザイン会社に製品デザインのみを依頼すればいいのではなく，より戦略的に取り組むことが求められているのである。

図表2-2 デザイン・イノベーションの枠組み

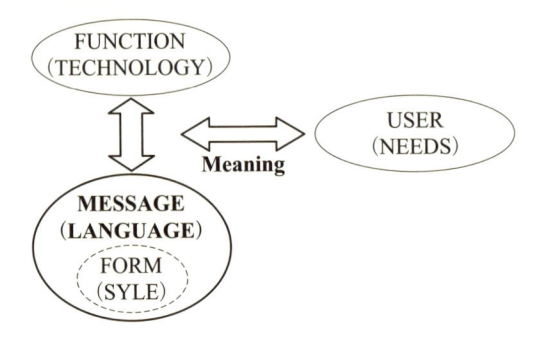

```
         FUNCTION
        (TECHNOLOGY)
              ↕        ⟷    USER
                  Meaning   (NEEDS)
         MESSAGE
        (LANGUAGE)
          FORM
          (SYLE)
```

出所：Verganti［2003］，p.35。

3　デザイン思考

　では，なぜデザインによるイノベーションが求められるのか。鈴木［2011］はデザイン思考という概念から検討を加えている。まずイノベーション論や経営戦略論が技術面に関心が置かれていたのに対し，顧客価値やブランドに焦点を当てるマーケティング分野の研究では，過剰品質に対応する技術的特徴や経験価値という非技術的要素が問題として扱われていることに注目する（鈴木［2011］，pp.51-55）。その上で，米国のデザイン会社IDEO社によって提唱されたデザイン思考（Design thinking）という概念をもとに，デザインとイノベーションとの関わりについて考察を加えている。そして，デザインを『「デザイン思考」すなわち「事業戦略を前提とする顧客経験のデザイン」あるいは「（技術面に限られない）イノベーションのプロセス」と捉えるとき，21世紀におけるデザインの意義が見えてくる。』としている（鈴木［2011］，p.16）。

　IDEO社のCEOであるトム・ケリー氏は，デザイン思考とは，「技術的に実現可能で実行可能なビジネス戦略によって顧客価値と市場機会に転換され得るものと人々のニーズとを一致させるよう，デザイナーの感性と手法を用いる領域」のものであるとし，「『人々が生活のなかで何を欲し，何を必要とするか』『製造，包装，マーケティング，販売およびアフター・サービスの方法につい

て，人々が何を好み，何を嫌うのか』，これら2項目について，直接観察し，徹底的に理解し，それによってイノベーションに活力を与えること」としている（Kelley and Littman［2001］；Brown［2008］）。

　デザイン思考のプロセスは（1）理解（2）観察（3）ブレーンストーミング（4）ラピッド・プロトタイピング（5）ブラッシュアップ（6）実現という6つからなる（Brown［2008］；鈴木［2012］，p.140）。つまり，まずは顧客や市場を理解し観察することからスタートし，迅速に目に見えるプロトタイプを作成する。そのブラッシュアップを重ね製品化を実現するのである。ポイントは，観察，そしてプロトタイピングである。つまり，従来の典型的なマーケティングでは市場全体を対象にリサーチを行っていたのに対して，デザイン思考では個々の対象の観察から特徴を見出し，プロトタイプで形を見せることでさらに改善を図っていく，柔軟でインタラクティブな開発手法である。それらの実践により，消費者の潜在的なニーズが喚起され経験価値の創造が可能になるのである（Brown［2008］；紺野［2010］；鈴木［2012］）。

　例えば，デザイン思考を活かした製品開発としてアップルのipodがよく知られている。世界的なヒット商品であるipodは全てにおいて新しい技術を使っている訳ではない。利用者の利用シーンに基づき，徹底的にデザインと操作機能を洗練化させたところにある。その上で，市場投入した製品を小刻みに改良し製品ラインも拡張することで，使い勝手の向上や新しい利用シーンを提案することに成功しているのである。また，ハードウェアとしての本体だけでなく，音楽や映像を配信するiTunes Storeにより，コンテンツやソフトウェアを組み合わせて提供した（ライメンラ・米倉［2007］；鈴木［2012］）。このような利用者の経験価値に基づく製品開発とビジネス・モデルの構築を行っていくところに，デザイン思考の特徴があるといってよい。

　すなわち，デザイン思考とは，従来の企業経営の考え方，すなわち戦略を立案し計画に基づいて生産・販売し，フィードバックから新たに計画をつくるというマネジメントの発想とは異なる要素を含んでいる。そして，デザイナーを中心に外部の経営資源を有機的に組み合わせていくことで，消費者の利用状況

やそれらの評価を起点に環境変化に柔軟に対応するビジネス・モデルの構築が可能となるのである。

IV. 企業による取り組み

1 現状と課題

では,現実の企業におけるデザイン導入の現状はどうか。デザインの積極的な活用が企業経営にプラスの影響を与えることは過去の研究が明らかにしている (Hertenstein et al. [2005];産業研究所 [2006];水越 [2008];ラインメラ,米倉 [2007])。また,大企業におけるデザイン部門や製品デザイン戦略の強化 (森永 [2010]),また中小企業においてもデザイナーとの連携により商品やブランドを開発する取り組みが注目されている (木全・井上 [2009])。しかしながら,先に述べたように,実際には企業,とりわけ中小企業においてはデザイン導入に積極的に取り組めていないのが現状である。

図表2-3は,国内の企業におけるデザイン導入について,特許庁のアンケート結果を示したものである。それによると,デザインを戦略的に活用する大企業 (意匠登録件数の上位企業) では,製品の魅力を向上させるために重視すべきものとして,「機能・性能」(93.2%) とともに「デザイン」(91.8%) についてはほとんどの企業が回答しており,機能や性能とともにデザインへの認識が高いことがわかる。

また,製品開発において今後デザイン開発の可能性は高まるか,ということに対しては97.2%の企業が「はい」と回答している (図表2-4)。ただ,実際に製品開発において重視することが多いことという質問に対する回答では「技術開発」が78.6%であるのに対して「デザイン開発」は21.4%と大きな差がみられる (図表2-5)。デザインを戦略的に活用していると考えられる大企業においても,技術に比べるとデザイン開発のウェイトが相対的に低いことがうかがわれる。

図表2-3 製品の魅力を向上させるために重視すべきもの（複数回答）

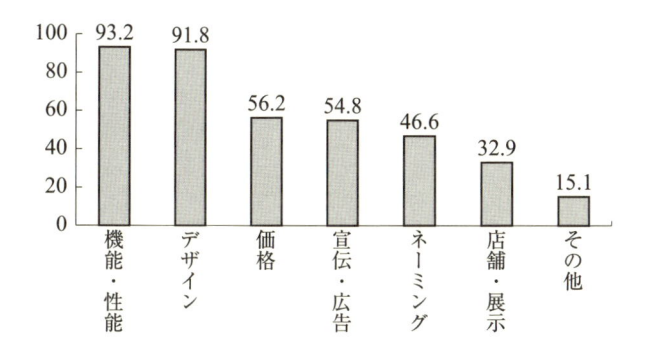

機能・性能	デザイン	価格	宣伝・広告	ネーミング	店舗・展示	その他
93.2	91.8	56.2	54.8	46.6	32.9	15.1

図表2-4 製品開発においてデザイン開発の役割は高まるか

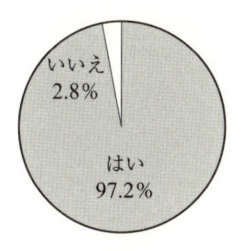

- はい 97.2%
- いいえ 2.8%

図表2-5 製品開発において重視することが多いもの

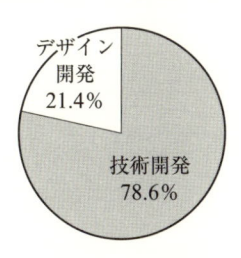

- 技術開発 78.6%
- デザイン開発 21.4%

出所：財団法人知的財産研究所［2011］「企業の事業戦略におけるデザインを中心としたブランド形成・維持のための産業財産権制度の活用に関する調査研究報告書」より抜粋。
（注）調査対象は，2007〜09年の合計意匠登録件数が上位の国内企業303社にアンケートを送付し回収数は97（回収率32.0％）。うち，製造業が90社，資本金3億円以上が91社，売上高100億円以上が87社，従業員数300人以上が90社である。

つまり，デザインが経営にプラスの影響を与えるという認識はあるものの，大手企業でさえ製品デザインの積極的な活用につながっていないということを示唆している。この点に関してマーケティングの著名な研究者であるコトラーらは，企業においてデザイン導入が切りつめられる理由として，①マネージャーがデザインについて理解していない，②予算が限られている，③社内の力関係，④変化に抵抗する傾向がある，という4点を指摘している（Kotler and Rath ［1984］, p.16）。

また，中小企業の課題について，産業研究所［2006］はデザイン導入の4つの壁を指摘している（産業研究所［2006］, p.10）。それは，①技術至上主義の壁：デザインは製品に化粧をする「美顔術」であり，本質的なものではないと思っている。このため，技術に比べて優先度が低く，デザインの必要性に思い至らない。特に，生産財の世界では，機能や技術が最優先であり，デザインが入り込む余地はないと思っている。②費用対効果の壁：デザインに対する投資の必要性を感じても，どれだけの効果が具体的に見込めるのかがわからず，踏み切れない。③トラウマの壁：高いデザイン料を払ったものの売上が上がらなかった，デザイナーと大喧嘩した等の過去の失敗経験がトラウマになっており，二度とデザイナーと関わりたくないと思っている。④体力の壁：デザインの必要性を感じても，デザイナーに関する情報を集めたり，デザイン料を払ったりする資源的な余力がない，という壁である。

先ほどの調査結果にもあるように，企業，とりわけ製造企業においては技術開発とデザインを比較すると，前者へのウェイトが高くなってしまう。また中小企業の場合，経営者のデザインについての理解が不足していたり過去に失敗した経験があると，デザインに取り組むことを躊躇してしまうという現状を示している。さらに，企業だけでなく，デザイナーの側にも日々の仕事に追われてデザイン的発想を実現する余裕がない，といった問題点もある（木全・井上［2009］, p.51）。しかしながら，中小企業の場合，組織内で分業化・階層化が進む大企業よりも経営者のトップダウンや小さな組織の特性を活かし，大企業にはできない決断や商品化を行うことができる（木全・井上［2009］, p.31）

ため，デザインを活用することのメリットは大きいと考えられる。

V．デザイン思考による経営とは

1　デザイナーとの連携

　このように，現実的な問題として企業，とりわけ中小企業がデザインを導入するには多くの困難性を伴う。しかしながら，新たな価値の創出が求められる状況において，中小企業にとってデザイン思考は有効なイノベーションの手段になると考えられる。その場合，これまでの議論から明らかなように，①ユーザー自身がイノベーションの主体となること，もしくは②ユーザー中心の手法によってイノベーションが創出されること，ということになろう。どちらの場合も，デザイナーやデザイン事務所の参画ということが重要なポイントとなる。
　その際，デザイナーやデザイン事務所の関わり方としては，大きく3つのパターンが考えられる。1つは，大企業のデザイン部門のように，自社内のインハウスデザイナーが主導的な役割を担う場合である。2つ目は，外部のデザイナーやデザイン会社に委託し商品開発などを行うものである。そして3つ目は，デザイナーやデザイン会社自体が独自事業として行う場合も想定できる。中小企業にとって関わりが深いのは2つ目と3つ目の場合であろう。デザイナーを含む他企業とのコラボレーションや，デザイナーやデザイン会社自らが事業に積極的に関与する事業は，特にデザイン思考による顧客の経験価値の創出という側面で注目される。以下に，2つの異なる取り組み事例[4]をみる。

---

(4)　事例企業は，筆者が神戸芸術工科大学と取り組んでいる共同研究プロジェクトの一環として，2012年4月にインタビューを実施したものである。インタビュー内容は，同プロジェクトの情報誌「Oz.cafe」Vol.3，2012年5月号にも掲載されている。

2 事例分析

事例1 有限会社トリトン（神戸市，従業者数20名）

　同社はグラフィックデザイナーである代表の松岡賢太郎氏が，デザイン事務所の業務を中心としながら，オリジナル家具の企画・製作，カフェやセレクトショップの運営，メディア制作，さらにはそのノウハウを活かしたコンサルティング事業などを手掛けている。

　同社の本社オフィスと同じ建物内にあるトリトンカフェは，雑誌にもよく取り上げられる神戸の有名店である。カフェ店内を利用して，開設当初から外国語や写真，アートなどさまざまなジャンルのワークショップを店内で開催していることでも知られている。店内では同社が扱う生活雑貨も販売しており，デザイナーの目を通して選ばれた洗練された商品はネットでも販売されている。また，自社工房で製作するオリジナル家具はモダンなデザインと機能性に優れた製品として評価が高く，大手企業からの注文も多い。最近，丹波篠山の古民家を再生した物件に新しいカフェを出店した。そこは家具のギャラリー機能も担うことなり，同社のモダンなデザインの家具と古民家の雰囲気が合い若者や観光客に利用されている。

　同社は新たな展開として，2年前に神戸市内に店舗を構えるオーナーに声をかけ，異業種による共同プロジェクトを立ち上げている。呼びかけに賛同した10名のオーナーを中心に神戸の街や自然を紹介する情報誌を発刊し，付録として買物に使えるオリジナルのトートバックを付けた。情報誌は単なる広告媒体としてではなく，参加するオーナーのアイデアを取り込みながら編集し，その関係をもとに共同での販売事業へとつながりつつある。

　かつては企業のインハウスデザイナーとして活動していた松岡氏は，クリエイティブな発想で地域やクライアントの問題解決を具体化させたいというコンセプトで多様な事業を展開している。同社の特徴は，オーナーの背景も含めて事業全体がデザイナーの感性により企画・運営されている点である。

事例2 一般社団法人ノオト（篠山市，従業者数7名）

　ノオトは，神戸市内から車で1時間ほどの山間部にある城下町篠山市において，古民家の再生を中心に，住民が参画するスタイルでユニークな事業を展開していることで知られる一般社団法人である。

　代表の金野幸雄氏はかつてNPOの立場から古民家再生などに携わった豊富なキャリアを持ち，その経験を活かし2009年に設立されたノオトの代表となった。同法人の事業コンセプトは，空家（町屋，古民家等）の活用，食と農（スローフード），暮らしのツーリズムというものである。ノオトでは，あくまでも主体は地域であるという「コミュニティ・ベース」の事業展開を重視した結果，市民によるさまざまな自主的な活動が起きたという。ノオトは地域と行政や企業との間でコーディネータとしての役割を担い，事業の経済的な自立化に貢献している。

　例えば，同市の山間部にある丸山という限界集落[5]の古民家を再生しフレンチレストランを併設した宿泊施設[6]をつくり，篠山に訪れた人が現地の風土や文化を直接体験できるようになった。このプロジェクトは，丸山集落の住民との半年間で14回にも及ぶ集中的なワークショップと学習会活動を経て実現したものである。また，偶然にもその時期に篠山の町屋を改装したギャラリー・カフェを開設した著名なインダストリアルデザイナーである喜多俊之氏も協力者の1人として参加している。

　古民家再生のプロジェクトは，ワークショップからレストランや宿泊施設の運営に至るまで，すべて住民を主体で実施されている。1軒の古民家が再生され多くの人に利用されることを地域住民が見ることにより，住民にも誇りと愛着がわいてくる。その結果，自然に次の事業アイデアがでてくるのである。篠

---

(5)　住民の50％以上が65歳以上で，生活道や林野の整備，冠婚葬祭など共同体としての機能を果たせなくなり，維持が限界に近づいている集落のことを指す。
(6)　一般的にはオーベルジュと呼ばれ，フランスが発祥で料理をゆっくり楽しめる宿泊施設付きのレストランのことをいう。例えば，「集落丸山」（宿泊施設）と「ひわの蔵」（フレンチレストラン）を利用すると，通常期間の宿泊料金は2名1室，1泊2食付きで1人36,000円である。

山市もこうした活動をうけて，ユネスコが提唱する創造都市ネットワークというコンセプトに基づき創造的な地域再生を目指している。

VI. デザイン思考のイノベーション

　上でみた2つの事例は，各々デザイン思考によるイノベーションを創出していると考えられる。まず，トリトンは，デザイナー，デザイン事務所による事業展開の事例である。同社では，「クリエイティブな発想で地域やクライアントの問題解決を具体化させたい」，という明確なコンセプトをもとに，デザイン事務所の枠を超えたさまざまなビジネスを自ら展開している。例えばカフェでは単なるメニューやセット商品を画一的に提供するのではなく，落ち着ける空間や家具，音楽，生活雑貨がオーナーの感性にもとづき提供され，各種のワークショップが開催されている。カフェを通じて消費者はさまざまなサービスを享受することができ，またカフェが消費者の交流の場として機能するよう運営されているのである。このことは，同社では，単なる店舗デザインや品揃えだけでなく，そのコンセプトをどのように消費者に提案していくのかということについても，細部にわたって計画し設計していることを意味している。消費者はカフェという空間を通じてそのメッセージを解釈し，例えば「雑貨に囲まれた楽しいひと時」や「子供と一緒に学ぶ時間」といった経験価値を享受するのである。こうした場をつくり継続的に運営していくためには，顧客を中心としたデザイン思考の発想が不可欠である。また，新たに取り組みが始まった異業種とのプロジェクトについても今後の展開が期待される。

　他方，ノオトの事例は，現在国内のいくつかの地域で試みられている古民家再生プロジェクトの中で，地域内外のさまざまな人々が参画する形で展開され経済的にも自立し地域への還元が図られているという点で興味深い。丸山集落でのプロジェクトの開始に際して，まずは時間をかけて（しかし短期間で集中的に）地域住民との対話を行い，集落が抱える問題点や住民の思いを明らかにしていった。その上で，具体的なアイデアを出し，住民自らが主体的に運営し

経済的にも自立化が図れる仕組みづくりを行っている。実際には根気のいる地道な取り組みであると考えられるが，1つひとつの案件が具体的な形になって可視化されることで，事業イメージがより明確に伝わり，さらに新しいアイデアや事業へとつながってきたことが理解される。そのプロセスは，まさにデザイン思考と呼ぶに相応しいものである。

　また，ノオトのホームページ[7]をみると，同社が手掛けるプロジェクトが，観光客や若者に対して篠山の魅力や新しいイメージを伝えるよう工夫されていることがわかる。人々は篠山に訪れることで，古民家での暮らしやスローフードといったことをいわば本物の空間の中で経験することができるのである。

Ⅶ. インプリケーション

　では，企業はデザイン思考によるイノベーションをいかにして導入することができるのか。本章での検討からの含意をいくつかまとめておこう。

1　新しい価値を創出する手法

　まず，本章での事例は限られたものであったが，デザイン思考によるイノベーションは，製造や流通，サービスといった業種に関わりなく，顧客を中心に事業の仕組みを構築しようとするものである。つまり，単に製品のデザインを変えるということではなく，製品とそのメッセージをいかに顧客に伝えていくのか，ということまで気を配る必要があるということである。

　「トリトンカフェ」もノオトによる「集落丸山」も，利用者に新しい経験価値を提供することに成功しているといえるが，それが実現できた要因は，単に施設の形態や運営方法が新しいというだけでなく，その開発プロセスも一般的なカフェや宿泊施設のそれとは異なっているからである。

　トリトンでは，デザイナーである松岡氏を中心に，デザイン事務所，家具製

---

[7] http://plus-note.jp/note

作，カフェ，ブティック，ネット通販といういくつかの事業の組み合わせによって消費者にメッセージが伝えられている。それとともに，それぞれの業態においても品揃えやサービスによって消費者に新しいライフスタイルを提案する工夫がなされているところに，デザイン思考としての特徴を見出すことができるのである。

このように，デザイン思考によるイノベーションは，既存の製品やサービスの改善といった局面よりも，世の中や市場になかったような新しい価値を創出するときに適している手法であるといえよう。

2　コラボレーションの類型

2つ目は，イノベーションの主体に関するものである。今回取り上げた2社の事例は，デザインによるイノベーションを図りながら，取り組む組織形態は異なるものであった。トリトンはデザイナー松岡氏を中心に自社単独でカフェやセレクトショップなどを展開する事業形態をとっているが，最近取り組んでいる事業は，異業種でのネットワークによるものである。これに対して，ノオトでは，一般社団法人という民間組織を核としながらも，必要に応じて専門家や住民によるゆるやかなネットワークにより事業が運営されている[8]。

つまり，デザイン思考によるイノベーションの組織形態にはいくつかのパターンが想定でき，それによってマネジメントのあり方も異なってくるということである。

この点に関して，先述したベルガンティらの最近の研究では，企業間のコラボレーションをいかに決定するか，ということについて4つの類型を示している（Pisano and Verganti [2008]）。つまり，コラボレーションへの参加方法は，オープンかクローズかという点と，ガバナンス（統治）構造は階層的かフラットか，という点である（図表2-6）。

---

[8]　今回は触れることができなかったが，運営のためのNPOも設立したり，行政，企業，住民らとの「接着剤」（金野氏）としてノオトが機能している。

図表2-6　コラボレーションの4つの類型

		統治方法	
		階層的（Hierarchical）	フラット（Flat）
参加方法	クローズ（Close）	エリート・サークル（Elite Circle）	コンソーシアム（Consortium）
	オープン（Open）	イノベーション・モール（Innovation Mall）	イノベーション・コミュニティ（Innovation Community）

出所：Pisano and Verganti［2008］，p.6をもとに作成。

　それぞれのメリットは，参加方法がオープンであれば多くの主体から，クローズな場合は選ばれたエキスパートから的確な解決方法を得ることができる。他方，統治方法が階層的であれば，イノベーションの方向性をコントロールでき，フラットであればイノベーションのリスクや負担をシェアすることができるというメリットが期待できる（Pisano and Verganti［2008］，p.6）。このうち，先にみたイタリア企業の場合，例えばデザイン性の高い食器や家具のメーカーで知られるAlessi社は，選ばれたデザイナーとのクローズな関係を特徴としており[9]，図中の「エリート・サークル」に該当する（Pisano and Verganti［2008］，p.6）[10]。つまり製品ごとに選りすぐりのデザイナーやデザイン会社と連携することにより，イノベーティブなデザイン開発を行っているのである。

　今回の事例企業を当てはめると，トリトンは「エリート・サークル」による取り組みを中心としながら，異業種との共同事業は「イノベーション・コミュニティ」に該当するようなオープンでフラットな取り組みといえる。他方，ノオトの取り組みはさまざまな主体を巻き込むという点では「イノベーション・

---

(9)　Alessi社は，200人以上のデザイナーとのコラボレーションにより商品開発を行う「ドリーム・ファクトリー」として知られている（Alessi［1998］，［1999］）。
(10)　それ以外の具体例として，「イノベーション・モール」には，企業が科学的な問題を投稿できるサイトを運営するInnoCentive.com社，「コンソーシアム」にはIBM社によるパートナー企業との半導体開発，「イノベーション・コミュニティ」にはLINAX社のオープンソースソフトウェアの開発コミュニティが挙げられている。

コミュニティ」的であり，特定の集落を対象とした取り組みは「コンソーシアム」としての特徴も有している。その分類が適格かどうかはさらなる検討が必要であるが，デザイン思考のようなオープンなイノベーションのプロセスにおいても，いくつかの類型があるという点は興味深いことである。

3 技術経営からデザイン経営へ

　最後に，デザイン思考の導入による中小企業の競争力について，改めて問い直す必要があるということである。

　一橋大学の楠木健氏は，最近のハーバード・ビジネス・レビュー誌のコラムの中で，中小企業こそ日本の強みであると指摘している[11]。例えばGEのように巨大なコングロマリットとして多様な業種をマネジメントする米国流の経営スタイルではなく，大企業であれ中小企業であれ一つの業種を深掘りする「専業」という点で日本企業は強みを持っているというのである。

　それでは，中小企業は今後その強みをどのように活かし，競争力を高めていけばいいのか。その一つのヒントが本章で検討したデザイン思考によるイノベーションであろう。そのためには，製造企業はこれまで強みとしてきた技術や品質力，あるいはそのマネジメント力をさらに追及すること，また流通・サービス企業，さらには第一次産業もさらなる専業化を図ることが重要である。その上で，デザインをどのように自社の経営に取り込むのかが，差別化による持続的な競争優位を確立する上で重要になるのか，マネジメント上の課題を検討する必要がある[12]。

　いずれにせよ，デザインとイノベーションとの関わりについての研究は，現時点ではあいまいな部分が多いことも確かである。理論的な検討が望まれるとともに，現実の企業のケース・スタディなど取り組むべきことは多く，今後の

---

(11)　楠木健「『専業』の国ニッポン」DIAMONDハーバードビジネスレビュー『It Boils Down to This』2012年1月30日（http://diamond.jp/articles/-/15624）。
(12)　この点に関しては，従来のいわゆる技術経営(MOT)にかわるデザイン経営(DOT)の可能性を示唆するものでもあろう。

課題としたい。

付記：研究は平成24年度科学研究費補助金（基盤研究（B）23330136）による研究成果の一部である。

【参考文献】
秋池篤［2009］「デザインの新奇性は製品の売り上げに貢献するのか？」『赤門マネジメント・レビュー』11巻3号，pp.207-222
小川進［2002］「ユーザー起動型ビジネスモデル」神戸大学『国民経済雑誌』第185巻第5号，pp.65-76
小川進［2011］「知識共創造論──ユーザーベースの知識創造経営に向けて」『一橋ビジネスレビュー』第59巻1号，pp.40-52
木全賢・井上和世［2009］『中小企業のデザイン戦略』PHP研究所
紺野登［2010］『ビジネスのためのデザイン思考』東洋経済新報社
武石彰・青島矢一・軽部大［2012］『イノベーションの理由──資源動員の創造的正当化』有斐閣
鈴木公明［2011］「デザイン思考によるイノベーション──プロセスとしての経験デザイン」『日本知財学会誌』第8巻第1号，pp.50-58
鈴木公明［2012］「デザイン思考の可能性（下）」『特技懇』No.264，pp.140-141
日本インダストリアルデザイナー協会編［2012］『プロダクトデザイン──商品開発に関わる全ての人へ』第3刷，ワークスコーポレーション
パトリック・ラインメラ，米倉誠一郎［2007］「企業活力としてのデザイン──デザイン・イノベーションのマネジメント」『一橋ビジネスレビュー』第55巻第2号，pp.6-24
水越康介［2008］「マーケティングにおけるデザイン研究の射程──デザインのロバストネス」首都大学東京『経営と制度』pp.49-63
真鍋誠司・安本雅典［2010］「オープン・イノベーションの諸相：文献サーベイ」『研究 技術 計画』Vol.25，No.2，pp.8-35
水野学［2008］「ユーザー・イノベーションの可能性」『阪南論集　社会科学編』Vol.45，No.3，pp.235-245
水野学［2011］「製品開発に果たすユーザーイノベーションの役割──顧客の声とリード・ユーザー」『阪南論集　社会科学編』Vol.47 No.1，pp.95-106
森永泰史［2010］『デザイン重視の製品開発マネジメント──製品開発とブランド構築

のインタセクション』白桃書房
米倉誠一郎 [2011]『創発的破壊――未来をつくるイノベーション』ミシマ社
財団法人知的財産研究所 [2011]「企業の事業戦略におけるデザインを中心としたブランド形成・維持のための産業財産権制度の活用に関する調査研究報告書」特許庁
財団法人産業研究所 [2006]「デザイン導入の効果測定に関する調査研究」
Alessi, A. [1998] *The Dream Factory: Alessi since 1921*, Konemann.（堀内花子・NA-Diff訳『ザ・ドリーム・ファクトリー――アレッシィ・1921年からの歩み』光琳社出版，1999年）
Brown, Tim [2008] "Design Thinking", *Harvard business review*, June 2008, pp.84-92
Brown, Tim [2009] *Change by Design: How Design Thinking Transforms Organization and Inspires Innovation*, Harper Business.（千葉敏生訳『デザイン思考が世界を変える――イノベーションを導く新しい考え方』早川書房，2010年）
Chesbrough, H. [2007] "Why Companies Should Have Open Business Models", *MIT Sloan Management Review*, Vol.48, No.2, Winter, pp.22-28
Chesbrough, H., Banhaverbeke, W., and West.J., eds. [2006] *Open Innovation: Researching a New Paradigm*, Oxford University Press.（長尾高弘訳「オープン・イノベーション――組織を超えたネットワークが成長を加速する」英治出版，2008年）
Christensen Clayton, M. [1997] *The Innovator's Dilemma: When New Technologies Cause Great Firms to Fail*, Harvard Business School Press.（伊豆原弓訳『イノベーションのジレンマ――技術革新が巨大企業を滅ぼすとき（増補改訂版）』翔泳社，2001年）
Hertenstein, Julie H., Marjorie B. Platt. and Robert W. Vertzer [2005] "The Impact of Indusutrial Design Effectiveness on Corporate Financial Performance", *Journal of Product Innovation Management*, Vol.22, pp.3-21
Kelley, Tom and Jonathan Littman [2001] *The Art of Innovation: Success Through Innovation the IDEO Way*.（鈴木主税・秀岡尚子訳『発想する会社！――世界最高のデザイン・ファームIDEOに学ぶイノベーションの技法』早川書房，2002年）
Kotler, Philip. and Alexander Rath [1984] "Design, A Powerful but Neglected Strategic Tool", *Journal of Business Strategy*, Fall 1984, Vol.5, No.2, pp.16-21
Rampino, L. [2011] "The innovation pyramid: A categorization of the innovation phenomenon in the product-design field", *International Journal of Design*, 5(1), 3-16
Norman, D.A. [1988] *The psychology of everyday things*. New York, Basic Books.（野島久雄訳『誰のためのデザイン？――認知科学者のデザイン原論』新曜社，1990

年)
Pisano, G. and Verganti, R. [2008] *Which kind of collaboration is right for you?* Harvard Business Review, Dec.2008, pp.80-86

Schumpeter, J. [1912] *Th eorie der wirtschaftlichen Entwicklung.*（塩野谷祐一・中山伊知郎・東畑精一訳『経済発展の理論』岩波文庫，1977年）

Talke, K., Salomo, S., Wieringa, J.E. and Lutz, A. [2009] "What about design newness? Investigating the relevance of a neglected dimension of product innovativeness". *Journal of Product Innovation Management*, 26, pp.601-615

Utterback, J.M., Vedin, B.A., Alvarez, E., Ekman, S., Sanderson, Walsh, S., Tether, B., and Verganti. R. [2006] *Design-inspired Innovation*, World Scientific Publishing.（サイコム・インターナショナル訳『デザイン・インスパイアード・イノベーション』ファーストプレス，2008年）

Verganti, R. [2003] "Design as brokering of languages: Innovation strategies in Italian firms". *Design Management Journal*, 14(3), pp.34-46

Verganti, R. [2009] *Design-Driven Innovation: Changing the Rules of Competition by Radically Innovating What Things Mean.*, Harvard Business School Press., pp.3-16

von Hippel, E. [1988] *The Sources of innovation*, Oxford University Press.（榊原清則訳『イノベーションの源泉―真のイノベーターは誰か』ダイヤモンド社，1991年）

von Hippel, E. [2005] *Democratizing Innovation. Cambridge*, The MIT Press.（サイコム・インターナショナル監訳『民主化するイノベーションの時代』ファースト・プレス，2006年）

von Hippel, E. [2007] "Horizontal Innovation Networks: by and for users," *Industrial and Corporate Change*, Vol.16, No.2, pp.293-315

（秋山秀一）

第3章

ICT活用によるプロセス・イノベーション

　企業の目的は顧客満足度を最大化することであり，他企業よりも顧客を満足させることができる能力が競争力の源泉となる。顧客満足度は，何を，どのようにして，いつ，いくらで提供するのかといったビジネスのプロセス全体に左右される。したがって，プロセス・イノベーションは業務を構成する個々の要素ではなくプロセス全体を見直し，顧客満足度を継続的に高めていく全社的な取り組みでなければならない。突出して優れた製品や技術を持たない大半の中小企業にとって，いわば企業の総合力を引き上げるプロセス・イノベーションに取り組むことは生き残るために不可欠である。このプロセス・イノベーションを実現するにはICT（情報通信技術）が有効である。だが，トップマネジメントのICTに対する理解，そして現場で働く従業員が利用しやすいシステムの構築なしに，プロセス・イノベーションは実現できない。

I. 中小企業におけるICT利用の現状

1　顧客満足度の最大化に欠かせないICT

　中小企業の大半は，新規の需要が増加しない成熟した市場で競争している。しかも，模倣困難な製品やサービス，あるいは技術を競争力として保有する企業は例外的存在であり，ほとんどの中小企業はわずかな差別化や気配り，小回りのよさといったもので他企業と競争している。そのため，圧倒的な競争力を持った企業が登場したり，顧客の調達方針や消費行動が変わったりすると，とたんに窮地に追い込まれてしまう。大型店やコンビニエンスストアとの競争に

負けた小売店,海外からの調達に切り替えられてしまった下請製造業など多くの例がある。

　十分な競争力を持たない中小企業が生き残るには,継続的に顧客満足度を高める仕組みをつくることが必要である。そうしなければ,競合する多くの企業の中から自社を選択してもらうことはできない。ここで重要なことは,顧客満足度を高める取り組みは「継続的」なものでなければならないということである。一時的に顧客満足度を高めることができても,そのままでは時間が経つに連れて顧客は慣れてしまい,満足度は下がっていくからである。もちろん,ライバル企業が対抗してくるということもある。

　顧客の満足度は大別すれば,品質(Quality),費用(Cost),納期(Delivery)の3つで構成される。QCDは主に製造業で使用されてきた概念であり,納期のように,そのままでは他業種に当てはまらないこともある。そこで,本章では定義を拡張する。まず,品質とは,製品やサービスの性能,機能,耐久性,正確さ,不良品・バラツキの少なさなどである。小売業や飲食店など消費者と直接取引するサービス産業では,接客・接遇も企業が創造する価値の一部であり,顧客の満足度を左右するため,品質に含まれる。費用は,どのようなビジネスであれ,品質や納期が同じであるならば安いほどよい。

　納期は業種によって基準が異なる。製造業や建設業では文字どおり,受注してから納品するまでの期間であり,一般には短いほどよい。小売業の場合は,欠品の発生を抑え,消費者が買いたいと思うときに買えるようにすることである。飲食店の場合はシチュエーションによって異なる。オフィス街のランチタイムであればすばやく提供することが求められるが,宴会や会食では客の食べる速さや会の進行状況に合わせて料理を提供する方が喜ばれる。理美容業など人の手によるサービス業では,顧客を待たせないこと,あるいは待ち時間を明示し,それを守ることが重要である。

　企業にとって,顧客満足度を高めることと利益を上げることとは,しばしば相反する。例えば,小売業で欠品を減らす最も簡単な方法は在庫を多く持つことであるが,大量の在庫は利益や資金繰りを圧迫する。欠品率と在庫のバラン

スをとる仕組みが必要なのである。サービス業における顧客を待たせないということも，しばしば企業の収益を圧迫する。病院では,「3時間待ち，3分診療」といわれるように診察時間の短さに比べて待ち時間が長いことが患者の不満となっているが，診察時間を長くすると，さらに待ち時間が長くなってしまう。診察時間を患者が納得できるまで長くし，かつ待ち時間を短くしようとすると診察できる患者の数が減り，病院の収入が減ってしまう。本来，顧客満足度を高めることこそが企業の利益につながるのであるが，実現することは容易ではない。

　顧客満足度を継続的に高めていくには，顧客が何を求めているのか，何に満足し，何に不満を抱いているのかという顧客側の要因と，顧客の満足や不満の原因となっている企業側の要因とを正確に把握することが欠かせない。だが，中小企業の多くは経営者やベテラン従業員の経験や勘，そして人情に依存した経営を行っている。人情に依存した経営とは，長い付き合いだからという理由だけで取引を継続したり，具体的な方策を示さずに従業員の努力や献身に期待したりすることである。

　もちろん，こうした経営が役に立つことも多い。経営環境がさほど変化しない場合には，経験に基づいて判断する方がリスクは小さく，コストもかからない。また，あまりにドライな取引交渉をしていたのでは，取引先から信用されなくなるだろうし，経営者の要請に従って懸命に働いてくれる従業員は貴重な資源である。しかし，経営環境が大きく変わったときに，過去の経験は役に立たない。また，勘や人情に頼っていたのでは現状把握を曖昧にし，ときには誤らせ，問題解決を遅らせるだけである。

　勘と経営と人情に依存した経営の対極にあるのは，いわゆる科学的な経営である。科学的経営に明確な定義はないが，本章ではデータに基づいて現状を分析し，問題点を把握し，対策を立て，その効果をデータで検証する経営手法と定義する。これにはICT（Information & Communication Technology：情報通信技術）が欠かせない。

　科学的経営の歴史は長い。1911年に発表されたF.W.テーラーの『科学的管

理法』は科学的経営の走りであろうし,データをもとに現状を分析し,仮説を立て,検証するというPDCA[1]サイクルは品質管理の手法として1950年代に誕生したものである。しかし,科学的経営はICTが発達した今日の方が大きな効果を発揮する。データとして補足できる対象は拡大し,データの精度も向上している。データの収集・分析にかかる時間は短縮され,費用も低下している。資金制約の大きい中小企業でも詳細なデータに基づいて経営することが可能になってきているのである。だが,中小企業の多くは,ICTを利用してはいるものの,顧客満足度を向上させるほど活用できてはいないというのが実情である。この点を次項で確認する。

2 停滞する中小企業の情報化投資
(1) 中小企業でもICTの導入段階は終了

今日の企業経営において,コンピュータや携帯電話をはじめとする情報通信機器,およびインターネットに代表される情報通信技術は不可欠である。2010年末現在,常用雇用者数100人以上の企業では,98.8%の企業がインターネットを利用している[2]。それだけ情報通信機器も普及していることになる。中小企業では,従業員が少ないほどパソコンの保有率は低くなる傾向にあるものの,従業員数20人未満の企業でも利用率は91.8%となっている[3]。依然としてコンピュータを利用していない企業はあるが,中小企業におけるICTの導入段階は終わったといってもよいだろう。

中小企業においても情報通信機器が広く普及した理由として,第1に単純に便利だということが挙げられる。ワープロソフトや表計算ソフトを使えば見映えのよい見積書や請求書を簡単に作成できる。作成した書類を保存しておけば他の機会にも利用できる。また,作成した書類は電子メールを使えば,ごくわ

---

[1] Plan Do Check Actionの4段階を繰り返すことによって業務を継続的に改善しようとするもの。W. E. デミングが提唱したのでデミングサイクルとも呼ばれる。
[2] 総務省「通信利用動向調査」。
[3] 日本商工会議所他 [2008], p.8。

ずかな費用で瞬時に取引先に届けることができる。携帯電話を使えば外出している従業員ともすぐに連絡がとれる。カーナビゲーションのおかげで荷物の配送先を探して迷うこともまずない。もちろん，たんに便利だというだけではなく，コンピュータを使った自動化によるコストダウンを実現したり，インターネットを通じて新規顧客の獲得に成功したりしている企業もあり，そうした企業を模倣する企業も少なくない。

　第2に，ハードウエアの性能や通信速度が飛躍的に向上する一方で，それらの価格が急速に低下していることが挙げられる。例えば，パソコンの平均出荷価格は，1990年代後半には20万円を超えていたが，2007年9月には11万8,373円，2011年9月には7万432円へと下落している[4]。

　第3に，情報通信機器が普及するにしたがって，それらを利用しないと業務に支障がでる，場合によっては他企業との競争上不利になる環境が成立したことである。例えば，受注先の大企業が電子メールを使った発注に切り替えれば，下請けである中小企業も電子メールを使わざるをえない。また，ある企業がインターネットを使って認知度を高めれば，競合する企業は販売機会を失うおそれがある。競争上不利にならないためには，他企業と同程度にはICTを使わざるをえないのである。

(2) 経営課題と直結していないICT投資

　たんに便利だから，あるいは他企業も利用しているからという理由だけで情報化を進めても，企業の競争力は向上しない。生産性の上昇も期待できず，まして顧客満足度を継続的に高めることなどできない。当然の結果として，ICT投資の費用対効果は小さくなる。そのため，中小企業の多くはICT投資に消極的である。

　まず，ICT投資と生産性の関係について確認しておこう。東京商工会議所［2010］によると，ソフトウエアを購入した業務の生産性が上がったとする中小企業の割合は56.6％にとどまっており，43.4％の企業は変わらないと回答し

---

[4]　㈳電子情報技術産業協会「パーソナルコンピュータ国内出荷実績」。

ている (p.28)。ソフトウエア業者に開発を委託した場合でも，そのソフトウエアによって生産性が上がったとする企業の割合は60.7％にすぎず，変わらないとする企業が35.7％，下がったとする企業も3.6％ある (p.38)。

また，日本商工会議所他［2008］により，中小企業が保有しているソフトウエアの種類をみると，文書作成や表計算などオフィス系ソフトは91.4％の企業が導入しているものの，顧客管理ソフトは37.1％，ERP[5] ソフトは11.0％にとどまっている (p.8)。中小企業におけるICTの利用は，そもそも定型業務の効率化を図る程度にとどまっており，生産性を高めたり，顧客満足度を高めたりするような使い方をしている企業は少ないといえる。

ICTの活用方法については，日本商工会議所他［2008］も「経営課題に直結するIT導入に至っていない」と指摘している (p.12)。例えば，多くの中小企業が「非常に重要なIT導入目的」として「利益向上・コストダウン」を挙げているが，コストダウンは「非常に重要な経営課題」としては上位10項目にも入らない。また，「社内の情報共有・有効活用」はコストダウンと並ぶIT導入の「非常に重要な目的」とされているが，「非常に重要な経営課題」では9番目に多い項目にすぎない。「非常に重要な経営課題」として8割の企業が挙げているのは「信頼のある会社」になることや「競争力のある製品・サービス」を持つことであるが，ICTはそのツールだとは認識されていない。

(3) **生産性パラドクスの存在**

中小企業が経営課題に直結するICT投資を行っていないことには，いくつかの理由が考えられる。ICTを使いこなす能力が中小企業に不足していること，ソフトウエアの導入や，システムを構築する際に多額の資金が必要になる場合が少なくないこと，中小企業の経営課題を理解した上でソフトウエアやシステムを構築できるソフトウエア業者が少ないことなどである。

とくにICTを使いこなす能力が不足していることは，中小企業がICT投資

---

(5) Enterprise Resource Planningの略。企業内の資源を有効に活用するためのソフトウエアで，製造，物流，販売，人事，会計など企業の基幹業務を一元的に管理するもの。

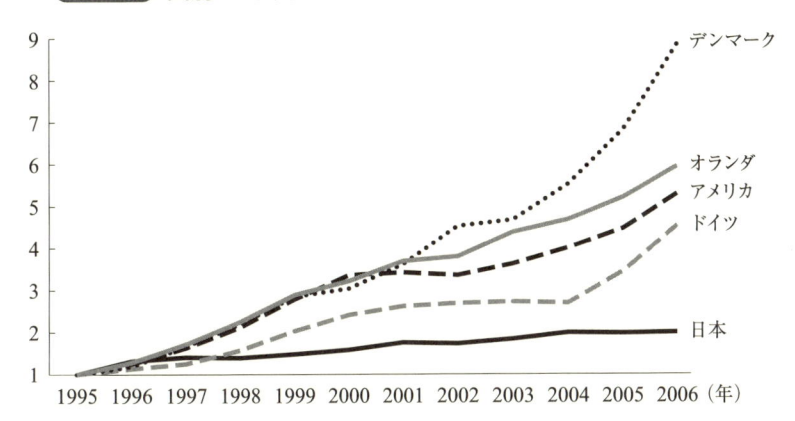

図表3-1 国別ICT資本への年間投資額の推移（1995年＝1）

（注1）原数値は各国とも1995年価格を基準とした実質投資額である。
（注2）ICT資本とはコンピュータ，通信機器，ソフトウエアを指す。
資料：EU KLEMS Database

を進める上で大きな障害となる。なぜなら，ソフトウエアやコンピュータ・システムは使い方によって効果に大きな差が出るからである。経営課題に直結するICTの活用を行っていない中小企業では，ICTを使いこなす能力がないから投資効果が上がらず，投資効果が上がらないからICT投資に消極的になり，ICTを使いこなす能力が蓄積されないという悪循環が生じている可能性が高い。ICTを使いこなすことができないのであれば，ICTで経営課題を解決しようと考えることもないはずである。

　もっとも，ICT投資に消極的なのは中小企業だけではない。日本のICT投資全体が他の先進国に比べて伸びが鈍いのである。EUのKLEMSというデータベースにより，1995年と比べた日本のICT資本[6]投資額の伸び率をみると，2006年には2.0倍になっている（図表3-1）。ところが，同期間にアメリカは5.3倍，ドイツは4.5倍，デンマークにいたっては8.5倍に伸びている。日本全

---

[6] コンピュータ，通信機器，ソフトウエアを指す。

体でICT投資が進まないのであれば，中小企業がICT投資に消極的であっても不思議ではない。ICTには利用者数が増えるほど個々の利用者が得られる効用が増す「ネットワーク外部性」があるからである。

　日本でICT投資の伸び率が低い要因は明確ではないが，ICT投資が生産性の向上につながらないという「生産性パラドクス」がいまだに存在しているからではないかと考えられる。

　「生産性パラドクス」は，Solow［1987］による "You can see the computer age everywhere but in the productivity statistics." という問題提起が起源とされる。その趣旨は，「製造業ではコンピュータを利用した自動化（Programmable Automation）という革命が進んでいるが，情報化によって生産性が上昇したという証拠はマクロ統計では見つからない。日本を含めて生産性の伸びはむしろ鈍化している」ということである。これ以後，主にマクロ経済における「生産性パラドクス」の有無や原因について1990年代を通じてアメリカで盛んに議論された[7]。アメリカではその後労働生産性が大きく上昇したことで，情報化は生産性を上昇させるという認識が一般的になった。そうであるからこそ，アメリカにおけるICT投資額はほぼ毎年増加し続けたのである。

　しかし，東京商工会議所［2010］で明らかなように，ICT投資が必ずしも生産性の上昇にはつながらないという現象はいまでも起きている。日本の中小企業，おそらくは大企業も「生産性パラドクス」を経験し，ICTの導入効果に不信を抱いた結果，情報化投資の伸び率も低いのではないかと考えられる。

　実際，中小企業のICT活用を支援しているITコーディネーター協会によれば，過去の失敗からICT投資に懐疑的になり，月の利用料が500円のクラウドサービス（クラウドについては第Ⅲ節で触れる）でさえ，導入をためらう経営者が少なくないという。情報化に消極的な企業が取引先にあると，例えば受注業務をオンラインで処理しようと思っても，紙や口頭による受注と混在し，か

---

(7)　谷花［2009］は，当時の日米における生産性パラドクスに関する議論を整理している。

えって非効率になってしまう。その結果，ICT投資に積極的な企業でさえ，十分な投資効果を得られなくなる。「生産性パラドクス」の解消こそが，中小企業における情報化を促進する鍵となる。

II．ICT投資の目的はプロセス・イノベーションにある

1　ICT投資単独での効果は乏しい

　マクロ経済における「生産性パラドクス」をめぐる論争と並行して，個々の企業経営においてICT投資が収益性の向上など業績の改善に必ずしも結びついていないことも，またその原因も指摘されてきた。Strassman［1990］は，「コンピュータワールドとインフォメーションウィークの両誌により，企業の財務業績とコンピュータ支出には単純な相関関係はないことがわかった」とする（邦訳，p.65）。ただし，コンピュータへの投資がムダだと主張しているわけではない。コンピュータが収益性の向上に寄与することは間違いないが，そのためにはトップマネジメントがコンピュータを適切に活用することが必要だと論じているのである。

　ブリニョルフソン［2004］は「コンピュータのハードウエアの投資額1ドルに対し，インタンジブル・アセットの平均投資額が9ドルになる」とする（p.27）。インタンジブル・アセットとは，人的資産，ビジネス・プロセス，企業文化など主に組織的資産を指す。そして，情報技術の活用度が高い企業は「デジタル組織」であり，情報技術と「デジタル組織」とは相互補完関係にあるとする（同p.35）。すなわち，ICT投資が効果を発揮するには，情報の流れや社員教育，人事評価の変更などによって，企業が情報技術を活用できる組織に変わらなければならないと主張するのである。

　また，「デジタル組織」の条件を7つ挙げているが，そのなかでも，「アナログからデジタルの業務プロセスに移行すること，つまり紙ベースのシステムから，コンピュータとその関連技術を使うデジタルシステムに移行すること」が

最低限必要な条件だとしている (p.38)。従来の仕事のやり方を変えずにICTを導入しても効果は得られないのである。

ICTを導入しただけでは必ずしも生産性が上がらないことは，東京商工会議所 [2010] でも確認できる。先にソフトウエアを導入した業務の生産性が必ずしも上がっていないことを示したが，実はソフトウエアの導入に伴って仕事のやり方を変更した場合と変更していない場合とでは，生産性が上昇した企業の割合が異なる。

まず，市販のソフトウエアを購入した場合で比較すると，ソフトウエアを導入した業務の生産性が上がったとする企業の割合は，仕事のやり方を変更した場合には78.1％であるのに対し，仕事のやり方を変更していない場合は39.5％と半数にとどまっている (p.28)。ソフトウエアを外部に委託して開発した場合も，当該業務の生産性が上がったとする企業の割合は，仕事のやり方を変更した場合では65.6％であるのに対し，仕事のやり方を変更していない場合は54.2％である (p.39)。つまり，業務の見直しや改革を伴ってこそ，ICT投資の効果は十分に発揮され，「生産性パラドクス」も解消できる。

2 プロセス・イノベーションの定義

顧客満足度を向上させるにはICTを活用することが有効であるが，ICT投資単独での効果は乏しく，ICT投資を活かせるように仕事のやり方を変えていかなければならない。変えるべき仕事は，1つの業務，工程ではなく，業務のプロセス全体である。だからこそ，ブリニョルフソン [2004] が指摘するようにICT投資の9倍もの投資が必要になる。

業務のプロセス全体を変革することはプロセス・イノベーションと呼ばれるが，その定義は論者によって異なる。例えば，西川他 [2010] は，プロセス・イノベーションとは「新プロセスの導入または既存プロセスの改良」であり，コンピュータ処理の新規導入も含むとしている (p.3)。この定義はプロダクト・イノベーションと対比して定義されたもので，多くの論者が用いており，必ずしも特殊なものではない。しかし，これまで論じてきたようにICT投資

単独では成果が上がりにくいという現実があり，本章では採用しない。

秋山・原口［2001］は，ICTを使用したプロセス・イノベーションをデジタルプロセス・イノベーションと呼び，「コンピュータによる情報技術を活用したデジタル情報の利点により，製造業，流通業，サービス業の業務の流れ（プロセス）を，工程の最適化に向け，改善レベルではなく，大きく継続的に変革させる」こととしている（p.41）。また，デジタル化の成功を測る指標としてQCD（品質，費用，納期）の改善を掲げている。主に製造業のものづくりについてプロセス・イノベーションを論じたものであるが，トップマネジメントが積極的に関与しないとプロセス・イノベーションは成功しないという主張はすべての業種に当てはまる。

Davenport［1993］は，プロセスを「組織が顧客に対して価値を創造するために，必要なことを実行する構造」と定義し，「プロセスの重要な評価尺度は，プロセスのアウトプットとしての顧客満足である」とする（p.16）。その上で，プロセス・イノベーションは「新しい仕事の戦略の立案と，実際のプロセス・デザイン活動，および複雑な技術的，人的，組織的側面での変革の実施など，すべてを含んでいる」と定義している（p.10）。組織全体で関与しなければならないとする点で，秋山・原口［2001］やブリニョルフソン［2004］とも共通点が見出せる。これらの論をまとめれば，プロセス・イノベーションこそがICT投資の目的であり，成果であることがわかる。

ただし，Davenport［1993］や秋山・原口［2001］の定義には問題がある。それは，改善とイノベーションをどう区別するかである。秋山・原口［2001］は「改善レベルではなく，大きく」としているが，具体的にはどれくらい大きければイノベーションと呼べるのかが不明である。Davenport［1993］は「プロセス・イノベーションは根本的に新しい方法で仕事を行うことであり，プロセス改善は従来と変わらないビジネス・プロセスで，わずかに効率や有効性を向上させることである」とするが（p.20），どの程度新しければ根本的といえるのかは明示していない。加えて，プロセス・イノベーションが漸進的な利益しかもたらさない場合は，「それを改善として分類する」（p.20）というように

結果から定義しようとする曖昧さもある。

また，Davenport［1993］は，トヨタに代表される日本企業の「改善」は漸進的であり，プロセス・イノベーションではないとする。たしかに，「改善」の対象が製造工程の1つである場合は，プロセス・イノベーションとはいえないだろう。しかし，「改善」の対象は広い。例えば，「在庫を必要最小限にとどめるには，事前所要時間，つまりリードタイムの短縮が不可欠である」（若松［2007］，p.85）。リードタイムを開発から納品までとすれば，「改善」の対象は，製造部門だけではなく，研究開発，購買，物流など多岐にわたる。リードタイムの短縮は，漸進的な変化であったとしても，組織全体を巻き込むことになり，それはプロセス・イノベーションと区別がつかなくなるだろう。

本章では，Davenport［1993］の定義をふまえたうえで，プロセス・イノベーションを，「顧客満足度を継続的に向上させるために，複数の業務にわたって改善・改革を行うこと」と定義する。ここで業務とは，細かな作業の1つ1つを指すのではなく，開発，製造，販売，営業，調達，配送，人事，財務など，まとまった単位を指す。業務プロセスの区分は企業によって異なりうるが，同じ業務の中だけで改善・改革を行ってもプロセス・イノベーションとはしない。また，顧客満足度の改善を実現するものであれば成果の大きさは問わない。成果は大きいにこしたことはないが，大半の中小企業にとっては，ほんのわずかであっても顧客満足度を改善することが重要だからである。

ICTはプロセス・イノベーションの道具であるが，ICTを活用するにはDavenport［1993］やブリニョルフソン［2004］が指摘するように，企業としてICTを活用できる態勢を整えなければならない。したがって，複数の業務にまたがるとしても，たんにコンピュータやソフトウエアを導入しただけという場合もプロセス・イノベーションとはしない。

なお，遠山［2003］は，プロセス・イノベーションは企業内でQCDを改善すればよいというものではなく，顧客側のビジネス・プロセスや消費プロセスに参加し，それらを改善するものでなければならないとする（pp.19-21）。この背景には，従来のプロセス・イノベーションが，しばしば顧客のニーズはわ

かっているものとして取り組まれてきたが，顧客のニーズは必ずしも所与のものではないこと，またQCDの改善だけでは高くても便利なので買うといった消費者の行動には対応できないことに対する批判がある。

たしかに，高度成長期のようなキャッチアップ型経済の時代，大量生産・大量販売の時代では，顧客のニーズは所与のものと考えられていただろうし，それで支障もなかっただろう。だが，今日のような多品種少量の生産・販売が当然の時代では顧客のニーズはうつろうものであり，顧客とのコミュニケーションを深めたり，顧客の業務や行動を分析したりして，常に顧客のニーズを把握していくことが必要である。とくに，商品やサービスを消費者に直接提供する小売業や飲食店，サービス業などサービス産業では，顧客のニーズを継続的に把握しつつ，QCDの改善を図らなければ，プロセス・イノベーションは実現できず，自ずと消費者を巻き込んだものになる。その結果，日本のセブンイレブンやアメリカのアマゾンのように，新しい業態やビジネスモデルが生まれることもある。

しかし，2次や3次の下請け製造業や建設業，運送業では，顧客のニーズは，ほとんどの場合，明示されており，所与のものとして差し支えない。2次，3次の下請けという地位にある中小企業が，元請け企業や発注元のビジネス・プロセスに参加する機会はまずなく，すでに決まったこととしてニーズが通知されるからである。

また，顧客あるいは仕入先や外注先を巻き込んでプロセス・イノベーションを行おうと思っても，規模の小ささゆえに実現しない。例えば，紙による発注から電子発注に切り替えれば，ミスが少なくコストも安いと中小企業から提案しても大企業は承諾しない。全取引のほんの一部を占めるにすぎない企業のために，自社の作業を変えることは割に合わないからである。取引先が中小企業であっても同様であり，相手にとって自社の存在が十分に大きくなければ，受発注のプロセスを変えさせることは難しい。中小企業の大半を占める2次や3次の下請け中小企業におけるプロセス・イノベーションは，多くの場合，企業内で完結せざるをえないのである。もちろん，顧客のニーズを継続的に把握す

る必要がないというわけではなく，取引先を巻き込むようなプロセス・イノベーションが望ましいことは間違いないが，本章におけるプロセス・イノベーションの必要条件とまではしない。

では，どうすればプロセス・イノベーションを実現できるのか。第Ⅲ節で具体的な事例をみた上で，中小企業のプロセス・イノベーションに不可欠な要素を第Ⅳ節でまとめることにする。

Ⅲ. ICTを活用したプロセス・イノベーションの例

ICTを活用したプロセス・イノベーションはビジネスにおけるコンピュータの利用が広がった1980年代から行われているが，当時と現在とではICTの水準に雲泥の差がある。なかでも注目すべきは「モバイル」と「クラウド」の発達である。もちろん，「モバイル」や「クラウド」を利用すればプロセス・イノベーションが成功するというわけではない。だが，「モバイル」と「クラウド」には，従来のICTにはない特長があり，中小企業におけるプロセス・イノベーションを助ける。

「モバイル」は，広義には持ち運びが可能な情報通信機器すべてを指し，ノート型のパソコンも含まれるが，本章では携帯電話やスマートフォン，タブレットPCなどに限る。これらのモバイル機器は，幅広い層の消費者を想定して開発されており，パソコンに比べると格段に操作が簡単である。例えば，携帯電話はすでに9割を超える世帯が保有しており，世帯保有率が8割にとどまるパソコンよりも身近な日用品となっている[8]。パソコンは使えないが，携帯電話なら使えるという人の方が多いのである。したがって，携帯電話を情報端末として利用すれば，ICTの利用を組織全体に広げることが容易になる。

性能や機能の高度化も，携帯電話を情報端末として利用することを促進している。周知の通り，携帯電話は通話機能だけではなく，インターネットに接続

---

(8) 総務省「通信利用動向調査」。

する機能があり，パソコンやサーバともデータを交換できる。携帯電話向けに開発された業務用のアプリケーション・ソフトウエアも多い。近年は，無線LANに接続する機能をもった携帯電話が増えており，データの伝送速度も向上している。パソコンにはないQRコード（2次元バーコードの一種）を読み取る機能やGPS機能も，多くの機種が備えている。しかも，どのようなパソコンよりも小さい。こうした特長を生かせば，パソコンでは実現できなかったプロセス・イノベーションが可能になる。急速に普及しているスマートフォンやタブレットPCは，携帯電話よりさらに多機能[9]で，操作性も向上しており，企業におけるモバイルの活用が一段と加速すると思われる。

インターネットを通じてソフトウエアやハードウエアを利用する「クラウド」は目新しいサービスではない。通信回線を通してアプリケーション・ソフトウエアを提供するASP（Application Service Provider）は，インターネットが普及し始めた1990年代後半にも話題になった。現在，ASPはSaaS（Software as a Service）とも呼ばれるが，光回線など高速の通信回線が普及したことやコンピュータの処理能力が向上したことで実用性が向上した。

中小企業にとっては，ソフトウエアの導入費用やバージョンアップ費用など，ソフトウエアに関するコストを削減できることが最大の利点である。例えば，購入すれば数十万円するソフトウエアを月に数千円から数万円で利用できる。「クラウド」を利用すれば，資金制約から断念せざるをえなかったソフトウエアやシステムを導入できるようになるのである。データは「クラウド」事業者のサーバに保存されるので，複数の事業所間で情報をリアルタイムに共有することも容易になる。「モバイル」に対応していれば外出先で業務をこなすこともできる。サーバの購入費用やメンテナンス費用，バックアップの費用も節約でき，BCP（事業継続計画）にも寄与する。また，クラウドで提供されるソフトウエアは多くのユーザーに使用してもらうことを前提にしているの

---

(9) 通常，QRコードを読み取るには別途アプリケーションをインストールする必要があるなど携帯電話にあってスマートフォンにはない機能もある。

で,操作が比較的簡単である。そのため,パソコンに不慣れな人が多い中小企業にとっては情報化の敷居を下げる効果を持つ。このように「クラウド」も中小企業のプロセス・イノベーションを促進する可能性を持っている。

そこで,本節では「モバイル」と「クラウド」を利用してプロセス・イノベーションに取り組んでいる企業を2社取り上げる。最初に取り上げる青柳鋼材興業㈱(現㈱富士鉄鋼センター)は,主に橋梁部品の加工を行う企業で,携帯電話を使った生産支援システムを自ら構築している。多くの下請け中小企業に共通する課題である「QCDの改善により顧客満足度の向上を図る」例でもある。次に取り上げる㈱オオクシは,理美容室を経営している。詳細なデータを元に顧客が満足する要因を分析し,再来店率を高めることに成功したことを契機として,多店舗展開,業態開発,社員の離職率の低減などに次々と成功した企業である。サービス産業におけるプロセス・イノベーションはQCDを改善するだけではなく,ビジネス自体を変化させることを示す典型例であるが,そのイノベーションを支える道具として「クラウド」を利用している。

1　携帯電話を利用した生産支援システムでQCDを同時に改善した例

従業員約45人の青柳鋼材興業㈱は,橋梁やビルなどで使用される厚板鋼板部材の加工や切断を行っているほか,厚板を素材として販売することもある。ユーザーのニーズは明確であり,指定した厚板を要求通りに加工すること,できるだけ価格を下げること,納期を守ることの3つに集約される。QCDを改善し,受注先の信頼を得ることが経営課題である。

同社では継続的にQCDの改善に取り組んできたが,なかなか解決できない問題があった。第1に,在庫管理である。材料の厚板は縦横が最大で16メートル×4メートルに及ぶ。トラックでは運搬できず,船で輸送しなければならない。そのため,同社の工場も運河に面して建てられている。鋼板の厚さは4ミリメートルから180ミリメートルなので,仕入れた材料は平たく積み上げるほかない。棚卸しの際には,平均1.5トンある鋼板をクレーンで1枚ずつ吊り上げ,手作業で現品を確認していた。しかも,在庫には何度か切断したものの

残りも含まれ，その形状もまちまちである。手作業では誤記入や記入漏れが発生しやすく，在庫があるのに発注してしまうといったムダや，逆に在庫がないのに注文を受けてしまうというミスが生じる。何より，棚卸作業に多くの人手と時間がかかった。現品確認を行うため，1日ないし2日操業を停止しなければならなかったのである。コストダウンを進め，かつ納期を短縮するには在庫管理を効率化しなければならなかった。

　第2に，異材混入の防止である。在庫管理に手間がかかることは，品質にも影響を及ぼす。手作業で在庫を確認していたため，指定された規格とは異なる鋼板を加工して納品してしまうことがあったのである。数年に1度発生する程度とはいえ，異材が混入すれば顧客の作業は止まり，同社の信用は大きく低下してしまう。本来，あってはならないことである。異材混入を防ぐには在庫管理も徹底しなければならなかった。

　第3に，リアルタイムの進捗管理である。顧客からは，しばしば進捗状況について問い合わせがある。だが，その確認方法は作業担当者に構内用PHSで問い合わせるか，往復600メートルある工場内を歩いて移動し，確認するほかなかった。これでは時間がかかる上に間違いも生じやすい。間違いはコストを増加させるだけではなく，受注先からの信用も損なう。進捗状況をパソコンに入力することは早くから行ってきたが，当日の進捗状況を翌日に入力していたため，加工中の鋼材を他社に販売してしまうという二重引当も起きていた。同社においてQCDを改善するには，材料の仕入から，加工，在庫管理，棚卸，そしてデータの入力作業までを同時に変える必要があったのである。

　在庫管理には，多くの企業でバーコードが利用されており，バーコードを利用した在庫管理のソフトウエアも販売されている。同社でも在庫管理にバーコードを利用しようと取り組んできた。しかし，薄板や棒鋼には梱包材などにバーコードを印刷したタグがついているが，厚板にはバーコードが貼付されていない。自社でバーコードを印刷したシールを貼らなければならないが，厚板のどこにどう貼るかという問題が解決できなかった。既存のシールを上面や下面に貼ることは簡単だが，積み重ねるとバーコードを読み取れなくなる。積み

上げても見える側面は，幅が狭く，シールを貼ることができない。

　ようやく2003年になって，適切なシールが見つかる。上面に貼り付けるがバーコード部分が側面に出るように工夫されたものである。加工には使用しないメーカーの刻印が打たれた場所に貼れば，加工の妨げになることもない。だが，バーコードリーダーやバーコードプリンタなど複数の機器を使うため，コストがかさむだけではなく，すでにパソコンやPHSを使用している従業員にとっては操作する端末が増えて作業が繁雑となる。そのため，従業員から敬遠され，定着しなかった。バーコード以外の方法も検討したが，複数の機器を使わなければならないという問題を解決することはできなかった。

　解決の糸口が見えたのは，無線LANに接続する機能をもった携帯電話の登場である。もともと携帯電話にはQRコードを読み取る機能があったのでバーコードリーダーの代わりになると考えられた。社員には構内連絡用にPHSを持たせており，これを携帯電話と置き換えれば操作する機器が増えることもない。ただ，通常の携帯電話回線ではデータの伝送速度が遅かった。

　もっとも，市販の携帯電話をそのまま在庫管理や進捗管理に使用できるわけではない。例えば，バーコードリーダーを起動するには，ボタンを3回ないし4回押さなければならない。これでは従来のバーコードリーダーよりも不便になってしまう。だが，どの携帯電話会社もカスタマイズには応じていない。もちろん，ソフトウエアの開発など引き受けない。

　同社には小規模ながら情報システム室があり，1980年代から自社で使用するソフトウエアの多くを開発してきた。そこで，携帯電話のカスタマイズとソフトウエアの開発も自社で行うことにした。開発経験があるとはいえ，携帯電話のソフトウエアを開発するには，パソコンとは異なる知識やスキルが必要であり，外注する方法もあった。だが，外注するとコストがかさむこと，何より業務プロセスの変更に柔軟に対応できるようにするには自社開発の方が好ましいという経営者の判断があった。

　システム開発は2008年4月に始まり，6月には完了した。実際に使用しながら従業員の意見をふまえて調整し，同年10月には本稼働する。このシステム

の大まかな流れは次のようになっている。

① 入荷時に厚板にQRコードを貼付
② 加工指示書にも同じQRコードを出力
③ 作業前に加工指示書のQRコードと鋼板のQRコードを携帯電話で読み取り，鋼材が指示通りのものであるかを自動的にチェック
④ 作業内容，作業の開始・終了を携帯電話から登録
⑤ 残材の形状を携帯電話から登録

　このようにすべてのデータは携帯電話から登録され，データベースはその都度更新される。そのため，在庫の正確な把握や異材混入防止，リアルタイムでの進捗管理という長年の問題はすべてこのシステムで解決した。棚卸にかかる時間は半減し，担当者以外でも進捗状況の問い合わせにすぐ回答できるようになった。従業員が利用する端末は携帯電話1台ですむから，データ入力にかかる作業は以前よりも簡素になった。複数の端末を使う場合と比べてハードウエアへの投資も少ない。携帯電話であるから，社内や社外との連絡にも利用できる。そのため，社内の固定電話も廃止した。
　なお，生産支援システムとは別に設備に異常が生じたときに責任者や担当者あてに障害内容を電子メールで携帯電話に自動的に送信するシステムも開発した。ネットワークカメラと組み合わせているので外出先でも障害の状態を画像で確認することもできる。また，システムのさらなる高度化をめざし，端末を携帯電話からスマートフォンに切り替えることを検討している。
　資金力のある企業であれば，同様のシステムを開発することは難しくない。また，QCDを改善する方法は他にもある。そのため，同社が持続的な競争優位を築いたというわけではない。しかし，厳しい資金制約の下，携帯電話の機能をフルに活用することで投資額を抑え，かつ従業員が利用しやすいシステムを実現したことは大いに評価できる。下請中小企業におけるプロセス・イノベーションの典型といえよう。

2　顧客の満足度要因をデータで検証し，リターン率を上げた事例

㈱オオクシは，千葉県内を中心に30の理美容室を経営する（2012年6月末現在）。主力の業態はカットをメインにした「カット・オンリー・クラブ」であるが，カラーリングをメインにした店舗や総合美容を行う店舗もあり，合計6種類になる。「カット・オンリー・クラブ」のカット料金は1,500円であり，比較的安価ではあるが，もっと価格の低いチェーン店もあり，価格の安さをセールスポイントにしているわけではない。いまや年商8億5,000万円（2012年6月期），100人を超えるスタッフを擁する企業であるが，現社長が後を継いだ1997年には理容室を1店舗経営するにすぎなかった。わずか15年で急成長した要因は，ICTを的確に活用し，経験や業界の常識にとらわれないビジネスのスタイルを築いたことである。

同社では，利用客が何に満足し，何に不満を持っているのかを把握するために，多くのデータを収集し，分析している。まず，年間55万人に及ぶ来店客全員にハガキを渡し，アンケートを行っている。回収率は2％ほどであるが，それでも10,000通を超えることになる。アンケートに寄せられた意見はデータベースに入力し，改善点を見つけ出したり，新しいサービスを開発したりするヒントにしている。

また，スタッフの技術力と顧客の満足度との関係について詳細なデータをとっている。だれが，どのような顧客の，どの部分を，どのようにカットしたかということを記録し，その顧客のリターン（再来店）率と結び付けて分析しているのである。スタッフの技術力に問題があればリターン率は下がり，優れていればリターン率は上がる。この分析によって，各スタッフの得手不得手を正確に把握できる。顧客の評価が高い技術があれば，それを伸ばすことによってリターン率はさらに上がる。また，苦手なカットがあるということは，そのスタッフには伸び代があるということでもある。そこで，店舗やトレーニングセンターで苦手を解消できるまで練習させている。これもまたリターン率を向上させる。トレーニングを繰り返すうちに，スタッフの技術力は底上げされていく。同社では，指名制をとっていないので，リターン率を上げるには誰が担

当しても顧客に不満を抱かせないようにしなければならず，苦手を解消させるトレーニングは不可欠である。

リターン率は技術力だけではなく，接遇でも変わる。むしろ，技術力よりも重要であることがデータからわかっている。美容業では，オーダーを聞いた後は，仕上がるまで客に手鏡を持たせないのがプロだとされてきた。だが，美容学校を出て日が浅い新人でありながら，リターン率が85％にもなるスタッフの行動を観察したところ，カットの途中で何度も顧客に手鏡で確認してもらっていることがわかった。そのスタッフが担当した顧客に聞いたところ，何度も確認することが丁寧な仕事ぶりだと感じられたという。現在では，こまめに顧客に確認してもらうことをスタッフ全員が行っている。このようにリターン率の高いスタッフの行動から顧客満足度を高める接遇を抽出し，マニュアル化した上で，スタッフ全員が共有するようにしている。1つ1つはささいなことであるが，マニュアルが増えるにしたがって，他店には模倣が難しくなる。

同社は，経験や勘ではなく，データに基づいて，顧客が何に満足し，あるいは何に不満を持っているのかを把握し，対策を立てることで急成長してきた。顧客満足度の指標となるリターン率は，最も高い店舗では94％，平均でも85％を実現している。美容業界では70％台でも業界紙で取り上げられるというから驚異的な数字である。中小企業にとって科学的経営を実践することがいかに重要であるかを示す例といえよう。

店舗におけるデータの収集にはPOSレジを利用している。多店舗展開を始めた当初は各店舗が入力したデータを本部に集めて集計していたが，毎日集計するのは手間であり，どうしても1週間分，あるいは1カ月分をまとめた古いデータになってしまう。同社が必要とするデータは目標に対する進捗状況であり，いま店舗で何が起きているかという情報である。そこで，クラウド型のPOSレジに切り替えた。各店舗から入力されたデータは，いったんPOSレジのハードウエアとソフトウエアを提供するサービス事業者のサーバに送られ，集計される。そのため，本部だけではなく，各店舗でもリアルタイムに集計データを確認できるようになった。

細かく集められたデータからはスタッフごとのリターン率どころか，採算まで算出される。そのため，店舗の足を引っ張るスタッフと店舗を支えるスタッフとが誰の目にも明らかになってしまう。新人よりもベテランの方がリターン率が低いと分かると，新人はベテランの指示に従わなくなるかもしれないし，プライドが傷ついたベテランは退職するかもしれない。そのような店舗の雰囲気は客の目にもわかるほど悪化する。同社がデータを取り始めたときに経験したことである。そこで，店舗全体のリターン率や自身の目標達成度など全員がアクセスできる情報，店長までがアクセスできる情報といったようにデータを分類している。なお，店舗で見ることができるデータは，POS事業者のソフトウエアで集計されたものではなく，子会社の㈱ビューティコミュケーションシステムが分析し，加工したデータである。この子会社は店長とともに店舗の改善策を考えるコンサルタントの役割も担っている。

　サービス業における顧客満足度は，従業員の職場や働き方に対する満足度と表裏一体である。職場に不満を持った従業員が，顧客に良質のサービスを提供することはできないからである。また，従業員が頻繁に入れ替わるようでは，技術や接遇の水準を維持することが難しく，採用や教育のコストもかさむ。そこで，同社では従業員の満足度を向上させ，定着率を上げることにも注力してきた。例えば，給与体系は，スタッフごとの採算まで分かるにも関わらず，固定給である。理美容業界でよくみられる歩合制ではスタッフの生活が安定しないうえ，顧客満足よりも目先の売り上げを上げることに従業員の関心が集まってしまうからである。さらに，労災の上乗せ保険や定期健康診断，メンタルケアなど福利厚生も充実させた。

　もっとも，経済的な安定だけではスタッフの満足度は上がらない。スタッフにアンケートを行った結果，仕事で最も喜びを感じられるのは，自分が担当した顧客が再び来店してくれたときであることがわかった。リターン率を上げることは企業の業績を向上させるだけではなく，スタッフの満足度も上げるのである。詳細なデータからスタッフの苦手を見つけ出すのも，実は苦手を克服することでリターン率が上がれば，スタッフの満足度も向上するからである。こ

うした取り組みの結果，スタッフの離職率は18％にまで下がった。業界の平均は40～50％といわれるから，いかにスタッフの満足度が高いかがわかる。裏を返せば，スタッフの満足度が高く，経営陣との間に信頼関係があるからこそ，データを活用した経営手法が定着し，企業の急成長につながっているのである。

さらに同社では，収集してきたデータと分析結果をもとに，新規出店の成否を予測するシミュレーション・ソフトウエアも開発している。このソフトウエアを開発してから10店舗を開設したが，不採算店は1店舗もない。月商が予測を10万円下回った店舗も，競合店が考えられないような値下げを行うなど，想定できない事態があった3店舗に限られている。

㈱オオクシでは，プロセス・イノベーションにより，従業員に負担をかけずに高品質のサービスを合理的な価格で提供するという，理美容業の新しいスタイルを生み出し，それゆえ持続的な競争優位を獲得したといえる。

Ⅳ. ICTを活用したプロセス・イノベーションを実現する2つの要因

　ICTを活用したプロセス・イノベーションを成功させる具体的な条件は，個々の企業ごとに異なるが，欠かせない要因が2つある。まず，トップが経営問題を把握し，その解決にICTが役立つことを理解していることである。ICTを利用すれば業務を効率化できる，コストが削減できるといった広告を鵜呑みにした理解では，ICTは効果を発揮しない。経営者はICTで何を実現したいのかを明確にしなければならない。さもなければ，ICTを活用したプロセス・イノベーションは頓挫することになる。

　もう一つは，従業員が積極的に利用するシステムを導入することである。一般に，コンピュータ・システムの導入は従業員の反対に合うことが多い。誰にでも自分なりの仕事のやり方があり，なれたやり方を変えたくないと考えるからである。しかも，コンピュータの操作は面倒であり，余計な仕事が増えるだ

けのようにも思える．データを収集されることで監視されているように感じる従業員もいる．従業員の抵抗をやわらげ，不安を解消するには，経営者がICTを導入する理由を説明できなければならない．

　長年情報化に取り組んできた青柳鋼材興業㈱でも，新しいシステムの導入に当たっては常に従業員の抵抗があった．しかし，顧客のニーズに応えるにはICTを活用するしかないと経営者が理由を挙げて従業員を説得し，開発に当たる情報システム室をバックアップしてきた．㈱オオクシでは，データはスタッフが成長し，同時に顧客に喜んでもらうために必要な道具だということを経営者自身が何度も説明してきた．もちろん，すべての従業員が経営者の説明に納得するとは限らない．必要だと判断したのであれば，多少強引にでもシステムの導入を進めるべきである．

　しかし，導入したシステムを従業員が使わなければ役には立たない．プロセス・イノベーションはトップダウンで進められるべきであるが，導入するシステムは従業員が使いやすいもの，従業員にとってもメリットがあるものでなければならない．青柳鋼材興業㈱でも，従業員の作業が繁雑になる1次元バーコードによる生産支援・在庫管理のシステムは定着しなかった．従業員にとっても使用する機器が減り，作業が簡単になる携帯電話を使うことによって，ようやくバーコードを使った管理システムが定着した．

　㈱オオクシの場合，従業員のほとんどはパソコンではなく，POSレジを使用するだけである．POSレジは，パソコンよりも操作が簡単であり，データの入力はさほど負担にならない．また，データの分析と店舗へのフィードバックは子会社が行うから，従業員がソフトウエアの操作やデータの読み込みに時間をとられることもない．問題は，なぜデータが必要なのか，データをとることで自分に何のメリットがあるのかということを従業員に理解させることだった．これは事前の説明だけでは解決できない．従業員の利益にもなることを実践で示す必要がある．㈱オオクシでは，データを活用しながら従業員の待遇改善や満足度の向上を実現してきた．そうしてはじめて，データの必要性が従業員にも理解され，現在のシステムが定着したのである．

プロセス・イノベーションは，それが革新的であるほど組織内から抵抗を受ける。そのため，いちいち合意を形成していたのでは，イノベーションは進まない。したがって，トップダウンが重要であることは，Davenport［1993］をはじめ，多くの論者が指摘している。しかし，実際にシステムを運用する現場に配慮しないプロセス・イノベーションは成功しない。とくに組織の小さな中小企業では，トップダウンはただのワンマン経営と受け取られかねない。従業員を巻き込み，味方につけることが重要なのである。それはまた組織の規模が小さな中小企業だからこそ可能なことでもある。

　本章の冒頭で述べたとおり，ほとんどの中小企業は突出した製品や技術を保有していない。そうした企業が競争に生き残るには，プロセス・イノベーションが必要であるが，プロセス・イノベーションを実現したからといって持続的な競争優位を築けるわけではない。とくに下請けの製造業では，どれほどQCDを改善しても，顧客の要求は常に厳しくなるのでプロセス・イノベーションの効果は一時的なものになりやすい。

　ただし，業務プロセスと顧客の消費とが一体となっているサービス産業では，プロセス・イノベーションによって新しい業態やビジネスの手法を創出し，持続的な競争優位を獲得することが可能である。㈱オオクシも，たんに競争力を高めたというよりも，同社独自の業態，ビジネス手法を生み出したといった方がふさわしい。日本のサービス産業は生産性が低いといわれるが，それゆえICTを活用してプロセス・イノベーションに成功すれば持続的な競争優位を獲得でき，さらには新しい業態や新規事業の創出につながる可能性がある。

【参考文献】
秋山雅弘・原口英紀［2001］『デジタルプロセス・イノベーション』日経BP社
谷花佳介［2009］「日米経済における情報化：「生産性パラドクス」の再検討」『広島大学経済研究第26号』
東京商工会議所［2010］『中小企業におけるIT導入と生産性向上に関する実態調査結果報告書』

遠山曉［2003］「今日的IT環境での競争戦略」遠山曉編『競争優位のビジネスプロセスⅠ』中央経済社

西川浩平・五十嵐大也・大橋弘［2010］「我が国におけるプロダクト・イノベーションの現状—第2回全国イノベーション調査を用いた分析—」Discussion Paper No.70，文部科学省科学技術政策研究所

日本商工会議所・㈱ノークリサーチ［2008］『中小企業のIT活用に関する実態調査報告書』

ブリニョルフソン，エリック（㈱CSK訳）［2004］『インタンジブル・アセット：「IT投資と生産性」相関の原理』ダイヤモンド社

若松美人［2007］『トヨタ式「改善」の進め方』PHP研究所

Davenport, T.H. [1993] *Process Innovation: Reengineering Work through Information Technology*, Ernst & Young.（卜部正夫・伊東俊彦・杉野周・松島桂樹訳『プロセス・イノベーション』日経BP出版センター，1994年）

Solow, R.M. [1987] "We'd better Watch Out" *New York Times*, Book Review, July 12, 1987

Strassmann, P.A. [1990] *The Business Value of Computers*, The Information Economics Press.（末松千尋訳『コンピュータの経営価値：情報化投資はなぜ企業の収益向上につながらないのか』日経出版センター，1994年）

（竹内英二）

第4章

低価格自動車にみるものづくり革新

―インドにおける自動車産業のテイクオフ―

　世界自動車産業を概観すると，今後成長が見込まれる市場は，自動車先進国を中心とするハイブリッド自動車や電気自動車といった環境対応自動車市場と，中国やインドに代表される自動車新興国で投入が相次ぐ低価格自動車市場に二分することが出来る。前者は各国で相次ぐ環境規制への対応策として生まれた市場であり，その性能を競うために自動車メーカー各社が独自技術の開発に注力したり，グループを超えた企業間連携に急いだりとする動向が確認される。後者は今後，自動車産業がターゲットとするBOP市場に着目した低価格帯の自動車市場である。この2つの異なるタイプのクルマを対比することは難しいが，完成車メーカーはその生き残りをかけて両者でトップシェアを狙うべく，さまざまな方策を展開させている。

　本章では，市場が大きく拡大する傾向にある低価格自動車に注目し，そこで展開される自動車関連メーカーのものづくり革新について考察を加えたい。

I. はじめに

　インドという自動車新興国が世界中から大きな注目を集めたのは，地場企業のタタ・モーターズ（以下，タタ）が2009年4月に開発，販売を開始したナノがきっかけである。タタがエントリーモデルであるA1セグメントに投入したナノは，発表当時，1ラックカー（約10万ルピー，日本円にして約28万

円)[1]と称され話題を呼んだ。ワイパーが1本,ドアミラーは運転席側のみ,販売開始以降も運転中の炎上事故が発生する等,その存在を軽視する見方も少なくないが,簡素な内外装に象徴されるデザイン上の割り切りが施されたクルマであり,クルマの形としての原点に特化したクルマとも言えるだろう。

加えてボッシュやデンソーといったグローバルサプライヤー[2]が,ナノ向け部品に参入したことにも大きな注目が集まっている。超低価格車ナノに対する巨大市場インドの消費動向が,インドに進出する外資系完成車メーカーのみならず,最終消費財としての自動車の産業構造を覆す可能性を感じさせているためであろう。このナノという低価格自動車が実現したものづくり革新が,日本をはじめとする先進国メーカーが主導を握ってきた自動車産業においてどのような影響を与えるのか。本章ではナノが注目を集めた背景を踏まえながら,そのものづくりの考え方とインドに展開する日系企業のものづくりとを比較した上で,成長が期待される新興国市場で必要とされるものづくりのあり方を検討する。

Ⅱ. 先進国自動車産業に影響を与えたナノのインパクト

1　低価格自動車ナノが注目される背景

ナノが発表された当初,大きく注目を集めたのは簡素化された内外装へのインパクトの強さやその価格帯であった。しかし,低価格自動車市場に初めてスポットが当てられたのはナノではない。それはおそらく,2003年に発売された奇瑞汽車(中国)のチェリー(QQ)だろう。1台あたり約50万円という超低価格帯で発売されたチェリーは,中国国内でも販売台数を伸ばし,海外輸出も果たしている。

---

[1]　ただし,販売時の最低価格は約12万ルピーであり,当初予定の10万ルピーは実現していない。
[2]　本章に述べるグローバルサプライヤーとは,グループ外の完成車メーカーとも取引を行い,世界各地に技術開発拠点,生産拠点を有するサプライヤーを指す。

またチェリーと同時期に東欧諸国で人気を博したダチア（ルーマニア）の低価格車ロガンも，6,000ユーロ（当時，日本円にして約100万円）の価格帯での販売が自動車産業に衝撃を与えた。ロガンは中間層を販売ターゲットにおいたクルマであり，ダチアの親会社，ルノー（フランス）と部品共通化などで大幅なコスト削減を図った結果，低価格帯を実現したクルマである。2010年にはルノー――日産グループの下，モロッコで同車を含めた低価格車専用工場も設けられた。

そして2010年，インドの地場メーカーであるタタがチェリーやロガンを上回る超低価格帯のナノを発表，この低価格自動車に込められたタタの戦略に世界中が注目した。チェリーやロガンは，従来車よりも安い価格帯のクルマという意味合いで注目された側面が強いが，ナノはそれだけではなく，先述したようなクルマの内外装から見直しを加えたものづくりに加え，インドというターゲット市場のニーズを深く読み込んだクルマだったからである。それは今後，拡大が見込まれる新興国市場に対するものづくりのあり方として，自動車産業のみならず製造業にかかわる企業にとっても大きな衝撃となった。

2　新興国市場と自動車産業

この新興国市場における自動車産業の動きを，自動車新興国の代表例であるインドにみてみよう。

図表4-1に示すようにインドにおける自動車販売台数は，2002年を境に急速に増加，今後も人口拡大にあわせて販売台数も急増するとみられている。その背景には国内GDPの増加やインフラ整備の進捗なども寄与していると考えられるが，その中でも完成車メーカーが注目するのがBOP（Base of Pyramid）[3]と称される人口ピラミッドの下位層である。今後，インド経済が

---

(3)　BOPについて，その共通認識は存在しない。おそらく最も知れ渡っているのが，国際金融公社（IFC）と世界資源研究所（WRI）が発表した"The Next 4 Billion: Market Size and Business Strategy at the Base of the Pyramid"［2007］であると想定されるが，ここでは開発途上地域において，購買力平価換算での1人あたり年間所得が3,000ドル未満の人々を指すと定義づけられている。

図表4-1 インド自動車販売台数の動向

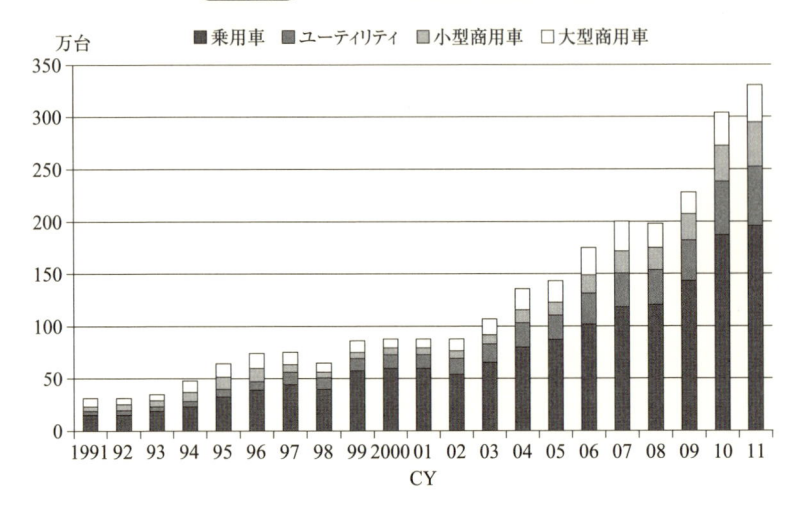

■乗用車　■ユーティリティ　■小型商用車　□大型商用車

出所：2009年まではSociety of Indian Automobile Manufacturers（インド自動車工業会，以下SIAM）資料，2010年，11年は㈱FOURINデータより作成。

大きく躍進し，このBOP層が自動車購入に動き出したとき，爆発的な販売台数の伸びが予想される。その時，自動車産業に大きく影響するキーワードのひとつが，低価格自動車市場であり，人口ピラミッドから下位層に至る人口が自動車購入を検討し出した際，そこに見合った価格帯のクルマをラインナップしておかなければならない。それはインドに留まらず，他の新興国においても同様の動きが予想されるため，完成車メーカーは低価格自動車の投入に向けて研究開発を急いでいる(4)。

---

(4) なおここで注意を要するのは，頻繁に表現される低価格自動車というカテゴリーにおいて，その定義は明確ではないことである。ある国の所得層をレイヤー分けした際，中間層をターゲットとする価格帯のクルマとして総称される傾向が強く，例えば大手自動車サプライヤーのボッシュ（ドイツ）は，低価格車両をLPV（Low Price Vehicle）と称し，販売価格が7,000ユーロを切る車両として位置づけている。ほかにも日本メーカーでは，日産自動車が新中期経営計画「日産GT2012」（2008年4月～2013年3月）において，新興国市場の投入車両として販売価格約30万円の超低価格車や，約80～90万円のエントリーカーの開発を進めることを公表している。以上のように低価格自動車につい

その際にメルクマールとなる低価格自動車のモデルとは何か。その意味を世界中の完成車メーカーに与えるきっかけとなったのがナノの出現である。

3　ナノにみるものづくり革新

　このナノのインパクトは，そのコンパクトな内外装も然りであるが，特にものづくりの面から衝撃となって完成車メーカーの目に留まった。それは，ナノが新興国における低価格車という位置付けだけではなく，インド自動車市場に求められるニーズがナノの機能と設計に反映されていることであり，この点が同じ低価格自動車の括りにあるチェリーやロガンと大きく異なる。

　熾烈するインド市場に投入されたナノは，家族で乗れる4輪車を志向して投入されたクルマである。インドで頻繁に見かけるオートリクシャーはドアが無いのが当たり前であり，国民の多くが保有する2輪車でも運転席と後部席に幼児を挟んだ形で走行している風景がよく見られる。この環境の中で，いかに安全でインド国民にも手が届くクルマを投入するのか，タタ財閥総帥の「1台のバイクに家族4，5人で乗る人たちに快適な移動手段を提供したい」(Freiberg et al [2011]) という想いがナノの開発プロセスのスタートとなった。

　そして2009年7月に納車が開始され，同年には17,534台，そして2010年には59,576台が販売されている。ただし，ナノが完成されたクルマという評価は低い。2010年に相次いだ発火事故など，ナノにとってはマイナスとなる事故も多数報道されている。販売台数をみても，この事故の影響もあり，競争市場にあるマルチスズキのアルトの足元にも及ばない[5]。

ては，各メーカー独自の定義でその用語を用いている感が強いが，完成車メーカー各社が低価格自動車として位置付けるモデルを総じてみると，おおむね，車格がAセグメント（日本の軽自動車クラス），Bセグメント（排気量1.0リットルから1.3リットルのコンパクトカークラス）に相当する小型車を低価格自動車と表現する場面が多い。

(5)　アルトの販売台数は2010年が30.8万台，2011年が31.5万台。ナノの販売台数は2010年が6.0万台，2011年が7.1万台だった（SIAM資料参照）。なお本章に述べたように，ナノは発火事故等，品質問題も取り上げられているが，この事故の詳細は明らかにされていないため，本章ではものづくりの観点からナノの品質問題についての検討は加えていない。

しかしながら，多くの自動車関連企業が，製品としてのナノではなく，そのものづくりに注目している。例えば2010年よりインドで生産をスタートした日産も，「ナノはブレイクスルーとなるクルマ」であり，「ヒントを与えるクルマ」と評価している[6]。グローバルシェアを高くする日系メーカーでもナノに注目するのはなぜか。

　それは，Immelt et al［2009］が指摘するように，製品市場がグローバル化する中で，今後はその市場特性に即したものづくりを展開することが求められているからに他ならない。例えば多くの日本企業がそうであるように，海外進出を進めることに注力する一方で，現地に即したものづくり展開が進められてこなかったことが，大きな反省材料として指摘されている。長らく日本仕様をベースとした設計開発を行い，製品を生み出していくことが当たり前となっていたことは，コア（芯）を日本仕様で，そして搭載部品など周辺部を現地仕様にするといった真の意味でのLocalizeではなく，現地仕様のデコレーションに過ぎなかったのである。

　Immelt et al［2009］は，新興国市場に向けた製品開発をゼロからスタートすることの重要性をリバース・イノベーションという概念で表現し，従来技術を用いて新興国向け製品をつくり，それを先進国にフィードバックさせたGEの成功事例を例示している。このImmeltが主張するリバース・イノベーションとは，従来のものづくりとは真逆をいくもので，既存モデルを新興国向けにスケールダウンするのではなく，新興国に向けた新しい革新的な製品開発を意味する。市場と定めた新興国向けに技術開発を行い，製品化を図っていくことからスタートし，その製品をGE本社がある米国をはじめとした海外市場にも展開していく[7]。この取組みには，新興国向け製品開発という技術面からみた戦略ももちろんのこと，従来のものづくり概念を変える必要性，それを組織全

---

(6)　機械振興協会経済研究所［2011］。
(7)　Immelt et al［2009］においては，実例にGEの超音波装置を挙げて紹介しており，先進国で開発を進めてきた技術を応用して中国市場向け低価格製品化に成功したこと，続いてこの廉価版を米国市場において既存の市場とは異なる顧客層に提供して成功を収めたことを事例に挙げている。

体で行う必要性も込められる。

　このリバース・イノベーションの必要性を踏まえてナノの取り組みを考えると，まさしくそれは新興国向け製品を，新興国市場に即して産み出した事例として捉える事が出来る。GEというグローバル企業とは異なるものの，マルチスズキ（日本）や現代自動車（韓国）といった他国メーカーが勢力を強くするインド市場の中で，インド国民のニーズに見合ったクルマ，それを生み出すためのものづくりがナノでは展開されている。そこには従来の自動車産業とは異なる発想が求められ，新しい生産方式，すなわちものづくりの根幹から発想を変えたイノベーション活動が必要となる。この新しいものづくりこそ，ナノという低価格自動車が産み出したイノベーションであり，そこに多くの自動車関連メーカーが注目しているのである。

Ⅲ．低価格自動車ナノに向けたものづくり革新

1　イノベーションのアイディア
（1）ターゲットの明確性

　先述したGEのリバース・イノベーションが成功した背景には，特定製品を，①市場を絞り込んだうえで，②その製品をグローバル市場に投入するため，先進国で求められる応用策をみつけて適用した点にある。ではナノのイノベーションの背景には，どのような目標が定められていたのだろうか。ナノが約30万円という超低価格で発売された背景には，①インドの自動車市場を細分化してターゲットを明確にしたことに加え，②タタが自社系列外のサプライヤーも活用し，「安くつくる」ことを命題にサプライヤーからの意見を積極的に活用したこと，の2点が挙げられるだろう。①インド市場の細分化については，李［2011］が指摘するように，「安全性」「快適性」「環境性能」「費用」などのニーズが抽出されている。

　安全性という視点からみると，周知のとおりナノにはフロントワイパーが1

本しかなく，サイドミラーも運転席側についているのみである。日本の規格からすると公道走行は不可能な乗り物であるが，全天候の可視性確保，モノコックボディの構造設計等，インド現地のニーズは十分に満たしているクルマである[8]。また，「快適性」については，足下と頭上空間の確保，メーターパネルをダッシュボード中央に置く等の工夫により，超コンパクトな車体に家族4人が乗っても十分なスペースが確保されている。環境性能についても，オートバイより少ない排気ガスを実現，インドでも高まる環境規制をクリアできる性能も持ち得ている。そして最も大きなキーとなる費用については，インド国民がエントリーカーとして購入可能な価格帯が目標とされ，低い初期費用，低燃費，低維持費が実現されている。

これらインドのニーズを網羅したものづくりこそが，ナノが大きく注目される所以である。製品を安くつくるためには，大量生産によって単価を引き下げることが基本である。ナノは量を増やすことを目的に，その専用工場が設けられたが，それだけで製品が安くなるわけではない[9]。大きな要因は，サプライヤーの活用にあると考えられる。

ナノの部品調達をみると，図表4-2に挙げるようにグローバルサプライヤーからの調達が主であることに加え，その殆どが欧米系，もしくはナノを生産するタタの合弁会社であることが指摘できる。一見するとタタがグループ企業と産み出したのがナノのようにみえるが，実際は多くのグローバルサプライヤーが関与している。タタはグループ企業にタタ・オートコンポ・システムズ

---

(8) 筆者もインドを訪れて強烈に印象に残ったことだが，インドでの運転は常に自分の進行方向のみに気を配る。前方はもちろん，両サイド，後続車も絶えずミラー越しに確認する日本の運転とは全く異なる。インドでの運転は視界が開けていること，そして右折時のサイド確認が必要となるだけなのだ。よってナノは，ミラーは運転席側に1つで充分，というクルマ設計となっている。その一方で，あまり日本では報じられないが，前方にのみ注意が働いて，後ろやサイドに目が届いていないインドの運転では，後続車両は追い越し時等には自分の存在を声高にアピールしなければならない。そのために日本人からするとけたたましい音にすら感じる，頑丈なクラクションが搭載されている。
(9) 2010年6月，グジャラート州に専用工場が稼働。当初の生産能力25万台から35万台に引き上げる予定とされている。なおタタの他の完成車工場ではすべて混合生産体制が組まれており，専用工場が用意されたのはナノだけである。

第4章　低価格自動車にみるものづくり革新

図表4-2　ナノに関わるグローバーサプライヤー

調達部品			部品メーカー	
プレス部品			Caparo Engineering	印
ドアミラー	ウオッシャーシステム		Tata Ficosa Automotive［Ficosa（西）との合弁］	印（西）
ルームミラー	シフト機構			
ラジエータモジュール			Tata Toyo Radiator［ティラド，三菱商事（日）とのJV］	印（日）
ドアハンドル	ウインドーハンドル		ITW Automotive	米
エアクリーナ	燃料フィルタ		Mahle	独
カムシャフト				
吸気マニホールド			Tata Visteon Automotive［Visteon（米）とのJV］	印（米）
シート			Tata Johnson Controls Automotive［Johnson Cotrols（米）とのJV］	印（米）
鉛電池			Tata Green Batteries［GSユアサ（日）とのJV］	印（日）
燃料ポンプ	燃料レベルセンサ		Continental	独
ステアリングシステム			Sona Koyo Steering System［ジェイテクト（日本）とのJV］	印（日）
ガラス			Saint-Gobain Sekurit	仏
ヘッドランプ			Lumax Industries［スタンレー電気（日本）とのJV］	印（日）
ワイパー			デンソー	日
ワイヤーハーネス			Tata Yazaki Autocomp［矢崎総業（日本）とのJV］	印（日）
エアコン			Behr	独
マスターシリンダ	インジェクタ	クランク角センサ	Bosch	独
ドラムブレーキ	点火コイル	スタータ		
エンジンECU	キャニスタパージバルブ	オルタネータ		
水温センサ	スロットルボディ			
呼気負圧センサ	排気温度センサ			
バンパー	シリンダヘッドカバー		Tata AutoComp Systems	印
インストルメントパネル	タイミングギアカバー			
センタークラスター				
ドアトリム				
ピラートリム				
ダンパ			Tenneco	米

出所：各種報道，各社WebSiteより筆者作成。

(Tata AutoComp Systems（TACO））を1996年に設立しているが，僅か15年ほどで日米欧の14サプライヤーと合弁会社を設立し，一部のサプライヤーは輸出もスタートさせているほどの技術力を有するに至っている。ナノに搭載された部品の多くもこれらの合弁会社が担っており，デンソーやボッシュのようなグループ外のメーカーとあわせて，先進国のグローバルサプライヤーがナノの開発から生産において大きな役割を果たしている。

(2) 部品構造のスリム化

ナノは上述のようにインド国民がエントリーモデルとして購入可能な価格の実現を目的としたものづくりが展開されている。このための費用削減については，州政府からのサポートのほか，タタとグローバルサプライヤーをはじめとしたサプライヤーが協調して，原材料や部品機能の研究等を実施，設計開発時から費用削減を図っている。

サプライヤーはナノのコンセプトが検討される段階から開発プロジェクトに参加し，インド現地に求められるニーズに基づいてスペックを最低限にした専用設計図面を用意する。設計時には，従来のクルマからインドの運転に不要な機能を引き算している。それが上述したミラーや，車内スペース重視のためトランクボックスを簡素化（バックドアの開閉が不可能）したナノの内外装である。上述のとおり，ナノも専用工場で大量生産することで1台あたりのコスト単価削減を図っているが，それに加えてインド国内のニーズを反映させて部品点数自体をスリムにする取り組み―引き算のものづくり―でクルマの構造をスリム化している。

そして部品づくりも簡素化を進めている点に，大きな特徴がある。現地ニーズを反映させ，いかに必要とされるスペックを簡素化し，それを部品設計に盛り込むか。この大きな課題に取り組むため，ナノはタタがグループにおくTACOだけではなく，多くの外資系グローバルサプライヤーを取り込み，部品開発からスタートさせているのである。この部品開発には，①ナノ専用の設計図面から開発が進められた部品と，②ナノ専用ではないがグローバルサプライヤーが主導して基幹部品をナノ向けに低価格化させた事例の2パターンに分

かれる。
　例えば，①ナノ専用の設計図面からスタートした部品として挙げられるのが，ナノのシートである。シートは図表4-2に挙げたように，シート大手メーカーのJohnson Controls（米）とTACOとの合弁会社で設計開発されたものだ。現在，走行している自動車の殆どにリクライニング機能が設置されており，先進国では「当たり前の機能」とみても過言では無いほど，シートと一体化した機能とされている。しかしナノのスタンダードモデルでは，運転席にのみリクライニング機能がつくだけで，助手席にはそれがついていない。ナノを販売するディーラーですら，「スタンダードモデルにはエアコンも搭載されていないので，普通はエアコンがついていて，リクライニング機能も付いているデラックスモデル以上のクラスを買う人が多い」とコメントしたが[10]，「1台のバイクに家族4～5人で乗っている人たちに快適な移動手段」としてはそれで事が足りると判断されたのがナノのクルマづくりである。
　ここでは例としてシートを挙げているが，その簡素化された点はリクライニング機能だけではなく，図表4-3に挙げたような点も自動車メーカーにとって衝撃となった。このような簡素化を図るのは，設計上，サプライヤー側としても難しいことではないが，筆者によるヒアリングによると，メーカーにとって衝撃となったのは，これらの工夫を凝らした背景である。図表4-3にあげるクルマづくりを行うことは，これらの形状にするための部品生産にプレスや金型といった高精度，高額部品も不要となり，低コスト化へと直結する。ナノに多用されている部品技術は，その多くが設計の工夫や高額部品・設備の簡素化であり，多くの完成車，サプライヤーが部品設計，生産に当たり前と考えてきた概念を払拭しているともいえる。

---

(10)　2010年12月7日，筆者によるヒアリングによる。

図表 4-3 ナノ向けに工夫されたクルマづくり

	ナノ	通常のクルマ
車両への固定方法	各座席下に、スライドレールがあり、その下にシートを車両に固定するためのブラケットが搭載されている	各座席ではなく、4つのシートが全て車両に固定されたベースフレームに組み込まれている
トランクルーム	バックドアは開かず、荷物は後部座席の背もたれを倒して出し入れする	通常はバックドアが開き、そこから搭載が可能

出所：「日経 Automotive Technology」2010年5月号、タタ社ディーラーへのヒアリング（2010年12月7日）より作成。

2　低価格自動車に向けたサプライヤー企業のものづくり革新

(1) グローバルサプライヤー・ボッシュにみるものづくり

　グローバルサプライヤーが主導して基幹部品をナノ向けに低価格化させた事例のうち、ボッシュ（ドイツ）が開発にあたったECU（エンジン・コントロール・ユニット）の取り組みは特筆に値する。すなわち、GEの例にもみた先進国向け製品を引き算して作り上げるものづくりである。

　ボッシュは、先述のとおり低価格車両をLPV（Low Price Vehicle）と称し、販売価格が7,000ユーロを切る車両として位置づけている。今後は中国とインド、ラテンアメリカにおける自動車市場は毎年6.8％成長するとみており、その中でもLPV市場が主役となると想定している。サプライヤーとしてこの競争市場に参入を望むのであれば、技術面、価格面において完成車メーカーの新たな要求に応える準備が必要である。

　そのソリューション開発のために、ボッシュは世界各地に部品別のコンピテンスセンター（Center of Competence）を設け、責任の所在を明確にしている。このセンターをマネジメントする上では、開発エンジニアが現地にいるかどうか、現地人とのコミュニケーションが図れるかどうかが重要視される。「本当に現地で要求されている機能や品質は何か」が判断され、現地であまり重視されない機能や品質は割り切って簡素化することで低コスト化を図るものづくり

を進めている[11]。

　そのナノ向け部品で，ボッシュはECUやスロットルモジュールのサプライヤーの座を獲得した。タタがナノ向け部品に求めた耐久性は欧米向け製品の半分程度であり，日本の完成車メーカーが要求する高い品質基準とは本質的に異なるものであるという判断から以下のような取り組みを進めたという。

　例えばECUの生産にあたっては，電源回路や入出力回路などの周辺回路を1チップに統合し，マイコンを含めて2チップ化することを可能としている。その結果，部品点数が減ることにより，基板面積が縮小する。それが低コスト化にもつながる。また，このECUを2〜4気筒向けに共通化したことで，さらなる低コストが可能となった。このECUの低コスト化に向けた開発事例のほかにも，ナノ向け部品では，ディーゼルエンジン用コモンレールシステムのハイプレッシャーポンプに農耕用のポンプを流用したり，スロットルモジュールを電子式ではなく機械式にするといった設計開発を行ったりしている。また，燃料ポンプは従来よりも若干ではあるが，耐久性を落とすことで低コスト化を狙っている。

　このようにナノに対しては，ボッシュは従来技術やビジネスモデルに捉われることなく，インド人がインドのニーズに合った耐久性能や音・振動などの基準に基づいて，部品共通化・流用化・一体化・点数削減などをタタに大胆に提案した結果，サプライヤーの座を仕留めた[12]。

(2) グローバルサプライヤー・デンソーにみるものづくり

　ボッシュと同様，グローバルサプライヤーの座にあるデンソーも独自の取り組みを展開している。デンソーもボッシュと同様，長年に亘ってインドで事業

---

(11)　インド拠点においては，進出50年以上の歴史とレベルの高い設計開発機能を持ち，特に6,200人が従事するソフトウェア開発では，他国拠点からも開発を請け負うまでの規模となっている。このほかにもインドでは，センサーやアクチュエーター，ECUの生産拠点も設置され，従業員は約2万人にものぼるという。
(12)　以上はボッシュ株式会社へのヒアリング調査による（2010年9月16日）。

を展開している[13]。2012年3月には全世界で6カ所目となるテクニカルセンターがハリアナ州グルガオン市に開設されており，同社がインド市場に重点を置いていることが把握できる。日本製品が過剰品質であるという評価を意識した上で，これらの見直しをテクニカルセンターで行うと同時に，インドで要求される点を取り込んで製品開発を行う意向であるが，日本の品質は変えないことをモットーとしている。

　インドの低価格自動車市場に向けてデンソーでは，①製品機能，②ものづくりのあり方，③グローバルな供給体制，④為替，⑤購買力の差の5点をコンペチターとの比較対象として意識している。とりわけデンソーでは，グローバルな供給体制を活用することにも力を入れている。各FTAの動向および最新の適用条件を確実に抑え，関税低減メリットを享受する仕組みづくりや，ASEAN・インド・中国をひとつの地域としてとらえ，競争力のある生産・供給体制を再構築することを課題としている。インドに加えASEANの各拠点における集中生産，そして相互補完体制を構築することにより，拡大アジア域内でのコスト競争力を強化することを目的としている。このものづくりの最適配置を図りながら，いかにして低コスト化を図るかに向けた戦略をおいているのである。

　加えてものづくり現場では，例えば筆者が訪問したハリアナ工場では，自分たちで設備を作る試みに着手している。簡単なハンドプレス機を作ったり，検査ラインやワークの搬送など日本では自動化されているラインをワーカーに担ってもらったりするなど半自動のラインにし，設備費を抑える取り組みを行う。そのコスト削減に向けた取り組みを前提に，デンソーはナノのワイパーやトヨタの低価格自動車エティオスのカーエアコン生産の受注に成功している。

　具体的には，ナノのワイパーは，インドでデンソーが設計開発を行ったものである。ナノに向けて部品の低コスト化を図ることはもちろんだが，品質や機

---

[13]　インドでは4つの生産会社に加え，インド事業の統括運営および自動車部品の販売を行うデンソー・インターナショナル・インド社，カーエアコン等の熱機器分野の設計業務を行うデンソー・スブロス・サーマルエンジニアリングセンター・インド社，ほか合計6社を展開している。

能を落とす低コスト化ではなく，設計工夫も従来の取り組みと比べて劣るものでもないという。超コンパクトカーであるナノに合わせるために他車種向けのワイパーとその大きさは違うものの，仕様差を是正すれば他社向を生産するときと考え方は同じである。

　他にもエティオスのカーエアコンでは，インド現地の材料を用いて生産を行う。エティオスは，トヨタが「低コスト」をキーワードにつくり始めたクルマであり，部材から低コスト化に向けた調達の現地化が進められている。この部品や部材の現地調達拡大のための取り組みを，他の生産部品にも展開するため，例えばデンソーのハリアナ工場では「LOCALIZATION GEMBA」という独自の取り組みを進めている。工場の入り口には，ハリアナ工場で生産される各部品がフローチャートで示され，どのような部品で製品が組み立てられるのか，そして現時点でその部品をどこから調達しているのか，可視化されている。2010年12月時点では，ダイキャスト製品や樹脂部品，プレス部品の現地調達がかなり進んでおり，金額ベースで6～7割の現地調達を進めている。今後は輸送コストが高く，そしてインドでも生産しやすい部品については，現地調達率を高める意向であり，それが部品の低コスト化につながると考えている[14]。

　以上のようにデンソーでは，ボッシュのアプローチとは異なり，日本品質を保ちながら，現地調達率向上に向けた取り組みや生産ラインの改善などにより，低コスト化を進めている。同様にボッシュと異なり，部品生産拠点を分散化しているため，グローバル拠点を含めたものづくりの最適配置がひとつの戦略となっており，これをいかして少しでも安い部品を完成車メーカーに提供することを強く意識している。

(3) 日系中堅メーカーのソナ・ソミックにみるものづくり
　ソナ・ソミック（SONA SOMIC LEMFORDER COMPONENTS LTD.）

---

(14) それらの部品のうち自分たちの手で生産可能となった部品，そしてこれからチャレンジしていく部品，生産が出来る可能性がある部品というように区分けして可視化する取り組みも進めている。

は，静岡県浜松市に本社を置くソミック石川（資本金3億2400万円，従業員1,525名，2011年3月現在）の子会社である。ソミック石川とソナグループ（インド）の合弁会社であり（設立1994年）[15]，ステアリングコアボックスに組み込まれるボールジョイントを生産している。主要取引先はインドに進出するほとんどの完成車メーカーであり，同社がつくる部品はタタの完成車をはじめ，エティオスにも用いられている。

ソナ・ソミックが生産する部品はサスペンションに組み込まれる部品であるが，これは高級車ほど複雑なリンクロットを必要とするため，クルマの価格帯によって同社製品が用いられる点数が変わってくる。例えば車体のローリング抑制に用いられるスタビライザーバーは，高級車はフロント（前輪）とリア（後輪）のいずれにも設けられるが，低価格自動車だと必ずしもそうとは限らない。一例がトヨタのエティオスであり，このクルマにはスタビライザーが無く，サスペンション・ボールジョイントは2個ずつのみとなっている。同社がつくる製品点数も，クルマの価格帯によって異なるのである。

もちろん高級車でも，やはり少しでも低価格なものづくりを行わなければならない。その中で同社が考えるものづくりは，日本とインドという異なる市場の中で，いかにして低価格化を進めるかの工夫を凝らすものである。従来の日系企業の海外進出時のように，機械や型，冶具も日本からの持ち込みでは価格に見合わず，最初は日本から持ち込んだとしても，いずれは現地製に置き換えなければインドでのコスト競争に打ち勝つのは難しい。ソナ・ソミックも段階的に機械や鋼材をインド地場企業製から導入し，日本からの調達部品も一部にすぎない。

---

[15] 1998年にはパワートレーンの世界的サプライヤーであるZF-Lemforder（ドイツ）もサードカンパニーとして資本提携，ソナグループが27.61%，ソミック石川，ソミックエンジニアリングが計50%，Lemforderが22.39%となっている。インド国内に3拠点を展開しており，主にマルチスズキ向け部品を生産するグルガオン工場，そして2008年4月に立ち上がったウッタラーカンド工場ではタタ向け部品を，2010年1月スタートのチェンナイ工場では現代，トヨタ，日産向け製品を生産している。従業員は3工場で約1,000人を抱えるが，日本人駐在者はひとりのみである。

その日本からの輸入製品のひとつが，ソケットの中の樹脂クッションやグリス（潤滑油）などである。これらは全て，親会社であるソミック石川の技術力が凝縮されているものであり，例えばグリスもその配合レシピはソミック石川独自のものである。これらの部品，部材はキーとなる技術であるため，外部に依存するのはむしろリスクという考え方である。他社がこのキーテク製品，部材に比べてより良い品質の製品を作ることが出来るのであれば，それを上回る技術開発を日本で行う。これらの輸入品に対する関税や物流コストなどを含むと製品単価のかなりの割合を占めてしまうが，競争力を確保するため，全体として低コスト化が可能となるよう，他工程での工夫が必要という。

 その工夫のひとつが，コストを安価に抑えるために進める材料の現地調達である。インドの材料を用いることにより，一定した品質を保てないため，それが不良につながるリスクもある。日本では安定した材料を使うために，後工程での抜き取り検査を行うが，インドでは磁気探傷機を用いて全数検査をし，後工程に不良を回さないように工夫する。ほかにも生産機械の剛性を下げたり，日本だとマシニングセンターで複雑加工を行うところを，インドでは工程ごとにシンプルな機械加工の組み合わせを行ったりといった設備投資費用を抑える取り組みを進めている。加工数が増えるため，ラインには日本よりも倍の機械が設置されているが，導入費が圧倒的に安くすむ。そして最終検査は，日本では検査を入れない工程でも，不良を抑えるために同工場では日本では用いていない機械を導入して全数検査を行う工程も展開している。

 以上のようにソナ・ソミックでは，品質を維持した生産が可能となるよう，インドで展開するものづくりを日本と異なる取り組みとして進めている。発注元が要求する低コスト化の要望に応えるため，もののつくり方，製品設計の見直しを積極的に行いながら，設備機械の導入にも日本とは異なる考え方を含ませている。

Ⅳ. 低価格自動車に学ぶこととは

1　ナノのものづくりの本質

　以上にみた低価格自動車における各メーカーのものづくりのあり方は，その戦略の違いもあって必ずしも同質のものではない。ナノがその設計概念や，大手グローバルサプライヤーとの取引関係によって，従来のクルマづくりと異なる大胆な発想にあふれているのを受けて，サプライヤーも各社独自の工夫を凝らしたものづくりを展開している。

　このナノのものづくりが自動車産業に与えた影響は，非常に大きい。先述したように，完成車メーカーが低価格自動車投入を急ぐのは，もちろん新興国需要でシェアを伸ばすためという原因があるが，それに加えて従前よりもコスト競争力を強化する必要性に迫られているからでもある。自動車産業においては，新興国市場拡大への対応も必須だが，各国で相次ぐ環境規制への対応のために，クルマのダウンサイジングが急速なスピードで展開されている。従来車よりもメインとなるクルマが小型化するため，完成車メーカーは収益性を確保するために，いかにクルマづくりから低コスト化を図るのかにも必死になっている。その中において，ナノからスタートした低価格自動車のものづくりから，先進国をはじめとする各国の自動車メーカーが得るヒントは数多い。

　ただし，ここで強調したいのは，ナノが低価格自動車として製品化に成功したのは，そのビジネスモデルが，部品機能をスリム化したものづくりに加え，従前の自動車産業の現場の取り組みもベースとなっている点である。

　前節で分析したように，サプライヤーの視点から見れば，ボッシュの部品づくりのように，ナノが必要とする性能を絞り込み，思い切った簡素化を図ることで低価格化を実現させているケースと，デンソーやソナ・ソミックのように品質は維持しながら，ものづくり現場で少しでも安く生産できる工夫を凝らしながら部品を生産するケースが掛け合わさったものづくりで構成されている。ナノが新興国部品サプライヤーのみで取引構造が完結していると仮定すると，

おそらくこの価格帯で量産体制にまでは踏み込めなかったと考えられる。ナノのものづくりに必要不可欠だったのは，サプライヤーを巻き込んだ従来からのクルマづくりと新しい発想のかけ算の発想であったのである。

ナノに対して，「安かろう悪かろう」といった批評や，日本の完成車メーカーの競争相手とはなり得ないといったコメントは多く聞かれるが，クルマ単体の比較ではなく，そのものづくりの発想，手法に学ぶことは有用である。

2　従来型クルマづくりからの脱皮
(1) 低価格自動車に向けた完成車メーカーの取り組み

ただし，従来のクルマづくりにおいても少しでも安く部品をつくることは至上命題とされてきたことは自明である。例えば低コスト化という枠組みで注目されてきたのは，完成車メーカーが主体となり，部品を一体化したり，統合化したりといったモジュール化の動き，そして自社の車種間，もしくはグループメーカーの車種間で部品共有化を進める動きであった。これらの取り組みについては，欧州の完成車メーカーをはじめとし，先進国自動車産業が中心になって進められてきており，先述したロガンはこの取り組みが産み出した結果である。

また，クルマを軽量化しながら安くつくるという意味では，車体を樹脂化もしくはアルミ化して，構造部材を変えたり成形技術を変えたりする取り組みも近年ではめざましいスピードで進められている。これらの部品を，品質保持したレベルで，いかに安くつくることが出来るのかが従来の自動車産業の課題だった。

これらの取り組みに加えて，完成車メーカーのみならず，サプライヤーも含めた低コスト化に向けた取り組みとして挙げられるのが，インドの日系メーカーの事例にもみた現場カイゼンの取り組みであり，原価低減に即したものづくりである。特にこれらの取り組みには，日本の自動車産業の得意とするTPS (Toyota Production System；トヨタ生産方式) に代表されるような生産活動方式が大きな役割を担ってきた。ただし，これらはすでに当然のように取り組

みが進められおり，特に円高に苦しむ日本では少しでも安価な部品を求めて海外調達率を引き上げようとする完成車メーカーも出現している。

例えばトヨタのトヨタ・ニュー・グローバル・アーキテクチャー（TNGA）における取り組みは，新興国メーカーの生産部品をベンチマークし，2012年から2013年に発売する新型車の生産コストを3割削減することを目的とする。日系サプライヤーだけではなく，海外現地メーカーとの新規取引も視野に入れており，従来よりも原価低減に向けた取り組みを拡大する意向ともとれる。

一方，日産では，2006年からValue-Up活動を展開し，新興国メーカーとの価格ギャップを解消すべく，コストダウン活動を行っている。過剰品質を見直す「Right sizing活動」や部品の統廃合，原材料の「使い尽くし運動」，新興国からの部品調達拡大といった取り組みがその一例であり，全てを包括する形で低コスト化が進められている。また，ものづくりの拠点や部品の設計思想についても，どこで作るのが最適なのか，戦略が張り巡らされている。2010年にタイを皮切りにインド，中国，メキシコ，など新興国での生産へと展開した新型マーチ（海外名：マイクラ）は，構成部品を統合するなどしてプラットフォームの部品数を旧型に比べて約18％削減した。この部品点数削減は，設計，サプライヤー，生産，調達各部門との早期コラボによって部品点数を少なくすることが，より安くする方法と捉え，一丸となって開発にあたってきた成果である。

以上のように，特に日本の自動車メーカーは各社独自のやり方で原価低減に向けた活動を展開している。ただし，これらの完成車メーカーの取り組みのほとんどは，原価低減，コスト削減という命題の下，生産ラインを自動化（自働化）する取り組みやサプライヤーを活用して外製化率を増して完成車メーカーの収益率を高める取り組み，完成車メーカーが協力サプライヤーの生産ラインを改善指導し，コスト削減を図る取り組みなど，生産現場を重視しながらの取り組みが進められてきた点で，ナノのものづくりとはコンセプトが大きく異なる。

ナノと異なり，日本の自動車産業のケースでは完成車メーカーと協力サプラ

イヤーの間で培われてきた空間の中でのものづくりが取り組みの中心であった。ナノが系列外のグローバルサプライヤーを多く登用したり，自社のグループ子会社として合弁化したりした上で，部品の設計図面から工夫を施し，少しでも安い部品生産を目指したこととは意味合いが大きく異なり，比較する視点が異なるのである。

(2) 低価格自動車に向けた挑戦

　以上を踏まえながら，今後，日本の自動車産業が低価格自動車市場へ挑戦するための条件を検討したい。

　まず，ナノが低価格自動車産業においてイノベーターになりえたのは，先進国の自動車企業が対象としてこなかった顧客層へ市場を開放するために，かつてないクルマのつくり方，すなわちインド国内で必要となる機構のみを残す引き算のものづくりを行ったからである。難しい市場に斬新な発想で対応するものづくりが，ナノを誕生させた。今後の低価格自動車市場においてシェアを獲得していくためには，ナノからそのイノベーションを学ぶことが必要である。すなわち，グループ外サプライヤーも積極的に活用する柔軟性（組織力），必要とされる部品の設計思想の見直し（設計企画力），低コスト化に向けた現場のカイゼン努力（現場力）の3つの経営資源に要約されるものづくりである。

　ナノに即して考えると，これらの3点が個々に独立するのではなく，全てが密接に絡み合って低コスト化を果たしている。タタが自社のグループ企業だけではなく，技術力の高いグローバルサプライヤーを登用して部品づくりを進めてきた柔軟性には，上記のうちでもサプライヤーをたばねる「組織力」が必要とされる。加えて，インドの環境に必要不可分な機能に絞り込み，部品のあり方に検討を加えた従来の発想に捉われない「設計企画力」，そして組織力と設計企画力を踏まえた上で，少しでも部品を安くつくろうとする現場の努力（「現場力」）も求められる。以上から構築されるタタの経営力，そしてそれをサポートするサプライヤーの技術力が掛け合わさった時にイノベーションが生じたのである。よく指摘されるように，完成車メーカーの多くが製品品質，機能を重視する中，ナノについてはその機能をシンプルにすることに重点が置かれ

た点(「設計企画力」)に焦点が集まる。それはナノの内外装からしても明らかであるが,実際のイノベーションはこれら3つの条件が必要不可欠だったのである。

ここから得られる自動車産業への示唆は,上述の3つのどの要因が不足しているのかの検討から得られるだろう。先に例示した日本の自動車産業では,「現場力」を得意とする従前からの強みを強化しつつ,部品設計思想の見直しも進めている(「設計企画力」)。しかしながら,多くの完成車メーカー,そしてサプライヤーは従前の取引関係の殻を打ち破るものではなく,自社グループの取引を重視している傾向が未だに強い。低価格自動車市場に向けたテイクオフが開始される今,これらの見直しが低価格自動車を生み出すイノベーションには不可欠であり,完成車メーカーのみならずサプライヤーも自社の体制を見直すことによって,国内自動車産業全体でものづくりの低コスト化が図られてくる。

2012年現在,ナノは周辺新興国への輸出もスタートしている。市場に出ているナノは,内燃機関車タイプのみだが,モーターショーなどでは電気自動車版のナノも既にモデルタイプとして発表されている。今後,電気自動車も市場に普及し出すと,他社製よりも安価な電気自動車としてナノが再び注目を集める可能性も充分にある。バッテリーやモーターなど,基幹部品のコストが大半を占める電気自動車において,いかに自動車の内外装を安くつくることが出来るのかがキーとなる。おそらくタタは,ナノで構築したものづくりをベースに,他社よりも安価な電気自動車をつくりだすための戦略を打ち出すだろう。今後の自動車産業における主役の座をどの完成車メーカーが占めるのか,このナノのものづくり革新から自動車産業が学ぶことはまだ数多い。

以上,ナノを中心に,低価格自動車にみるものづくり革新を検討してきた。なお,本章においては,ナノのクルマづくりに注目したことから,その設計思想やものづくりの現場から得た知見を踏まえて検討を加えたものであり,本来であればタタの企業内イノベーションのあり方(ナノ開発者の人選,グループ化など)についても検討を加えるべきだと考える。そのテーマについては,今

後の研究課題としたい。

【参考文献】
機械振興協会経済研究所［2011］『日本の自動車産業・同部品産業の構造変化と競争力強化策―インド・タイ等の新興国低価格車市場から考える日本企業の競争力』
李澤建［2011］「インドはモータリゼーションの夜明けか」『一橋ビジネスレビュー』59巻3号
Automotive Component Manufactures Association of India [2010] *VISION2020; INDIAN AUTO COMPONENT INDUSTRY*, ACMA.
Christensen, C.M., Dyer and Jeffrey, M., Gregersen, H.B. [2011] *The innovator's DNA.*, Harvard Business Review Press.（櫻井祐子訳『イノベーションのDNA』翔泳社，2012年）
Freiberg, K., Freiberg, J. and Dunston, D. [2011] *Nanovation: How a Little Car Can Teach the World to Think Big and Act Bold*, Thomas Nelson
Schmpete, J.A. [1934] *The Theory of Economic Development*, Cambridge University Press.（塩野谷祐一・中山伊知郎・東畑精一訳『経済発展の理論―企業者利潤・資本・信用・利子および景気の回転に関する一研究』〈上〉〈下〉岩波文庫，1977年）
Immelt, Jeffrey R., Govindarajan, V. and Trimble, C. [2009] "How GE is disrupting itself", *Harvard Business Review*, Vol.57.（「画期的な新製品は新興国から生まれるGE―リバース・イノベーション戦略」『*Harvard business review*』Vol.35, No.1, ダイヤモンド社，pp.123-135）

（太田志乃）

第5章

風力発電機産業の潜在的競争優位性
―再生可能エネルギーを軸にした国内機械産業の活性化―

　平成23年3月11日に発生した東日本大震災とそれに伴う津波によって東日本，特に東北太平洋沿岸地域は甚大な被害に見舞われた。また，津波による福島第一原発の事故は深刻な状況にあり，現在も懸命な復旧作業が続いている。こうした未曾有の事態に直面し，国民一人一人が電力不足の日々の中で日本のエネルギー政策について再考を迫られることになった。今後の原発利用の是非を巡っては議論が展開されることは必須であるが，少なくとも再生可能エネルギー利用の必要性が高まったことは事実であろう。そこで，本章では，再生可能エネルギー（Renewable Energies）の中で国内製造業への波及効果が期待される風力発電機産業[1]を取り上げ，日本製風力発電機の潜在的競争優位性と内需発展型産業の創出について考察する。

I. 日本の風力発電導入ポテンシャルと風力発電機産業の特徴

1　風力発電導入ポテンシャル

　環境省では，日本国内の風力発電に関する賦存量および導入ポテンシャルの推計及び将来的なシナリオ別導入可能量の推計を公表している。これは「風力

---

[1]　本章で取り上げている風力発電機は，主に定格出力（定められた条件で保証される最大出力）が50kW以上1,000kW未満の中型風車及び1,000kW以上の大型風車である。定格出力からみた風車の分類基準については，新エネルギー・産業技術総合開発機構［2008］，p.55を参照。

発電の導入ポテンシャル調査」に基づいており，同調査は，フェーズ1：賦存量の推計（500mメッシュ風況マップを基に賦存量（kW）を推定），フェーズ2：導入ポテンシャルの推計（500mメッシュ風況マップに各種社会条件を重ね合わせて，設備利用率を考慮した導入ポテンシャル（kW）を算定），フェーズ3：シナリオ別導入可能量の推計（①シナリオ設定：「再生可能エネルギーの全量固定価格買取制度」で検討されている売電価格や期間，技術開発の動向等を想定し，売電条件等の異なる複数のシナリオを設定，②事業収支シミュレーション：標準的な風力発電所の事業収支に関わるパラメーターを設定し，上記①のシナリオに対して各々の地域における事業可能性を算定，③シナリオ別導入可能量（kW）の推計），フェーズ4：参考シナリオにおける導入ポテンシャル等の分析（いくつかの社会条件等を変更した場合，導入ポテンシャルあるいはシナリオ別導入可能量がどの程度変化するかを分析），フェーズ5：検証（有識者や事業者へのヒアリング，また，個別地点の現地調査等を通じて，推計結果の妥当性を検証），以上の5段階によって構成されている。

　さて，その調査結果によれば，陸上風力発電の賦存量は13億kWと推計され，導入ポテンシャルは，賦存量マップに対して，各種の自然条件や法的制約条件を考慮して算定した結果，2億8,000万kWと推計されている。なお，事業性を考慮したシナリオ別導入可能量は，基本シナリオ1では2,400万から1億4,000万kW，基本シナリオ2では導入ポテンシャルとほぼ同等な2億7,000万kWと推計されている。一方，洋上風力発電の導入ポテンシャルについては，離岸距離や水深の制約条件等を加味し，16億kWと推計している。洋上風力発電に関するシナリオ別導入可能量については，事業性に関する実績データが乏しいため，精度としては期待できないが，基本シナリオ1で0から300万kW，基本シナリオ2で1億4,000万kWと推計している[2]。

---

(2) 賦存量とは，設置可能面積，平均風速，河川流量等から理論的に算出することができるエネルギー資源量。現在の技術水準では利用することが困難なものを除き，種々の制約要因（土地の傾斜，法規制，土地利用，居住地からの距離等）を考慮しないもの。導入ポテンシャルとは，エネルギーの採取・利用に関する種々の制約要因による設置の可否を考慮したエネルギー資源量。賦存量の内数。シナリオ別導入可能量とは，事業収

このように，日本の風力発電の導入ポテンシャルは非常に高く，再生可能エネルギーの中でも太陽光発電，地熱発電と共にその活用が大いに期待されいる。さらに，風力発電の主要機器である風力発電機は，機械産業から見た場合，新たな国内市場及び雇用の創出が期待される。

2　大震災以前から注目されていた風力発電機産業

　東日本大震災以降，風力発電は，太陽光発電，地熱発電等の再生可能エネルギーと共に国内の新たなエネルギー資源（電源）として期待が高まっている。また，2012年7月の再生可能エネルギーの全量固定価格買取制度（FIT：Feed in Tariff）の施行により企業や自治体による再生可能エネルギー関連ビジネスへの動きが活発化してきている。そこで，本章では，再生可能エネルギー産業の1つである風力発電機産業を機械製造業の視点から捉え，内需発展型産業の可能性について検討する。

　ところで，風力発電機産業については，東日本大震災が発生する以前から，新たな産業創出分野として期待される傾向が出始めていた。機械振興協会経済研究所が2008年9月のリーマンショックを受けて，日本の製造業，特に中小製造業が自動車産業依存からどのような産業へシフトすることができるのかといった問題意識に基づいて実施した調査によれば，中小製造業の新エネルギー・再生可能エネルギー関連産業への参入状況（今後の予定を含む）については，太陽光発電関連機器：21.3％，風力発電関連機器：14.7％，家庭用燃料電池関連機器：10.6％といった結果となっている。この中で風力発電関連産業への参入理由としては「自社の技術やノウハウを活かせる」が46.2％と最も高く，次いで「国内需要の拡大が期待される」が38.5％となっており，自動車産業，電子電気産業からの受注が厳しい状況の中で，中小製造業が新規受注

支に関する特定のシナリオ（仮定条件）を設定した場合に具現化が期待されるエネルギー資源量。導入ポテンシャルの内数。概して実際の導入量はシナリオ別導入可能量を下回ると予想されるが，経済的要因以外の要因で導入される場合もあるため，実際の導入量がシナリオ別導入可能量を上回ることがあり得るとされる。詳細については，環境省[2011]，pp.85-135を参照。

開拓領域の1つとして風力発電機産業に参入する傾向が窺える[3]。

3 風力発電機の構成機器及び国内主要メーカー

　風力発電装置は，部品点数が多く，産業の裾野が広い製品である。特に発電能力がメガワット（MW）級の大型風車の場合，構成部品数は少なくとも1万点から1万8,000点で，主要な部品・部材には，ブレード（羽根），ブレード等を支える軸受，ブレードの回転エネルギーを電気に変換する発電機，タワー等に加え，電気・制御品，鉄鋼品，機械品，油圧機器，樹脂成型品など大小さまざまな部品で構成されている[4]。例えば，軸受だけでも，回転機械である風車には，ナセル・タワー間のヨー軸受，ブレード付け根部のピッチ制御用の旋回軸受，低速軸受など，1基当たり約20個の軸受が使用されている。また，ブレード材料にはFRP（繊維強化プラスチック：Fiber Reinforced Plastics）複合材が使用されている場合が多いが，風車の大型化に伴って，高剛性，高比強度の特性を有する炭素繊維の利用は今後より一層高まることが予想され，この分野でのシェアが高い東レ，東邦テナックス，三菱レイヨンといった日本企業の競争優位性が期待されている。ここで，風力発電機の構成機器・部材の国内主要メーカーを示すと図表5-1のようになる[5]。

II. 拡大する世界市場と日本メーカーの対応

1 拡大する世界の風力発電機市場

　風力発電機産業の市場は，2000年以降世界規模で急速な拡大を見せている（図表5-2参照）。GWEC（Global Wind Energy Council）によれば，2011年

---

[3]　この調査は機械振興協会経済研究所が平成21年11月に実施したものである。詳細については，機械振興協会経済研究所［2010］を参照。
[4]　風力発電装置の部品点数は分類の仕方によって異なるため，この数字はあくまでも概数である。
[5]　風力発電機の基礎理論及び発電技術の概要について，牛山［2005］，［2006］を参照。

第5章　風力発電機産業の潜在的競争優位性　111

図表5-1 風力発電機の構成機器・部材の国内主要メーカー

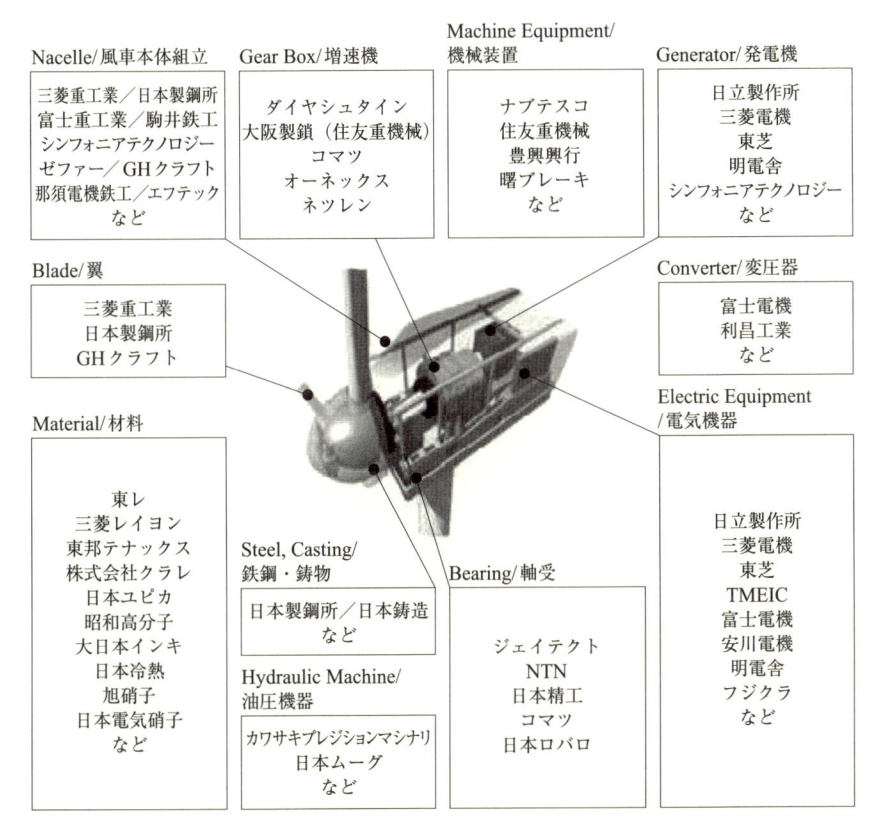

Nacelle／風車本体組立
- 三菱重工業／日本製鋼所
- 富士重工業／駒井鉄工
- シンフォニアテクノロジー
- ゼファー／GHクラフト
- 那須電機鉄工／エフテック
- など

Gear Box／増速機
- ダイヤシュタイン
- 大阪製鎖（住友重機械）
- コマツ
- オーネックス
- ネツレン

Machine Equipment／機械装置
- ナブテスコ
- 住友重機械
- 豊興興行
- 曙ブレーキ
- など

Generator／発電機
- 日立製作所
- 三菱電機
- 東芝
- 明電舎
- シンフォニアテクノロジー
- など

Blade／翼
- 三菱重工業
- 日本製鋼所
- GHクラフト

Converter／変圧器
- 富士電機
- 利昌工業
- など

Material／材料
- 東レ
- 三菱レイヨン
- 東邦テナックス
- 株式会社クラレ
- 日本ユピカ
- 昭和高分子
- 大日本インキ
- 日本冷熱
- 旭硝子
- 日本電気硝子
- など

Steel, Casting／鉄鋼・鋳物
- 日本製鋼所／日本鋳造
- など

Hydraulic Machine／油圧機器
- カワサキプレジションマシナリ
- 日本ムーグ
- など

Bearing／軸受
- ジェイテクト
- NTN
- 日本精工
- コマツ
- 日本ロバロ

Electric Equipment／電気機器
- 日立製作所
- 三菱電機
- 東芝
- TMEIC
- 富士電機
- 安川電機
- 明電舎
- フジクラ
- など

出所：新エネルギー・新産業技術総合開発機構［2010］，p.150。

12月末時点における世界の風力発電の累積導入量は237,669MWで，累積導入量では中国が62,364MWで第1位となっている。また，2011年単年の世界の風力発電の新規導入量は40,564MWで，この内の43.0％にあたる17,631MWを中国が占めている。このように，中国は2011年までの風力発電量の累積導入量と新規導入量の両方で世界第1位となっている[6]。一方，日本の累積

---

[6] 累積導入量の第2位は米国，第3位はドイツ，第4位はスペイン，第5位はインドで

図表5-2 世界の風力発電量の推移

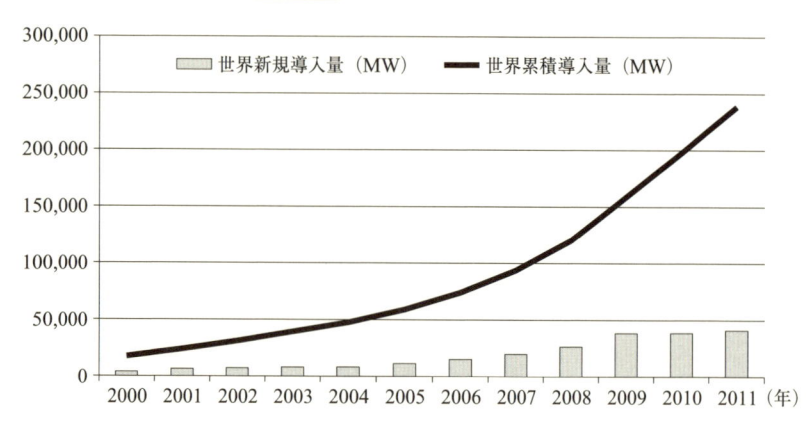

出所：GWEC［2012］に基づいて作成。

導入量は250万1,000kWで世界第13位、また、新規導入量は16万8,000kWで世界第21位に留まっている[(7)]。

ところで、こうした風力発電機市場の拡大の背景には、特に欧州における産業集積の厚みを指摘することができる。欧州では、Vestas社（デンマーク）、Enercon社（ドイツ）、Gamesa社（スペイン）、Siemens Wind Power社（デンマーク）、Repower社（ドイツ）といったように世界市場シェアのトップ10に入る5大風車メーカーが存在している。また、発電機メーカーについても

ある。また、新規導入量の第2位は米国、第3位はインド、第4位はドイツ、第5位は英国となっている。詳細については、GWEC［2011］を参照。また、再生可能エネルギー全体の産業動向については、REN21［2011］を参照。なお、中国の風力発電導入量が急速に増加している要因の1つとしては、開発途上国への技術・資金等の支援によるCO_2排出削減量を先進国の削減量として計上する制度であるCDM（クリーン開発メカニズム：Clean Development Mechanism）の活用を指摘することができる。2010年3月時点における中国の風力発電のCDMプログラムのプロジェクト数は481件（導入容量は27,481MW）と実施国の中で最も高く、実施国導入容量合計（38,714MW）の70.1％を占めている。以上の数値については、UNDP Risoe Center CDM pipeline (http://www.cdmpipeline.org) 及び新エネルギー・産業技術総合開発機構［2010］，p.152を参照。

(7) 2011年度（2012年3月末）時点の日本の風力発電の推定導入量（累積）は252.2万kW、設置数（累積）は1,840台である。以上の日本の風力発電の状況については、日本風力発電協会［2012］及び同HP：http://jwpa.jp/ を参照。

Elin EBG Motoren GmbH社(オーストリア),ABB社(スイス),Winerg-yAG社(ドイツ),Leroy Somer社(フランス)とった大手4社全てが欧州企業となっている。さらに,大手認証機関も全て欧州にあり,デンマークのリソ国立研究所(Risø National Laboratory)のような有力な研究機関のほか再生可能エネルギーに関する大手コンサルティング会社も存在しており,欧州は風力発電機に関連する全ての産業が集積した地域と言える[8]。

これに対して,日本国内には風車メーカーとして,日本製鋼所(室蘭工場),三菱重工業(横浜工場,長崎工場),富士重工業(宇都宮工場),駒井ハルテック[9]など複数のメーカーが存在しており,それなりの製造拠点を形成してきたと言えるが,世界市場でのシェアでは最も高い三菱重工業でも第13位と世界ランキングは低い。また,風力発電機用歯車増速機では,石橋製作所(福岡県直方市)など優れた企業が存在してはいるが,日本国内には風力発電機産業に特化した部品メーカー,研究機関及び認証機関はあまり存在しておらず,風力発電機は産業機械あるいは環境機器の一部門として扱われてきたため,欧州と比較して産業としての厚みは格段に薄いと言わざるを得ない状況にある。

2 日本メーカーの対応と国内市場及び雇用の創出可能性

急速に成長する風力発電機の世界市場の中で,国内普及という側面では停滞感が否めない日本の風力発電機ではあるが,日本の風車生産自体は発電規模では既に1GWに達しており,風車構成部品の国内メーカーの生産量は,海外風車メーカー向けを含めて増加傾向を強めている。

機械振興協会経済研究所［2011a］によれば,日本企業の風力発電機産業への参入企業数は75社,従業員総数は約29万人で,その内の風力発電機関連従事者は約3,100人である。また,国内企業の売上高は約2,500億円で,その内

---

[8] 欧州を含む世界の風力発電機産業の動向については,機械振興協会経済研究所［2011b］を参照。
[9] 現在,駒井ハルテックでは,国内向けには日本の自然条件を考慮した300kW級の風車を主力製品としている。詳細については,http://www.komaihaltec.co.jp/ENV/wind/kwt300.htmlを参照。

の約1,600億円が海外輸出による売上となっている。さらに，世界の風力発電機市場は，2015年には2010年比1.8倍の14兆円，2020年には同3.1倍の24兆円に達するものと予測されており，こうした世界規模で拡大が期待される風力発電機市場に対して，日本企業の対応としては，国内市場に対しては「多少拡大する」と「拡大する」の合計が全体の7割以上，世界市場に対しては「概ね国内の100倍の規模に拡大する」となっている。以上から，日本企業は，国内市場の拡大に期待しながら，同時に海外市場展開を図っていきたいと考えている傾向が窺える[10]。

このように，風力発電機産業は，国内の機械産業の新たな市場としての期待が高まっているが，同時に風力発電機産業は新たな雇用創出の可能性を持っている。世界規模では，既にジャンボジェット機の主翼の1.6倍の巨大な風車が毎年2万台以上建設されており，年産500台以上の量産風車メーカーは世界に13社存在している（ドイツ：3社，中国：3社，デンマーク：2社，スペイン：2社，米国：1社，インド：1社，日本：1社）。大型風車は，精密加工が必要な歯車や大型軸受，ハイテク化した発電機や電力変換装置など1万点以上の部品からなる回転機械であり，部品産業への波及効果及び雇用創出効果が大きい。例えば，風車年産1,000kW当たりでは，ナセル（発電機）組み立てで1人，ブレード（羽根）で2人，タワーや部品の製造を含めると10人から15人の雇用が発生する[11]。

上述したように，日本の風力発電機関連メーカーは，海外メーカーに納入する割合が高く，風車技術の核となる巨大軸受のメーカー5社のうち3社はジェイテクト，日本精工，NTNといった日本メーカーである。すなわち，現在，風力発電機は，日本の機械産業にとって有力な輸出産業となっており，部品関連産業を含めると国内の風力発電機産業の年商は3,000億円以上，雇用数は数

---

[10] このアンケート調査は，日本産業機械工業会が2010年10月から12月にかけて実施したものである。なお，調査結果の詳細については，機械振興協会経済研究所［2011a］を参照。

[11] 上田［2009］，p.11を参照。

千人から1万人規模に達するといった推計も存在している(12)。

Ⅲ. 日本の風力発電機産業の弱みと強み

1 日本の風力発電機産業の弱み：内需発展型産業化の停滞

　日本における10kW以上の風力発電は，1980年に三菱重工業が試験研究用として40kW機を長崎県に設置したのが最初で，1990年度末までには，同社の250kW，300kW機，石川島播磨重工業の100kW機，ヤマハ発動機の15kW，17kW機が建設され，運転中の累積容量は1,015kWに達した。1999年には，1,000kW機が登場し，ユーラスエナジー苫前が1,000kW機20基による国内最初の本格的なウインドファーム（2万kW）を建設した。その後，風車の単機容量及びウインドファーム容量は年々大型化し，近年では，単機容量3,000kWの風力発電機も登場している(13)。

　このように，1970年代の石油危機を契機に日本国内では太陽光発電と共に風力発電も普及する状況にあったが，その後，原油価格の安定や省エネ技術の普及，さらに原子力発電の普及に伴って日本国内における再生可能エネルギーの普及は停滞することとなった。ところが，図表5-3に示すように，日本国内の風力発電機の導入は，特に2003年以降急速に拡大する傾向を示し始める。これは，2002年6月に施行されたRPS法の影響によるものである(14)。しかしながら，日本メーカーにとって国内市場は海外市場と比較して魅力的な市場ではなかったため，日本メーカーの多くは国内市場を重視する傾向はあまり強く

---

(12)　日本国内の雇用数の推計については，吉田［2011］，p.186を参照。ちなみに，ドイツの風力発電機産業関連の雇用数は2006年の約7万人から2009年には約10万2,100人まで拡大している。この数値については，日本貿易振興機構［2012］，p.21を参照。
(13)　日本の風力発電機のトレンドについては，日本風力発電協会［2012］，p.2を参照。
(14)　RPS（Renewable Portfolio Standard）法は，電気事業者による新エネルギー等の利用に関する特別措置法のことである。この法律の施行に伴って風力発電を含む再生可能エネルギー関連の電力事業がビジネスとして注目されることとなった。

図表5-3 日本国内の風力発電機の累積導入量と累積台数

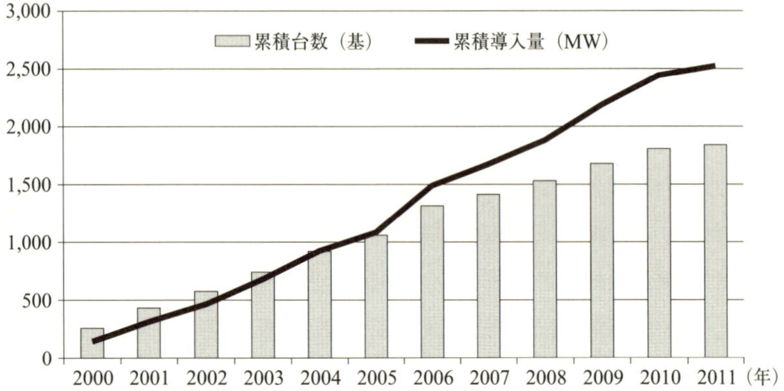

出所：日本風力発電協会［2012］に基づいて作成。

なかったものと推察される[15]。その結果，風力発電機産業は日本の機械産業を牽引する内需発展型の産業化（industrization）の道を歩むことはできなかったのである[16]。

確かに，図表5-3は一見するとRPS法の施行以降，日本国内でも風力発電機が急速に普及していることから，日本メーカーによる国内での風力発電機産業が活性化しているように見える。しかしながら，実は日本国内に設置されている風力発電機の約7割から8割はデンマーク製及びドイツ製で占められており，大型風力発電機になればなるほど国産の風力発電機の割合は低いのが現状なのである[17]。

---

[15] 日本メーカーが国内市場をあまり重視してこなかった最大の理由は，日本政府の再生可能エネルギー政策の方向性が曖昧であったためであると筆者は考えているが，そうした状況は，2011年3月11日の東日本大震災後，一変したと言える。
[16] 風力発電機に限らず日本国内で再生可能エネルギー（地熱発電システム，バイオマス，小水力発電等）の産業化が停滞した最大の要因は，日本のエネルギー政策にあることは言を俟たないが，エネルギー政策と産業政策両面からの考察は筆者の中では未だ不十分であるため別稿に委ねたい。
[17] 多少古いデータではあるが，2005年時点の日本国内市場の国別シェアは，デンマーク製：40％，ドイツ製：28％で，日本製を含むその他：32％となっている。風力発電機

ここで，日本の風力発電機産業の弱点を指摘すると次のようになる。①国内市場を重視しなかった（できなかった）ため，国内の風力発電機産業は完成品及び主要部品の輸出産業としての傾向が強く，内需発展型の産業化が遅れていること。②そのため，風力発電機を軸にした産業の厚みを持つことはできなかったこと。③その結果，日本国内の自然環境及び地理的条件に対応した製品化開発が遅れていること。以上である。ところで，こうした日本の風力発電機産業の弱点は，世界最大の風力発電機メーカー・Vestas 社を生み出したデンマークの風力発電機の産業化プロセスと比較すると極めて対照的である。そこで，デンマークの風力発電機産業の産業化プロセスを概説した上で，フォン・ヒッペル（von Hippel）の情報の粘着性（sticky information）の概念を用いてイノベーションの特質を説明してみよう[18]。

デンマーク風力発電機の普及・成長を可能にした組織については，第一に，ポール・ラ・クール（Poul La Cour）[19]が1904年にアスコウ・ファルケホイスコーレ（国民高等学校，Askov Folk High Scholl）に開設した「地域のための電気技術者養成講座」を指摘することができるが，彼が前年（1903年）に地元の鍛冶屋や農村出身者を集めて組織した「デンマーク風力発電会社」や1905年に設立した「風力発電技術者協会」も風力発電機の普及と技術的な問題解決の場として重要な役割を果たしたものと推察される。

第二に，1950年9月にヨハネス・ユール（Johannes Juul）の尽力によって

の耐用年数が17年であることを考慮するとこの国別シェアは現在も影響を与えているものと考えられる。国別シェアについては，小林［2006］，p.74に基づいて集計したものである。筆者は，これまで秋田県，熊本県などで複数の大型風力発電機が設置されているウインドファーム（wind farm）を見学する機会を得ているが，いずれも欧州製の風車によるものであった。なお，ウインドファームは"風農場"といった意味で，風車を植物のように並べて設置する（植える）こと，風は季節に依存している点が農業と類似していることから，1970年代の米国で作られた用語である。以上の説明については，松宮編［2005］，p.26を参照。
(18) 情報の粘着性の概念の詳細については，von Hippel［1994］，pp.429-439及び小川［2001］，pp.34-36を参照。
(19) ラ・クールは，デンマークの"エジソン"と呼ばれ，デンマーク風力発電機の発展の端緒を開いた人物である。この点については，Andersen［1999］，p.4を参照。

デンマーク公共電力協会に「風力委員会」(1962年に解散) が設置されたことが，近代的な風力発電機の研究開発・実験に大いに貢献した点を挙げることができる。

　第三に，リソ国立研究所 (設立は1955年で元々は原子力エネルギーの研究機関) を挙げることができる。同研究所は1977年に実験用大型機のブレード設計を担当し，風力発電機技術のCOE (Centre of Excellent) 的存在となる。さらに，1985年には風力発電機の機能，安全性，仕様などの保証に必要な検査の実施機関となっている。現在でも同研究所は風力発電産業に係る多くの研究を展開しており，1985年以降，デンマークが原子力発電から撤退し，代替可能エネルギーとして風力発電の導入を決定してからは，デンマーク風力発電技術開発の中核機関としての役割を果たしている。

　第四に，1977年に設立された風力発電機所有者協会を挙げることができる。同協会の活動は，風力発電所有者と送電会社，所管官庁，発電機製造業者等との関係づくりと風力発電の可能性に関する情報の管理などであるが，設立当初は，デンマークの送電業者や政府は風力発電による電力供給に関心が薄く，風力発電所有者にとって電力を売ることは困難な状況にあったことから，その改善が同協会に期待され，一般市民への風力発電の啓蒙も重要な役割となっていた。同協会では雑誌「自然エネルギー (Naturlig Energi)」を発行，同協会はデンマークの風力発電に関連する行政と企業等を繋ぐコーディネーターとして，また，各方面への情報の発信といった2つの面で貢献したと言える[20]。

　第五は，1980年にユトランド半島のニュソルベアに設立された風力発電協同出資組合である。デンマークでは，風力発電機の共同所有は農業協同組合の考え方を基本にしており，同組合は，新エネルギーの発展，より良い環境づくりの促進，協力の精神によって問題を解決するという目標に同意した人々が集まって設立されたもので，その後，全国各地に出現し，1985年には，協同組合による風力発電機の設置数が個人による設置数を上回るようになったのであ

---

[20]　日本貿易振興機構 [2003], p.80を参照。

る$^{(21)}$。

　第六は，デンマーク風力発電協会である。この組織は風力発電産業に関連する企業等が加盟している団体で，主要出資企業はSiemens Wind Power社及びVestas社で，中核メンバー企業には，Gamesa Wind Engineering社，LM Glasfiber社及びSuzlon Energy社が名を連ねている。同団体はデンマーク政府のみならずEU全体の風力発電産業に関連する政策・制度情報や普及促進に必要な調査，企業戦略に係るコンサルテーションなどを手掛けており，デンマーク風力発電産業の国内普及及びグローバル市場戦略のための情報センター的役割を担っている$^{(22)}$。

　ところで，情報の粘着性は，企業の製品開発（イノベーション）と関連する概念であり，メーカー（製品開発者）は，そのユーザー（製品利用者）との情報をより高密にすることで的確な製品提供が可能になる。その場合，高密な情報交換を行う製品開発（イノベーション）の場所が必要となる。つまり，製品開発では，技術情報の粘着性の高低，ユーザー・ニーズ情報の粘着性の高低の組み合わせによって，製品開発（イノベーション）の場所が導かれることになる。ここで，技術情報の粘着性，ユーザー・ニーズ情報の粘着性，イノベーションの場所といった3つの変数を用いて，上述のデンマークの風力発電機の初期の発展プロセスを説明すると次のようになる。19世紀後半，風力発電機の産業化の初期の段階では，ユトランド半島の農家と農機具鉄工所（Vestas社の前身）の関係が，その後，風力発電機の製品化に際してメーカー（Vestas社）と農業協同組合（風力発電機の共同所有者）の関係に変化するが，両者の情報の粘着性のパターンはそのまま継承されることになる。その際に製品開発（イノベーション）の場所となったのが，ユトランド半島であり，また，製品ニーズ情報の提供者は農業協同組合であった。このようにしてデンマーク国内で風力発電機の製品開発に関連するイノベーションの場が形成されたことが，

---

(21)　デンマークの風力発電機の産業化のプロセスについては，松岡［2004］，pp.71-113，北嶋［2008］，pp.1-16及びAndersen［1999］を参照。
(22)　この機関の概要については，http://www.windpower.org/en/core.htmを参照。

デンマーク国内での風力発電機の普及とその後の国際競争力の飛躍的な向上を可能にする礎となったものと推察される[23]。

換言すると情報の粘着性は、メーカー（製品開発者）とユーザー（製品利用者）間の社会的距離（social distance）と関係しており、その近接性から生まれるのが製品開発（イノベーション）の場所ということになる。2000年以降、日本国内では風力発電機の本格的な普及段階を迎えたが、その製品（特に大型風力発電機）の殆どは欧州からの輸入品であったため、日本メーカーは日本国内ユーザーとの近接性を構築することはできなかった（しなかった）のである。結局のところ、これまで日本国内では日本国内市場向けの風力発電機の製品開発（イノベーション）の場所は積極的には形成されて来なかったものと考えられる。

2　日本の風力発電機産業の強み：洋上風力発電機の競争優位性

上述のように、日本の風力発電機産業は、輸出型産業として成長しており、現時点では、内需発展型産業として成長しているとは言い難い状況にある。しかしながら、日本の完成品メーカー及び関連部品メーカーの海外での評価は高く潜在的競争優位性を持っている産業であることは確かである。さらに、近年の風力発電機のトレンドとして注目されることは、その市場が陸上風力発電機から洋上風力発電機にシフトする傾向が強まっている点にある。洋上風力発電については、英国とドイツで大規模な導入が本格化している。

洋上は風況が良く、陸上より高い設備利用率（より多い発電量）が期待され、経済性から洋上風力発電機は超大型風車になる傾向が強く、風車技術だけでなく洋上での建設技術が要求される分野である[24]。この点に日本メーカーの

---

(23) デンマークで風力発電機が普及発展した条件としては、①風力発電を送電線につないだこと、②風力発電協同組合の発足、③電力買取三者協定の成立、以上の3つが挙げられる。以上の指摘及び詳細については、飯田 [2011]，pp.87-94を参照。自然エネルギー先進国デンマークの概要については、スズキ [2007] を参照。
(24) 世界の風力発電機の概観及び将来展望については、例えば、Molly [2008]，[2009] を参照。

強みが発揮できると筆者は考える。つまり，陸上風力発電機分野では，日本メーカーは最高でも世界ランキングは第13位に留まっているが，今後普及拡大が期待される洋上風力発電機分野では，風車技術に加えて造船技術，海洋関連技術といった総合的なマリーンエンジニアリングが必要となるため，それらの技術を有する日本メーカーの競争優位性は高まるものと予想される。そうした傾向は三菱重工業の英国での洋上風力発電計画への参入からも窺い知ることができる。英国では2020年までに合計32GWという大規模な洋上風力発電を実現する「Round3」計画が進行中であるが，日本メーカーからは唯一，三菱重工業が参画しており，洋上風力発電機の大型化に対する同社の技術力の高さが英国政府からも評価されている[25]。

　一方，冒頭で紹介した環境省の試算とは別に，日本風力発電協会が実施した日本国内の風力発電のポテンシャルの試算結果によれば，陸上風力発電：168,900MW，着床式洋上風力発電：93,830MW，浮体式洋上風力発電：519,490MWとなっており，浮体式洋上風力発電の場合，陸上の3倍以上のポテンシャルを持っている[26]。このように，日本は浮体式の洋上風力発電機の建設に恵まれた自然環境及び地理的条件を有している。つまり，今後洋上風力発電機を"日本メーカーが日本国内で日本国内向けに開発すること"は日本国内が日本メーカーにとって，情報の粘着性による製品開発（イノベーション）を創出する場所になることを意味する。

　換言すると日本国内の市場と日本メーカーが情報の粘着性によって製品開発（イノベーション）の場所を国内に設置し，日本メーカーが国内市場のニーズに合った製品開発を行うという行為は，クライン（Kline）の連鎖モデル（chain-linked model）と類似したイノベーションの創出とみなすこともできる。すなわち，浮体式洋上風力発電機の分野では，日本国内で市場プル（market

---

(25) この情報については，「日本経済新聞社・クリーンテック最前線」（2011年3月14日）を参照。
(26) 数値は浮体式洋上発電を除き既開発分（約2,000MW）を含んでいる。浮体式洋上発電の設置場所は，水深50m以上200m未満とされる。詳細については，日本風力発電協会［2010］を参照。

pull)の製品開発が可能となる条件がそろっている[27]。1970年代から1980年代を風力発電機が世界的に普及し始めた第1ステージとするならば，1990年代以降は特に欧州企業を中心とした陸上風力発電機の普及期であり，同時に風力発電機の大型化の時代であった。そこで，この期間を第2ステージとするならば，今後洋上風力発電機を中心に展開される時期は第3ステージに相当することになるが，その場合，第2ステージで出遅れた日本メーカーは洋上風力発電機の競争優位性を武器に大きく躍進できる可能性が高いものと推察される。

こうした状況変化を反映するかのように，2011年10月，経済産業省資源エネルギー庁では，福島県沖で洋上風力発電の実証実験を行う方針を福島県再生可能エネルギー導入推進連絡会で明らかにしている。同計画によれば，今後3年から4年を目処に浮体式洋上風力発電機を6基程度設置し発電状況などを検証する。さらに，将来的には事業化を行い100基程度からなる洋上ウインドファームを建設することにより世界一の洋上風力発電基地にしたいとしている[28]。この計画は，当然のことながら東日本大震災及び大津波に伴う福島第一原発事故の影響が著しい福島県における復興計画の一環であると考えられるが，同時に，日本国内で初めて大規模な浮体式洋上風力発電開発を推進するといった同計画は，風力発電機産業の視点から見ても非常に画期的な取り組みであると言えよう。

一方，九州大学応用力学研究所では，「風レンズ」と呼ばれる非常にユニークな風車を搭載した浮体式洋上風力発電機を開発中で，既に博多湾での実証実験が2011年12月から開始されており，2012年1月10日からは2基の風車の制御運転試験が行われている[29]。このほかにも浮体式に限らず洋上風力発電機に関する実証実験及び事業化への取り組みについては，経済産業省及び環境省だけでなく，多くの大学・研究機関及び企業が研究開発・製品開発に取り組ん

---

(27) クラインモデルとも呼ばれる連鎖モデルについては，Kline [1985], pp.36-46を参照。
(28) 同報道については，「讀賣新聞電子版」2011年10月24日掲載記事を参照。
(29) 「風レンズ風車」の詳細については，http://www.riam.kyushu-u.ac.jp/windeng/index.phpを参照。

でおり，日本の洋上風力発電機技術は国際的に見ても高い潜在的競争優位性を持っているものと推察される。ここで，洋上風力発電機における日本の優位性を整理すると以下のようになる。

【洋上風力発電機における日本の優位性】

- **地域資源と産業集積を一体化する動き**
  海に囲まれた日本では，洋上風力発電のポテンシャルが高いが，このエネルギー資源を地域の重要な資源として捉え，さらに，洋上風力発電機を地域産業集積の核にして行こうとする動きが地方自治体で始まっている[30]。

- **機械金属加工に優れた中小製造業の存在**
  日本国内には，機械産業で大きなウエイトを占める自動車産業向けの部品生産を手掛けてきた優秀な中小製造業が多く存在しており，特に機械金属加工を必要とする風力発電機部品の製造に適した中小製造業の技術力を活用することができる。

- **総合的なマリンエンジニアリングの必要性**
  洋上風力発電機の開発・生産・設置には，総合的なマリンエンジニアリングが必要であるが，この分野は，重電，造船，海底掘削，海底ケーブル敷設など日本メーカーの技術力が十分に活かせる分野である（技術の経路依存性）[31]。

- **洋上風力発電機分野での産学官連携の活発化**
  九州大学の事例で示したように，浮体式洋上風力発電機の分野では，大学，研究機関，企業，自治体などが連携した次世代型の洋上発電機の開発が積極的に行われており，日本の沿岸海域はさまざまな研究開発の実験場になり得る可能性が高い。

---

(30) 例えば，経済産業省資源エネルギー庁「なっとく！再生可能エネルギー」に紹介されている日本初の本格的洋上風力発電所ウィンド・パワーかみす洋上風力発電所（2010年6月稼働）の事例がある。詳細については，http://www.enecho.meti.go.jp/saiene/dounyu/201108kamisu.htmlを参照。また，現時点では洋上風力発電ではないが，地域産業創出の視点から風力発電機を捉えている事例については，本章第4節「風の王国プロジェクト」構想を参照。

(31) 技術開発は，過去の技術的遺産の上に新しい技術が生まれるという経路依存性（path dependency）を持っている。この指摘については，松岡［2004］，p.214，p.220を参照。

Ⅳ. 風力発電機産業クラスターによる国内産業の創出

1 「風の王国プロジェクト」構想

　秋田県では，県沿岸部に大型風車1,000基を設置するといった壮大な構想が進行中で，これは「風の王国プロジェクト」構想と呼ばれる[32]。同プロジェクトは，2008年から開始されたもので，最初の3年間は秋田県内の風力資源や活用法等に関する調査を実施し，2011年夏に報告書が纏められ，大潟村，潟上市，にかほ市の3地点を大規模発電施設が可能な候補地として設定している。当面は，この3地点で178基の風車を建設する予定で，これが実現すれば一般家庭約24万世帯の年間電力量を賄うことができ，採算性の高い事業になる可能性が高いとされる[33]。さらに，2012年1月には県内経済人らが出資する風力発電事業会社「風の大国」が発足し，地元資本による新たな産業創出を目指している[34]。同社では，専用のブレード工場を秋田県に誘致できれば，技術の継承につながり，雇用創出にも繋がることから「秋田モデル」の構築による地域産業創出を目指している。

　一方，「風の王国プロジェクト」構想では，次のような「風の王国の三原則」を提唱している。すなわち「①地域の企業・組織・個人がプロジェクトの1/2以上を所有している事。②プロジェクトの意思決定は地域に基礎をおく組織によって行われる事。③社会的・経済的便益の1/2以上は地域に分配される事。以上の基準の内，少なくと2つを満たすプロジェクトが風の王国グループ事業として定義される」，以上である[35]。

　風力発電機産業が日本国内で内需発展型産業として成長する上で，この三原則は重要な意味を持っているものと考えられる。なぜならば，電力事業者に

---

(32)　同プロジェクトの概説については，機械振興協会経済研究所［2010］，pp.82-83を参照。
(33)　『東奥日報』2012年1月24日（朝刊）掲載記事を参照。
(34)　『日本経済新聞社』2012年4月27日（朝刊・地方面・東北）掲載記事を参照。
(35)　「風の王国プロジェクト」http://kaze-project.jp/index.htmlを参照。

とって風力発電機自体は，設備投資額，メンテナンスサービス体制を含め効率的な発電が可能な製品であれば，日本製でなくても，欧州製，米国製あるいは中国製でも構わないのが一般的である。これは電力の買取制度を中心とする再生可能ビジネスであり，国内製造業の活性化と直接的には関係がないビジネス展開である。RPS法[36]や全量固定価格買取制度（FIT）への期待は，こうした再生可能エネルギービジネスからの期待である傾向が強い。

しかしながら，機械産業として風力発電機を見た場合は，既に繰り返し述べてきたように，国内市場に日本製がどの程度導入されるのか，さらにその結果，どの程度の市場・雇用の創出効果が生まれるのかといった点が重要となる。その意味で，同プロジェクトの三原則は，地域産業政策，地域雇用政策，地域環境エネルギー政策を風力発電機産業を軸に結合させるための要件と見なすことができる。つまり，これまでの地域産業振興策で多く行われてきた単なる大規模工場誘致ではなく，秋田県の恵まれた風量（資源）と工場誘致，電力供給の三者を結合させ，持続的な地域社会の構築に繋げていくといった発想であり極めてユニークである。冷静に読み取るならば，この発想はまさにイノベーションの本質である新結合と合致している。さらに，複数の異なる要素（企業，大学，機関等）を繋げることで地域イノベーションを創出するといった産業クラスターの本質とも基本的に合致しているのである。

2　国内風力発電機産業創出のメカニズム

以上のような秋田県の取り組みに基づいて，また，ヒッペルの情報の粘着性やクラインのイノベーションの連鎖モデルなどの概念を取り入れながら，今後国内において日本製風力発電機を軸にした産業クラスターによる新たな地域産

---

(36) 特に風力発電に対するRPS法の課題については，例えば，山口［2006］，pp.207-221を参照。また，FITの買い取り対象に既存施設が入っていない問題が『朝日新聞』2012年4月19日（朝刊）に掲載されたが，その後，経済産業省は，2012年5月10日の政府与党の経済産業部門会議において，既存施設も同制度で取り扱う方針を明らかにしている。この点については，例えば『ガスエネルギー新聞』2012年5月16日掲載記事を参照。

図表5-4 日本製風力発電機を軸にした産業・エネルギー・雇用の創出メカニズム

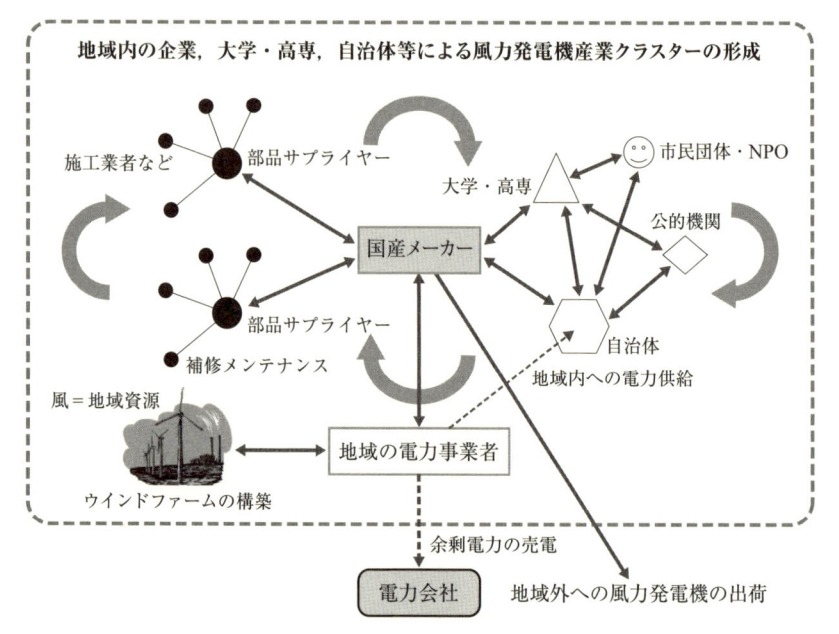

補足：(1) 公的機関とは，県の工業技術センター，産業支援センター等を意味する。
(2) クラスターの構成要素には，他にコンサルティング企業，認証機関，電力供給の安定化に関連するIT企業など多様な企業・機関が含まれる。
(3) 大きな矢印は，地域内の情報の粘着性によるイノベーションの連鎖・循環を意味している。
出所：筆者作成。

業・地域エネルギー・地域雇用創出のメカニズムを考えてみると図表5-4のようになる。この概略図に示したように，風力発電機を軸とした産業クラスター形成では，地域内の企業，大学・高専，自治体，公的機関，市民団体，NPOなど多様な構成要素が相互に情報の粘着性を高め，製品開発（イノベーション）の場所として地域を捉えることが重要となる。また，情報の粘着性を高めることは，同時にイノベーションの創発を連鎖的・循環的に繰り返すことを意味し，その繰り返しによって国内市場（さらに将来的には海外市場）に適合した日本製風力発電機の生産，電力供給及び雇用の持続的な創出が可能となる。

さらに，この風力発電機産業クラスターによる製品開発（イノベーション）の場所は，安定した風量が存在しているといった自然環境（地域資源）によって決定されるため，その場所（地域）は限定されることになる。しかしながら，この場所の限定が地域産業の発展にとって極めて重要な条件であると言える。つまり，そこにしかない資源や条件を国内のある地域が有しているという「制約」は企業の海外展開が著しく，空洞化が懸念されている日本の機械産業にとって「すぐには海外に逃げられない内需発展型産業（地域産業）の創出」という強みを内包しているのである。

3　結び：次世代人材の育成・供給

ここまで，機械産業の視点から風力発電機を捉え，風力発電機産業の内需発展型の産業化の可能性について考察したが，当然のことながら，風力発電機産業の発展には，機械産業分野だけでなく，電力事業者，自治体，国のエネルギー政策，関連する制度・規制等の動向が大きな影響を与えることは言うまでもない。さらに，私たち国民がエネルギー源として何を選択するのか，製品としてどこの国のものを選択するのかといった国民としての意思決定や消費者としての嗜好が大きな影響を与えることになる[37]。今後，日本国内では原発の位置づけや発送電分離などを含むエネルギーのベストミックスに関する議論が活発化することは確かであるが，系統（grid connection）の問題など解決すべき課題は山積しており，国内での再生可能エネルギーの積極的な活用とその産業化の実現に向けた道のりは決して平坦とは言えない[38]。その意味で，本章の内容は機械産業の視点に特化した考察であり，当然のことながら，風力発電とい

---

(37)　経済産業省は，2014年以降の家庭向けも含めた電力販売全てを自由化し，新しい会社が参入することを認める方針を固め，2012年夏を目処に具体策をまとめ，2013年の通常国会に電気事業法改正案を提出する予定とされる。この点については，『朝日新聞』2012年5月20日（朝刊）掲載記事を参照。

(38)　系統問題とは，風力発電などの自然エネルギーの発電所を電力系統に接続する際（系統連係）のルールや優先順位，費用負担などが曖昧であることが，自然エネルギー発電普及の妨げになっているという問題。以上については，飯田編［2007］，p.325を参照。

う分野を再生可能エネルギービジネス全体の視点から考察するまでには至っていない。その結果，本章の内容は"楽観論"に陥っている可能性があるかも知れない。故に，再生可能エネルギービジネスを含むより深い分析及び考察については，今後の課題としたい。

また，本章では大型風力発電機を中心にその産業化の可能性について考察を行ったが，小型風力発電機分野においても日本製の風車は高い競争優位性を持っているものと推察されることから，日本製小型風力発電機の可能性については別稿に委ねたい[39]。

最後に，風力発電機を含む再生可能エネルギー産業の活性化に向けたアイディアを1つだけ提示しておきたい。このアイディアは，デンマークの風力発電業界と教育機関の協力体制から示唆を受けたものである[40]。既述のように，再生可能エネルギーには地域資源としての「制約」がある。そこで発想を逆転させ，この「制約」を"生きた人材育成・人材供給の場所"として捉えてはどうだろうか。再生可能エネルギーを地域資源として有している地域は，企業の協力を得ながら，当該地域の大学・高専に「再生可能エネルギー学部（学科）」[41]を創設してはどうだろうか。こうした教育機関の充実は，再生可能エネルギーの産業化に必要とされる次世代人材の育成と供給を図り，地域の「制約」を地域の「特性（特長）」に変換する仕組みに繋がるのではないだろうか。以上をもって，本章の結びとしたい[42]。

---

(39) 小型風力発電機では，例えば，ゼファー（東京都）やMECARO（秋田県）の風車が注目されている。製品の特徴については，例えば，北嶋［2011］を参照。
(40) デンマークの風力発電業界と教育機関の協力体制の詳細については，機械振興協会経済研究所［2008］，pp.148-149を参照。
(41) この学部（学科）は，再生可能エネルギーの分野によって異なるが，例えば，機械工学，電子・電気工学，情報システム工学といった理工系だけでなく，環境経営学，環境経済学，環境社会学，環境エネルギー政策学等々の社会科学系も含めて，再生可能エネルギーを多角的に学べるプログラムであっても良いと考える。
(42) 特にハイテク産業の創造に必要とされる人材には「研究開発人材」，「支援技術人材」，「商業化支援人材」の3タイプがあるとされる。この点については，若林［2012］，pp.205-230を参照。

付記：筆者が風力発電機産業に興味を持つきっかけとなった"出会い"については，第一に，参考文献に掲載している松岡憲司氏の著書との出会い，第二に，デンマークでのインタビュー調査にご協力頂いたケンジ・ステファン・スズキ氏との出会い，第三に，現在は「風の王国」の社長である山本久博氏との出会いが大きい。既にこれらの"出会い"から4年近くが経ってしまったが，改めて，3名の先生方に感謝申し上げるしだいである。勿論，本章の文責は筆者にある。

【参考文献】

飯田哲也編［2007］『自然エネルギー市場』築地書館
飯田哲也［2011］『エネルギー進化論』筑摩書房
上田悦紀［2009］「風力発電の産業効果」日本電気工業会『電機』7月号
牛山　泉［2005］『風力エネルギーの基礎』オーム社
牛山　泉［2006］『風車工学入門』森北出版
小川　進［2001］『イノベーションの発生論理』千倉書房
環境省［2011］『平成22年度　再生可能エネルギー導入ポテンシャル調査報告』
機械振興協会経済研究所［2008］『高齢福祉型・環境配慮型社会の産業形成と「北欧モデル」の適用可能性』
機械振興協会経済研究所［2010］『中小企業の新エネルギー機器産業への参入促進・受注拡大策』
機械振興協会経済研究所［2011a］『風力発電関連機器産業に関する調査研究』
機械振興協会経済研究所［2011b］『世界規模で拡大する風力発電市場と日本企業の競争優位性』
北嶋　守［2008］「デンマークにおける風力発電機の普及と産業化のプロセス」『機械経済研究』No.39
北嶋　守［2011］「成長産業への機械が高まる再生可能エネルギー産業―急がれる風力発電関連産業への政策支援―」『機械情報産業カレント分析レポート』No.85
小林一博［2006］「風力発電機用軸受および軸受用鋼」『Sanyo Technical Report』Vol.13
新エネルギー・産業技術総合開発機構［2008］『風力発電導入ガイドブック2008』
新エネルギー・産業技術総合開発機構［2010］『NEDO再生可能エネルギー技術白書』
スズキ，ケンジ・ステファン［2007］『増補版　デンマークという国　自然エネルギー先進国』合同出版
日本風力発電協会［2012］『自然エネルギー白書（風力編）Ver.3.2』

日本風力発電協会［2010］『風力発電の賦存量とポテンシャルおよびこれに基づく長期導入目標とロードマップの算定Ver.2.1』
日本貿易振興機構［2003］『JETROユーロトレンドレポート4　世界市場で注目される風力発電産業（デンマーク）』
日本貿易振興機構［2012］『ドイツの風力発電市場調査報告書』
松岡憲司［2004］『風力発電機とデンマークモデル』新評論
松宮輝編［2005］『図解 風力発電のすべて』工業調査会
山口　歩［2006］「日本における風力発電事業の課題と展望」『立命館産業社会論集』第42巻第1号
吉田文和［2011］『グリーン・エコノミー』中央公論新社
若林直樹［2012］「地域エコシステム構築に向けた人的資源開発」『ハイテク産業を創る地域エコシステム』有斐閣
Andersen, P.D. [1999] *Review of Histrical and Modern Utilization of Wind Power*, Risø National Laboratory
GWEC [2011] Global Wind Statistics 2011
Kline, S.J. [1985] "Innovation is not linear process", *Research Management*, Vol.28
Molly, J.P. [2008] *Wind Energy: Overall Potential and Opportunities*, Global Renewable Energy Forum (DEWI), Brazil, 18-21 May
Molly, J.P. [2009] "Wind Energy-Quo Vadis?", *DEWI MAGAZIN*, No.34, February, pp.6-15
REN21 [2011] Renewable 2011 Global Status Report
Von Hipple, E.［1994］"Sticky information and the locus of problem solving: Implications for Innovation," *Management Science*, 40 (April)

（北嶋　守）

第6章

コンテンツ産業に見る権利ビジネス
―著作権制度を中心に―

　コンテンツ産業で取引されるほとんどの著作物は著作権制度に深く関わっている。もとを遡れば専門家領域のルールであった著作権が昨今われわれの生活に欠かせないものとなった。その背景にはデジタル・ネットワーク・テクノロジーの進歩を背景とする技術革新（イノベーション）が存在する。他方，著作物を巡って権利者とユーザーとの間では利害関係が対立してきた。本章では価値中立性の高い技術が，価値志向性の高い制度・政策と共に権利ビジネスに如何なる役割を担ってきたかを考察する。

I. はじめに

　コンテンツという言葉がビジネスや産業界で幅広く使われるようになって久しい。「映像コンテンツ」とか「デジタル・コンテンツ」，「コンテンツ・ビジネス」という表現も一般的に使われている。ハリウッド・メジャーの一角を担うバイアコムのカリスマ経営者レッドストンは，すでに1980年代後半，「コンテンツ・イズ・キング（もっとも大事なのはコンテンツである）」ということばを述べており，世に膾炙される文句となった。
　「中身こそ大事である」ことは今も変わりはない。では，その次に来るものは何か。それは，「中身を如何に活かす」かである。言葉を変えると，コンテンツの創造とその活用の重要性が共に問われる時代が到来したのである。それを加速させたのが，デジタル化，ネットワーク化関連のテクノロジーによるイノベーションである。ここで注目を集めるのが，創造（クリエーター）と活用

（ビジネス業界と一般ユーザー）を調整する著作権法の存在である。本章では，全国民のクリエーター化，ユーザー化が囁かれる状況を踏まえて，コンテンツ産業に焦点を当てて著作権の諸問題について考察していきたい。

II. コンテンツ産業とは

1　コンテンツとは

　コンテンツの定義は確立されているわけではない。なぜならば，コンテンツとは情報について用いられるものであり，情報の表現（発信）と伝達（流通）の形態が，新技術の誕生とそれに伴う革新（イノベーション）によってさま変わりしてきたからである。それゆえ，コンテンツという概念が場面によっては一人歩きするのもしばしばである。

　ここで，日本でかつて議論されてきたコンテンツの定義をあげてみると，2004年に公布されたコンテンツの創造，保護及び活用の促進に関する法律（「コンテンツ促進法」）2条では，「(中略) 人間の創造的活動により生み出されるもののうち教養又は娯楽の範囲に属するもの」と規定している。教養とか娯楽という多少抽象的な表現が含まれているが，コンテンツの範囲を幅広く取り上げていることがわかる。だが，コンテンツが持つ属性については，具体的な言及が行われていない。

　次にコンテンツビジネス研究会［2005］はコンテンツを「文字，映像，音楽などの情報素材を加工して制作され，ユーザーに届けられる情報商品」と定義している。ここではコンテンツの構成要素として，文字・映像・音楽などを例として上げ，情報（内容）の観点からコンテンツを商品としてみなしていることが目立つ。

　三つ目は，デジタルコンテンツ協会［2008］による定義であるが，「さまざまなメディア上で流通する映像，音楽，ゲーム，図書など，動画・静止画・音声・文字・プログラムなどの表現要素によって構成される"情報の内容"」と

している。コンテンツをあらゆる媒体（メディア）に載せられる（流通）もの（情報の内容）としてのその種類においても具体的に例をあげている。

　以上，コンテンツの定義を3つあげてみたが，コンテンツの概念を後述の著作権法で取り上げられている著作物の定義と比較してみると，著作物の定義とコンテンツは，中身においてさほど差がないことがわかる。本章ではコンテンツを，「表現の結果物であり，各種メディアと経路（デバイス，流通チャンネル）を通ってユーザーに届けられる有形および無形の情報」と定義し，コンテンツと著作物を包括する概念としたい。

2　コンテンツ産業とは

　出口ほか［2009］は，コンテンツ産業を，広義の複製財を扱う産業であり，「各種メディアに乗せられる情報を創る・発信することでその過程から利益を享受する経済主体が関わる産業全般を包括するもの」として定義している。

　本章では上記のコンテンツの定義を踏まえ，「コンテンツを巡って行われる一連の経済活動にかかわる産業全体」として広く定義する。また，コンテンツ産業を創作の領域（クリエーター），消費の領域（ユーザー），活用の領域（関連業界）に分けて考えていきたい。コンテンツの分類については，テキスト系（書籍，新聞，雑誌など），オーディオ系（音盤，音声放送など），マルチメディア系（放送通信関連の映像など）の3つに大きく分ける。ビジネスとしては，有形物としてパッケージの製造・販売，各種メディアによる配信サービス，場の共有を前提とする興行・パフォーマンス分野に分けて考えていきたい。

　ところで，1990年代以後，急速なデジタル関連の情報通信技術（ICT）イノベーションが起こりコンテンツ産業はICT関連の花形産業として再評価され始めた。世界のコンテンツ産業の市場動向をPricewaterhouseCoopers（以下PWC）社によるエンタテイメント・メディア産業の規模展望レポートからみると，2010年の世界全体での産業規模は1.4兆ドル，前年比4.6％増加だった。リーマン・ショック後の2009年の落ち込み（前年比2.9％減少）があったものの，中国，インドなどの新興国の成長が全体の伸びを支えた。一方，日本

市場の規模は1,740億ドルを占め，米国の4,430億ドルに次ぐものの，今後5年間の年間平均成長率は，2.5％と主要国の中で最低になると予測されている。さらにPWCは，従来の伝統的なプラットフォームからデジタル・プラットフォームへの移行が進むことを指摘し，2010年に全体市場の25.9％であるデジタル分野へのエンドユーザーの支出は，2015年には33.9％まで拡大すると予想している（PWCのGlobal Entertainment & Media Outlook 2011-2015参照）。

　こうした中で，日本のコンテンツ産業は輝きを失いつつある。かつて日本のお家芸といわれていたテレビ用アニメをはじめ，ゲーム分野も足踏み状態が続いている（そもそもこの2つの分野を除いて，日本のコンテンツ産業は大きな輸入超過状態を持続してきた）。原因としては，優れたコンテンツ制作能力を持っていながらビジネスへの仕組み作りが下手だとの指摘や，日本がデジタル・ネットワーク関連分野において技術革新を先導していないとの指摘が行われている（いわゆるガラパゴス化する日本技術への警告）。以後ではコンテンツ産業と深く関わる著作権ビジネスの観点から考察していきたい。

III. 浮上する著作権ビジネス

　著作権の重要性が格段に増大した理由として福井［2010］は，①文化産業の巨大化，②市民文化活動の拡大，③複合的，産業的，多次的作品の増加，④作品のマルチユース，⑤ユーザー／メディア／クリエーターの融合の5つの項目を上げている。

　誰でも思いついたことをツイッター上でつぶやくと，瞬く間に情報として全世界に発信される。それが，一回に140文字という制約があるにもかかわらず，著作権の対象になりうる。このように情報通信技術（ICT）革命が全国民のクリエーター化と同時に著作物のユーザー化（使用と利用を包括する意味での需要者）を加速させている。また，さまざまな複製技術の登場によって，本来の権利者の収益が横取りされ，その結果，次の創作に繋がるインセンティブが機

能しなくなることも起こってしまう。そこで，このような弊害を阻止し，著作者の創作活動を奨励するご褒美として用意されたのが著作権制度の趣旨である。

著作権ビジネスの特徴を語るキーワードは①創造，②権利，③メディア依存，④エンタテインメント性である。著作権の始まりはそもそも芸術作品の創造,それを巡る権利関係の確定が原点である。その後，テクノロジーの進展に伴いさまざまなメディアが誕生し，著作物がそこに載る形に変わってきた。なお非日常的な行動の産物である芸術は，人間の遊び心を反映したものとして本質的にエンタテインメント性を持つ。

このような著作権ビジネスの研究においては，2つの大きなテーマがある。まず，情報通信技術の革新的進歩がもたらしたデジタル化とネットワーク化が如何なる影響をもたらし，今後どのように展開していくのかに関する研究である。2番目はクリエイティブ領域が産業化するなかで，コンテンツの活用を巡って権利者とユーザー，そして関連業界を巡って利害関係を如何に調整していくのかに関する考察である。以下では著作権の話から紐解いていく。

1 著作権の定義と著作物の特徴

著作権制度は難解きわまる。技術の発展に追従して継ぎ足しを繰り返してきたからである。ベルヌ条約（詳細は後で記述）と同じく日本の著作法では具体的に著作権を定義していない。その代わり著作物を,「思想又は感情を創作的に表現したものであって，文芸，学術，美術又は音楽の範囲に属するもの」として定めている（2条1項1号）。なお，同法10条では，以下のような9つのものを著作物の例示として列挙している。①言語②音楽③舞踊又は無言劇④美術⑤建築⑥図形⑦映画⑧写真⑨プログラムの著作物がそれである。また，二次的著作物として「著作物を翻訳，編曲，脚色，映画化，その他翻案することにより創作した著作物」として規定している。

著作物の特徴としては，デジタル・テクノロジーの影響で，コピーが容易で,品質の劣化が生じにくく，メディアから離され次から次へと変換していく。

図表6-1　著作権とその他の知的財産権

	著作権	その他の知的財産権
権利の対象	創作的表現	発明，アイデア，デザインなど
権利発生の条件	自動的発生	登録による
権利の及ぶ領域	全世界	原則として国内
保護期間の原則	生前＋死後50年間	出願あるいは登録から20年間
権利の内容	複製，公衆送信など広範囲	生産・使用などへ制限

出所：福井［2010］，p.29を参照に修正し，再作成

またそれがネットワーク技術と結ばれると，低コストで容易に送受できることである。さらにコンテンツとして著作物の価値は主観的なもので，クリエーターの考え，思い込みが個性豊かに表現される情報財である。

図表6-1では，著作権を権利の側面からその他の知的財産権と比較し，まとめたものである。

2　複雑な著作権

著作権とは，「○○ができる，あるいは○○をやってもいい」と意味ではなく，「○○に対し待ったをかける権利」「無断で○○されない権利」である。権利者にとってやってほしくないことを禁止させ，作品の利用をコントロールできる，つまり許諾権が著作権の趣旨である。さらに厄介なのは，著作権は物権ではあるが，一つの著作物について出版，翻訳，映画化など権利を一つあるいは複数異なる相手にライセンスすることができる。またこれらの権利を重ねて行使することもできる点が所有権と違う。多数の権利がそれぞれ独立し，場合によっては重畳的に働くのである。

ここで特に注意しておきたいのは，著作権関連の法律で使われている「使用」と「利用」の定義である（岡本［2003］）。まず，「使用」は，著作権者の了解を得なくてよい行為で，「利用」は，著作権者の了解を得なければならない行為である。使い分けには十分な注意が必要だが，わかりやすい例をあげると，「本を読む」のは「使用」であるが，「本をコピーする」のは「利用」に当

たる。著作物に対する「使用」は主に人間の知覚行為（見る・聞く・読むなど）であるため，デジタル技術が登場するまでの間，著作物へのアクセス行為，つまり著作物を見たり聞いたりする「使用」行為は規制の対象外であった（野口［2010］）。

しかし，「利用」行為に関する概念は時代と共に変化してきた。最初問題になったのが，複製を巡っての利用である。著作権の英語表記がコピーライト（copyright）からもわかるように，他人による勝手な複製を防ぐことで著作物の再製権を制御するのが英米法体系における著作権の主眼点であった。

それがデジタル時代の到来と伴って大きく変わった。とりわけ，一般人が著作物をコンテンツとして頻繁に接するようになったこと。そしてユーザーとして日常生活から他人の著作物をうっかり利用し，それが違法行為に当たるかどうかも知らないまま，場合によっては権利者側から訴えられる危険性も潜めている。デジタル環境の普及によって，著作物の使用に際しても再生機のなかでデジタルとアナログの変換を重ねる過程でバッファへのデータ蓄積（一時複製）が不可欠となっているからである。つまり，使用は「複製」を伴う。ネット上でも同じことがいえる。サーバーがユーザー関連情報をキャッシュとして一時保管することも複製である。

3　著作権の三つの概念と著作隣接権

著作権はその範囲を巡り，3つに分けられる（図表6-2参照）。まず，著作権①は，著作者と伝達者の権利を包括する広義の概念である。次，著作権②の著作者の権利は，著作権者の経済的損失から守る権利（財産権）と，精神的損害から守る権利（人格権）で構成される。人格権は一身専属性ゆえに譲渡ができず市場で取引することもできない。さらに狭義の著作権が著作権③つまり財産権のみの著作権である。

一方，伝達者の権利として著作隣接権（以後，隣接権）は実演者，放送局，レコード会社に与えられている。著作権の対象は，創作的表現が具体化された著作物である一方，隣接権で保護されるのは著作物に留まらない。著作物でな

図表6-2 著作権の3つの意味

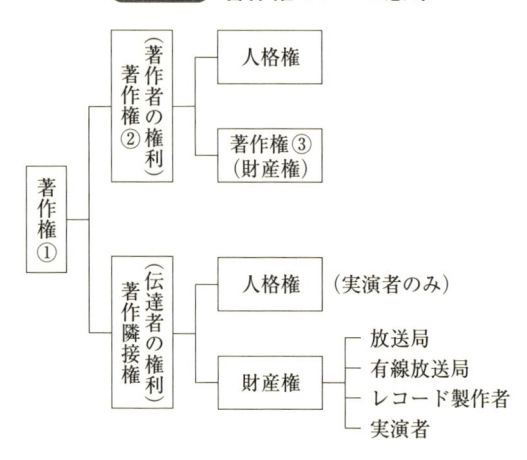

```
                    ┌─ 人格権
        ┌(著作者の権利)──┤
        │  著作権②     └─ 著作権③
        │              (財産権)
著作権①─┤
        │              ┌─ 人格権 (実演者のみ)
        └(伝達者の権利)─┤
           著作隣接権    │       ┌─ 放送局
                       └─ 財産権─┤─ 有線放送局
                                │─ レコード製作者
                                └─ 実演者
```

出所:岡本［2003］,p.10から引用,再作成。

いもの,例えば「スポーツの試合」の放送,「自然の声」を音盤に固定する行為なども権利として認められている。法的性格においても,著作権が事前許可を前提にする許諾権という物権である反面,隣接権は事後報告で済む報酬請求権という債権的属性も兼ねている。例えば,放送でCDを利用する場合,放送局は著作権者(音楽の場合なら作詞・作曲家)の許諾が必要だが,レコード製作者や実演者の許諾は不要である(もちろん隣接権者に報酬を支払う必要はある)。しかし,隣接権は,一見もともと著作権を補完する目的で成立したものであるが,現在著作権より優位を占めるいわば権利の逆転現象も少なくない。

例えば,歌曲のネット配信の場合,それを利用しようとする者は,作詞・作曲家,実演者,レコード製作者すべての許諾を得なければならないが,ここでより強い交渉力を発揮するのは隣接権者であるレコード製作者である。現在に日本のコンテンツ業界で,隣接権を持っているのは音盤と放送業界に限り,出版・印刷業者やコンテンツのプロバイダーにも権利は与えられていない。ま

た，市場規模面で劣らないゲームや通信業界でもそうである[1]。

以上，著作権と隣接権について簡単に触れてみたが，次に国際法上の著作権制度の成立背景について詳しく見ていきたい。著作権制度の始まりはヨーロッパからであり，陸に繋がっている地域の特徴ゆえに成立当初から国際間協約の対象となった。著作権が国際条約によって如何に変遷してきたかを時系列で考察する。

4 著作権の国際条約としてベルヌ条約

1886年にスイスのベルヌで作成された同条約の正式名称は「文学的及び美術的著作物の保護に関するベルヌ条約（the Berne Convention for the Protection of Literary and Artistic Works）」であり，各国の著作権を理解するに当たり基本的な条約である[2]。

同条約は，国際著作権法学会のヴィクトル・ユゴーの発案により作成されたもので，彼はすべての国が，一つの条約でお互いに海外の著作物についても保護し合う体制作りを呼びかけた（野口[2010]）。特に同条約は，大陸法における「著作者の権利（right of the author）」に思想的な影響を受け，経済的利害関係を主に扱う英米法における「著作権（copyright：複製権）」の思想とは対比される。同条約で著作権は，著作者による明示的な主張・宣言がなくとも自動的に発生し，条約の締結国においても，著作権を享有するために，「登録」や「申し込み」を必要としない。以下，ベルヌ条約の主たる骨子をまとめると，次の4点である。

① 属地主義の原則：著作権保護は，権利を与える国の法令によるもので，著作物の利用が著作権侵害になるか否かは，利用行為地の準拠法による。

---

[1] 岡本は著作隣接権を，「政治力の強い業界」に付与されたもの，つまり，「伝達行為における工夫や準創作性を評価して‥‥」などという説明自体が，実は，学者や専門家による「後付けの理屈」であると述べている（岡本[2003]，p.60）。

[2] ベルヌ条約(1886)は，知的財産の保護という観点では，1883年の工業所有権の保護に関するパリ条約の次の一歩にあたる。2011年時点で，条約加盟国は165国となっている。

② 内国民待遇：条約加盟国は，他の加盟国の著作物に対して国内の著作物と同等に扱わなければならない。著作権の保護期間については相互主義に従う。
③ 無方式主義：著作権は著作物の創作と同時に発生するものであり，登録など特定の意思表示（手続き）を必要としない。
④ 著作権の保護期間：加盟国は著作権の保護期間を著作者の生存の間及び死後50年以上としなければならない。ただし，この規定は，各国の最低限の義務を定めるものであり，期間についてはそれ以上としてもよい。

なお，条約の27条では，条約の骨子の改正には加盟国の全会一致を規定している。

5　アメリカの著作権とTRIPS協定

ところで，著作権制度を巡っては2つの理念が拮抗してきた。制度の中心に「著作者」を置くのか，それとも「著作物」を置くのかが問題となった。ベルヌ条約の立場がヒトであるなら，米国の場合は，モノであった。米国法では，人格権がなかった。モノ中心のビジネス展開において著作者の介入を極力排除する狙いがあったからである（名和［2006］，p.51）。つぎに権利の発生を「登録」によるものとし，その標識として©を残した。その結果，無方式主義国（世界のほとんどの国）で創作された著作物がアメリカでは保護されない問題と例の著作者人格権の保護問題が生じていた。それだけではない。著作隣接権の概念もなかった。このような米国が1989年ついにベルヌ条約へ加入した。国家戦略の一環として国際条約への加入をもって国際的存在感をアピールし，グローバル次元での知的財産権の強化を図ることが加入の背景にあった。

米国は1994年，世界貿易機関（WTO）体制の出帆に備え，知的財産権の保護を巡り，自国主導のGATT（貿易と関税に関する一般協定）ウルグアイ・ラウンドでの交渉の結果，知的所有権の貿易的側面に関する協定（Agreement on Trade-Related Aspects of Intellectual Property Rights，以下TRIPS）を成立させた。TRIPSでは，それまで「著作権」のベルヌ条約と「著作隣接権」のローマ条約を統合する形をとったものの，米国の意図が強く反映されるもの

となった。具体的には，コンピューター・プログラムを著作物に入れたこと。人格権の除外，実演者の権利縮小など著作隣接権における選別的処理があげられる。それにWTO加盟国は正式的に工業所有権の保護に関するパリ条約や前掲のベルヌ条約を遵守することが義務づけられた（9条1）。

その後，米国は国連の機関であるWIPO（世界知的所有権機関）を経由し，インターネット時代の著作権法について，国際的に保護を強化する枠組みを提案した。とくに権利者側が設置した著作権の保護手段を破る行為は著作権違反であることを示し，1996年WIPO著作権条約（World Intellectual Property Organization Copyright Treaty；WCT）として成立させた（2002年3月発効）。その後も1998年自国内におけるデジタル・ミレニアム著作権法（Digital Millennium Copyright Act；以下DMCA）を成立させている。このように，1990年代以降，著作権の世界標準づくりは米国主導によるもので，米国は自国の利益に沿って更に権利保護を強化している。これは，プログラムを扱うソフトウェア業界，映画と音盤に代表されるハリウッド業界の利益が米国の国家利益に合致するからである。

IV. 著作権の諸問題

1 著作権の強化

ベルヌ条約による著作権の保護期間が「権利者の死後50年間」と規定されているのに対し，欧州ではすでに1993年に一律20年間の期間延長が成立した。1998年にはアメリカがDMCAを成立させることで追従した[3]。そもそも，イギリス初の著作権法案「アン女王法（1710年）」では，著作権の保護期間は原則的に「公表から14年」であった。それが以後，徐々に保護期間を伸ばすな

---

(3) パブリックドメインを目指すグループは，憲法違反として差止訴訟を提起し，訴訟は最高裁判所まで持ち込まれたが，評決により7対2で合憲とされ，2003年2月成立が確定した。

か「死後何年」の形に変わり,現在,「生前期間プラス死後70年」規定が採択された(福井[2010])。

アメリカの場合も20世紀の100年間で保護期間を,原則「公表後28年」から「職務著作の場合,公表後95年」あるいは「個人著作の場合,著作者死後70年」に改正した。個人の生前の平均保護期間を30年と見積もると,両方あわせて100年にもなる。特許が「出願後20年」であることを考えると著作権の保護期間の長さが際立つ。では,このような権利保護期間の延長は社会的厚生を増やしているのか。

池田[2006]によると,印税の割引現在価値は,年利5%と仮定すると,死後50年から70年に延長しても約1.7%しか増えないという。また,田中[2008]は,保護期間を20年間延ばすことによる収入の増加は,現在の価値に直せば著作権収入全体の1%にも充たないと結論づけている。保護期間の延長によって実際利益を得るのは多数の著作者というより,極少数の著作権者(あるいは流通業者)である場合が多い。

例えば映画「ローマの休日」の版権を20年延長することで,彼ら(版権所持者である映画会社)は廉価版を禁止させ,高い「正式版」を販売することができる。この差額が彼らの独占利潤になるものの,元のクリエーターへのインセンティブにはならない(池田[2011])。著作権の存在意義は,独占によるインセンティブで情報生産が奨励され,社会的利益が独占の弊害(消費者の損害と二次利用の阻害)を上回る場合に限られる。しかし,そういう結論は,理論的にも実証的にも証明されていない。こうした中で,現在の米国主導の知的財産権強化は,明らかに行き過ぎであると考えられる。日本政府に対してもアジアを代表して,利用者の権利にも配慮した著作権制度の是正を世界に訴えるべきであるとの主張も行われている(池田[2006])。

2 孤児著作物とパブリック・ドメイン運動

以上みたように,保護期間の延長が社会的便益を増大させるかは必ずしも明らかではない。著作権は利用者の行動を徹底的に制限する。保護期間中,利用

者は権利者の許諾なしには作品を複製できず，翻案できず，上演や放送もできない。だがその権利の強さは，その作品が商業的価値を失ったとき，今度は作品自体の生命を絶つ力として働く。つまり，保護期間の長期化によって，著作物の情報（誰が著作者で，誰が権利所持者なのか，またその権利がいつまで有効なのかなど）が把握できない孤児著作物の発生が問題となる。コンテンツの量が急増するなか有効に活用できない孤児著作物が増えるのは大きな社会的損失である。以下は丹治による青空文庫の例からみえてきた著作権延長と孤児著作物の実態問題である。

　著作権法は無方式主義を取っており，権利を主張するのに登録や申請は必要ない。利用する側から見ると，権利者が権利の放棄や制限を明らかに示している著作物以外，許諾なしに利用すれば違法行為になる。保護期間が終わってパブリックドメイン（PD）になれば，青空文庫のように，ボランティアが入力してインターネット上に公開することも可能だが，保護期間中は許諾が絶対に必要になる。許諾を得るには，著作権継承者を探し出し，交渉し，説得する必要がある。だが長期の保護期間の間に，複数の遺族が権利を相続している場合も珍しくなく，その場合には煩雑さはさらに増すことになる（丹治［2007］，pp.12-13）。
　一方，出版社は営利企業である以上，経済的に採算の合う本しか原則として出版しない。このため，文化的・資料的価値がどんなに高い作品であっても，利益が見込めない本は流通せず，死蔵される。（中略）商業的価値のある作品の著作権継承者は，長期にわたって著作権使用料の恩恵にあずかることになるが，その陰には膨大な数の著者・作品の死蔵という文化的不幸が隠されている。(中略) ごくごく一部の遺族・権利継承者の利益のために，それ以外の膨大な文化的資産を死蔵させ，忘却させる（丹治［2007］，p.13）。

そこで台頭してきたのがパブリック・ドメイン運動である。パブリック・ドメインとは著作物について，著作権が発生していないまたは消滅した状態をい

うものであり，それを意図的に作るものである。さらに，著作物を公表する段階で権利者が自発的に，事前許諾を与えておくクリエーティブ・コモンズ運動も行政や立法に頼らず，草の根運動として展開されている。

3　フェアユースの導入

パブリック・ドメイン化と合わせて，著作権の権利制限を図る目的で，米国法では，公正使用（フェアユース）規定を用意している。批評，解説，ニュース報道，授業，研究，調査等を目的にする著作物の使用を認めるものである。なお，前提条件として①非営利目的であること，②原著作物の創作性が低いこと，③コピーの量が一部であること，④使用が原著作物の市場価値に小さい影響しか与えないことの4つがあげられる。

このように米国では，例外規定を大まかにしておいて，具体的対象や適応範囲に関しては法廷の判断に委ねている。

一方，日本の法体制では具体的な例だけを選別し，例外規定として記述している（著作権法30条〜47条の9）。現在，米国のフェアユース規定の日本導入を検討しているが，日本版フェアユースが運用できるためには，迅速な裁判が受けられる司法体制の確立が先行課題として残されている。

V.　テクノロジーと制度改革の動き

1　テクノロジーがもたらした音楽ビジネスの変革

書籍（テキスト）から音盤（オーディオ）を経て，映画をはじめとする映像（ビデオ）に至るまで，あらゆるコンテンツが簡単にデジタル化され，コピーも容易に出来るようになった。その間，音楽の世界ではCDがレコードを抜きさり爆発的に普及され，今はCDというパッケージからデジタル音源へビジネスの軸が移りつつある。専門家でもない一般ユーザーが手元にあるCDから簡単に音源を抽出し，CD-RやDVDなどのメディアに多量コピーすることも可

能になり，デジタル化した音源をそのままネット上でやり取りすることもできる。そうした中で過去10年間，先進国の音盤市場でCD販売が前年をこえた例はなくなってしまった。音楽市場はパッケージの垣根を超え，デジタル音源市場とライブ中心に再編されつつある。

そもそもメジャーレーベルの収益モデルは，(1) 音源をレコードやCDつまりパッケージに固定する (2) 音源の複製権を法制度（著作権）によって保護する (3) 生産から流通にいたる経営資源や技術を支配する，という3点を前提に成立していた（服部 [2004]）。

それが，今日，アマチュア・ミュージシャンが安価なコンピュータを用いて自宅で音楽を制作することが可能となった。彼らの創作目的は金銭的なものに止まらない。自分の作品を「聞いてほしい」，「評価してほしい」，「共に感じてほしい」という多数のニーズが並存する。

制作されたデジタル音源は，ネットを介してサーバーにアップロードされる。リスナーは，オンライン配信サービスのサイトで気に入った音源を探して購入する。支払いは電子決済によってなされ，これらの過程でやり取りされるのは，すべてデジタル化された情報のみである。音楽がデジタルから解放されるのは，リスナーのヘッドフォンから鼓膜に至るわずか数センチの間だけである（瀬藤・丹羽 [2005]）。図表6-3ではパッケージとデジタル音源ビジネスの比較をまとめたものである。

2 権利者側の味方DRM（デジタル・ライツ・マネジメント）

DRMは，「デジタル・コンテンツ用の管理ソフトウェアおよびソリューション・ツール」である。権利保持者の立場から，無許可者による無断コピー，配布，使用を防ぐ目的で設計された暗号化技術である[4]。著作権の承認，ソフト

---

(4) DRMの構造は，コンテンツ本体とは別にその再生に鍵となるメタデータを用意し，メタデータの渡しによって，特定のユーザーだけの使用が限定できる。鍵となるメタデータを持たないユーザーはコンテンツだけを持っていても再生できず，またメタデータは再生するコンピュータやユーザーに一意に対応するため，結果として無制限な複製が抑制される。

図表6-3 変わる音楽ビジネス

	パッケージビジネス	デジタルビジネス
ビジネスの属性	水物，流行もの，見込み生産，流通チャンネルへの依存 高い廃盤率，在庫負担	ロングテールの法則，収穫逓増，流通コストの激減（中抜き），ユーザーごとのライフスタイル提案
消費のパターン	各種メディアから音楽に接し，専門店でパッケージを購入，あるいは中古CDの購買やレンタルショップを利用，MD，カセットテープなどに落とし，関連プレーヤーでの再生，CD-Rへのコピー	試聴からデジタル音源を購買，必要に応じてCD作成（焼き増し），ダウンロードによる所有とストリーミング Blog，SNSなどによる共有，携帯・モバイルによるパーソナル化，PCとの同期化（履歴およびplaylistの管理）
マーケティング	マスメディアへのロビー 多額の宣伝費用	口コミ，個人向け広告の実現
顧客と販売方式	10代と20代，OL層アルバム販売中心	客層の拡大，ポータル，専門サイトでのシングル中心
収益の源泉	パッケージへの依存 LP→カセットテープ→CD→DVD	モノとサービスの抱き合わせ，定額会員制，ストリーミング，ダウンロード課金，（広告，マーチャンダイジング，コンサート等）
音楽会社の役割	企画・制作・販売の垂直統合モデル，プロモーション	アーティスト発掘，各種権利のマネジメント，ファイナンスとマーケティング
機器メーカー	専門オーディオ・メーカー	メディアの融合，PCとの連携
価格の決定	レーベル（供給サイド）	権利者間の交渉

出所：崔［2009］参考，修正作成。

ウェアの認定，決済に至るプロセス全般を包括するシステムの総称である。例えば，デジタル・コンテンツのダウンロード配信の場合，ファイルの個人所有期間を永久にするのか，それとも期間を条件付で制限するのか。また購入したコンテンツの2次活用，例えば音源ならCD制作（焼き増し）や他のプレーヤーへの転用を認めるのか，もしそうする場合，許可の範囲を如何に設定するのか，など等すべてがDRMの議論対象になる。

したがって，配信サービス会社は提供するコンテンツに対してフォーマット

をいくつにするのか，再生を自社DRMだけに制限するのか，それとも他社DRMを認めるのか，ひいてはDRMフリーにするのかを決めなければならない。

現在，所有CDのコピー（CD-R）やデジタル音源の抽出（この場合，DRMフリーファイルになる）は合法であり，所有音源の私的利用は自由である。しかし，せっかくお金で買った音源にDRMがかけられていて特定のデバイスやソフトウェアでしか動かなかったら，まじめな人間だけが損するような気分になりかねない。ユーザーから見るとDRMのRはただRestrict（制限）のRであり，Rights（権利）はすべて権利者側のものである。

DRMの問題点としてはプライバシーの侵害可能性もある。DRMは細かい条件設定，例えば再生の回数と時間，デバイスへの転送有無，地域の設定など，全てが技術的に実現可能だからである。場合によっては利用者の自由を著しく制限することになる。それに，1999年DMCAでは，DRMの回避目的でのソフトウェアおよびハードウェアの配布や改造行為も法律で禁止している。

他方でユーザー側の不満が高潮するなか，あえてDRMを放棄することで新規需要を喚起する動きも強まっている。デジタル配信に伴うビジネスモデル競争の激化である。2008年，Amazonによる，すべての音源にDRMをつけないとの宣言があった。その後アップルにおいても，一部導入され，2012年2月，日本の「iTunes Store」では，販売している全曲を，DRMフリーの「iTunes Plus」仕様に変更した[5]。これにより，販売楽曲の自由な複製や再生が可能になったことで，ユーザーの利便性は高まることとなった。

3　補償金制度と権利の集中管理制

録音録画補償金制度は著作権の使用料をユーザーからの個別徴収ではなく，第3者（主に機器メーカー）から立て替えて補償金を一括徴収するものであ

---

[5]　これまで多くの楽曲が128kbpsのAACフォーマットで，DRM付きであったものを256kbpsのAACでエンコードし，DRMは外した。

る(6)。問題点として取りやすいところから取るとの批判，製品価格への転嫁による企業側の負担増加などが指摘されている。

とはいえ，ヨーロッパではユーザーのプライバシー保護を優先しながら，支払い能力がある第3者に負担してもらうことで，薄く広く社会全体で使用料を負担させる点が重宝されている。

著作権ビジネスにはコストがかかる。作品の利用を希望する側が，権利者を調べなければならないためである。その過程で探索コストが発生する。場合によっては著作権の相続発生が原因となり，すべての権利者（相続人）から許可を得なくてはならないこともある。こうした探索コストを軽減するため，日本では日本音楽著作権協会（以下JASRAC）による集中管理が行われている。

JASRACは音楽（楽曲，歌詞）の著作権を持つ作詞者，作曲者，音楽出版者から録音権，演奏権などの著作権の信託を受けて，音楽の利用者に対する利用許諾（ライセンス），利用料の徴収と権利者への分配，著作権侵害の監視，著作権侵害者に対する法的責任の追及などを主な業務としている。JASRACの著作権管理は「信託」によるものであり，作曲者，作詞者，音楽出版者が「委託者」，JASRACが「受託者」，音楽の利用者が「受益者」に相当する。利用者から使用料を対価として徴収し，管理手数料を控除した上で，委託者に分配している。

JASRACの組織運営の問題（天下り人事など），管理手数料の処理などを巡りしばしば批判的な暴露報道も出てはいるが，音楽関連著作権処理においては大きく貢献しているのは否めない。1939年同じ時期に文芸著作権の集中管理を目指し設立された社団法人日本文芸著作権保護同盟（JLCPA）とJASRACを比較してみると，歴然である。JASRACがほぼ完全な集中管理（登録会員数約15,000人）を実現したのに対し，JLCPAは著作権者の加入が伸び悩み

---

(6) 1950年，当時西ドイツの音楽協会（GEMA）がテープ・レコーダーのメーカーを相手に権利侵害を訴えたことをきっかけに，その後メーカーはユーザーの侵害行為に共同責任を持ち，くわえてこの事業から収益を上げている以上，この役割を担うべき義務があるとの判示が下った。以後各国がこの方式を導入した（詳しくは名和[2006]，第5章を参照）。

（最終的に会員1,000人程度），集中管理には程遠い状態から，2003年解散に至った。文芸という著作物の特性ゆえに音楽とは違って，権利の集中管理に向かなかった面もあったと思われるが，JASRACの集中管理制は所期の成果をあげているといえよう。

4 権利をめぐる調整

著作者の権利とユーザーの利便性をいかに調整するのか，平たくいえば，許可なしでコピーさせない権利（権利擁護）に対し，勝手にコピーできる権利（利便性）は常に衝突するものである。その場合，より重要なのは偏らないバランス感覚である。野口［2010］は以下の5つのバランスツールを提案している。

① アイデアと事実は保護しない
② 著作権の例外規定を別途設ける
③ 著作物へのアクセス権は規制の対象外にする
④ 保護期間切れの作品は皆に自由に利用させる
⑤ 作品の大幅な改ざんおよび変更は別の作品として扱う

だが，現実，権利者側はDRMを細かく設定することで複製権を越え，著作物へのコントロール権を強化している。また，権利の保護期間を繰り返し延長することで事実上永遠に権利を維持しようとする動きも出ている。

それに対し，ユーザー側は手段が限られているとはいえ，著作権法の枠組みでフェア・ユース規定の導入を進めている。また，草の根で問題解決を目指すクリエーティブ・コモンズ（CC）運動も本格化している。

日本は著作権者の死後50年規定を権利保護期間として守っている。先進国のなかもっとも短い期間であり，権利団体は欧米や世界の趨勢にあわせた20年延長を主張している。

しかし，欧米での20年延長は，前で触れたように権利者と利用者のバランスを崩すものであり社会的利益が乏しい。日本は延長すべきではない。

すでに強い著作権が維持されてきた日本にとって，今後はかえって緩い著作

権を目指すことで，新たなビジネスチャンスを掴んでいくべきである。過度の著作権強化は，社会全体のイノベーションを阻害するからである。

VI. まとめにかえて

著作権関連の根本問題は，100年も以前に出来上がった法的枠組みを変えずにそのまま維持してきたところにある。確かにベルヌ条約は国内外の著作物の流通に関する一般ルールではあるが，だからといって国内のみでの改正の道が閉ざされているわけではない。既存法律が社会や技術などの環境変化に適応できず制度疲労を起こしているなら，敢えて修正に手を加えるべきである。

米国は国家戦略の観点から，かつての孤立主義から脱皮し，ベルヌ条約へ批准し国際舞台に復帰した。その後，TRIPSによる国際間知的財産権の貿易活性化を図っており，次なるルール作りを主導している。米国がとってきた戦略転換に習い，日本が国内における独自の修正を加えるのも国際条約の違反にはならないものである。米国は今でも著作人格権をほぼ無視しているし，英国では出版社も著作隣接権に当たる版権を持っている。ドイツでは日本が廃止に向けて方向転換を考えている第3者による補償金制度の拡大を進めている。

中国や韓国ではP2P技術を合法化することでそれを応用した有料ファイル交換サービスが実施されている。著作権保護の面では大きな問題を内在しているものの，新たな技術が開く新ビジネスへの可能性は大きい[7]。

著作権の保護期間延長を巡っては，「インセンティブにもならないし，文化の発展にもつながらない。期間延長には断固反対。命がけでも阻止する」との声も聞こえている[8]。もう著作権法にはこだわらず，ネットで情報を共有することを前提に，制度設計のイノベーションを考えるべきだとの主張もある（池

---

(7) 両国の有料P2Pサービスの場合，他国で違法サービスとして分類されていることを考慮し，接続IPアドレスを国内分に限定しているのが一般的である。
(8) 中山信弘氏による2008年知財研究会シンポジウムでの発言内容を池田信夫氏のブログから引用（http://blog.goo.ne.jp/ikedanobuo）

図表6-4　3つの著作権像

		伝統指向	市場指向	ユーザー主導
推進者	権利者	著作者	事業者	研究者
	枠組み	ベルヌ条約	TRIPS	国際学術連合のルール
理念	主張	オーサーズ・ライト	コピーライト	コピーレフト
	目的	著作権の保護	収益の配分	情報の共有
	旗印	正統性	市場原理	ユーザー主導
著作権	人格権	必須	無視	重視
	財産権	必須	必須	関心外
	類型	標準的著作権	強い著作権	弱い著作権
保護対象		コピー	アクセスまで	慣行による
信奉者	地域	日本・EU	米国	グローバル
	階層	芸術家＋法律家	企業＋政府	専門家集団
行動目標		既得権益の拡張	新権利の創出	実質的公有

出所：名和［2006］，p.151を修正抜粋，再作成。

田［2011］)。

　法的制度におけるグローバルスタンダードは実際存在しないといわれる。制度はあくまで環境の産物であり，コンテンツ関連の著作権規定を巡っても同じことがいえる。各国における異なる戦略と戦術があって当然である。しかも，コンテンツごとに権利者とユーザーが求めるインセンティブはそれぞれ違うものである。前で触れたように金銭的補償のビジネスだけではなく，非金銭的なインセンティブが存在する。人に褒められたい，認めてもらいたい，知識情報の共有に貢献したい，作品を通してコミュニケーションを図りたいなどさまざまな動機が同時に存在している。

　また，コンテンツの消費パターンにおいてもニーズは多岐にわたる。同じ種類のコンテンツのなかでも，一回きりの消費で満足するものがあるかと思ったら，繰り返し使って永遠に所有することにこだわるものもある。一時流行りの映画が前者の例であれば，お好みの名作映画の場合が後者にあたる。コンテンツの種類が異なることで，それに相応しい宣伝や活用戦略も違ってくる。つまり，コンテンツの数ほど戦略の数も存在するものである。著作者，著作権者

（業界），ユーザーが描く理想の著作権像はそれぞれ異なるものである。今後，著作権制度は権利者のタイプに応じて，競争の中から選ばれ分裂していくのではないか，というのが名和［2006］の主張であり，大きな示唆を与えている。

　誰でも著作権から自由になれない時代を生きている。こういう時代こそ多様な著作物が生まれ，ユーザーの細かいニーズに答えながら，大きく活用されることこそ著作権の真のあり方である。だが，そこにたどり着く道はまだはっきり見えてはない。今後の展開から目が離せない。

【参考文献】

池田信夫［2006］「著作権の法とビジネス」http://www003.upp.so-net.ne.jp/ikeda/yugoreport-1.pdf

池田信夫［2011］『イノベーションとは何か』東洋経済新聞社

岡本薫［2003］『著作権の考え方』岩波新書

岡本薫［2010］『2010年版 誰でも分かる著作権』全日本社会教育連合会

岸本周平［2005］「日本のコンテンツ産業と政策のあり方」『一橋ビジネスレビュー』53巻3号

金正勲・生貝直人［2006］「創造経済におけるコンテンツ政策」『慶應義塾大学ディア・コミュニケーション研究所紀要』No.56

小寺信良・津田大介［2007］『CONTENT'S FUTURE ポストYouTube時代のクリエイティビティ』NT2X

コンテンツビジネス研究会［2005］『図解でわかるコンテンツビジネス』日本能率協会マネジメントセンター

瀬藤康嗣・丹羽順子［2005］「インターネット時代の音楽著作権と収益モデルの検討：『弱い著作権』の音楽情報財の収益モデルを巡って」『文化経済学4』pp.43-56，文化経済学会

出口弘・田中秀幸・小山友介［2009］『コンテンツ産業論』東京大学出版会

境真良［2008］『テレビ進化論　映像ビジネス覇権のゆくえ』講談社現代新書

財団法人デジタルコンテンツ協会編［2008］『デジタルコンテンツ白書』

総務省情報通信政策研究所編［2009］『メディア・ソフトの制作及び流通の実態に関する調査研究報告書』

田中辰雄・林紘一郎編［2008］『著作権保護期間─延長は文化を振興するか』勁草書房

丹治吉順［2007］「本の滅び方：保護期間中に書籍が消えてゆく過程と仕組み」田中辰雄・林紘一郎編『著作権保護期間―延長は文化を振興するか』勁草書房
崔圭皓［2009］「音楽ビジネスの新展開　デジタル音源配信ビジネスを中心に」『大阪商業大学論集』第151・152号
名和小太郎［2004］『ディジタル著作権：二重標準の時代へ』みすず書房
名和小太郎［2006］『情報の私有・共有・公有～ユーザーからみた著作権』NTT出版
野口祐子［2010］『デジタル時代の著作権』ちくま新書
服部基宏［2004］「インセンティブ論の経営学：音楽著作物生産の協働体系」林紘一郎（編）『著作権の法と経済学』勁草書房
福井健策［2005］『著作権とは何か　文化と創造のゆくえ』集英社新書
福井健策［2010］『著作権の世紀　変わる情報の独占制度』集英社新書

〈参考URL〉
池田信夫　http://blog.goo.ne.jp/ikedanobuo
小寺信良　著作権保護期間延長はクリエイターのためになるか　http://plusd.itmedia.co.jp/lifestyle/articles/0611/27/news010.htm
著作権情報センター　http://www.cric.or.jp
著作権保護期間の延長問題を考えるフォーラム　http://thinkcopyright.org
同　上　http://thinkcopyright.org/thinkc_proposal20081030.pdf
ASCII.jp編集部　日本の著作権はどう変わる――「6つの論点」のまとめ　http://ascii.jp/elem/000/000/075/75545/
同　上　著作権法は業界団体のための法律ではない　http://ascii.jp/elem/000/000/183/183279/
WIPO　http://www.wipo.int/treaties/en/ip/berne/summary_berne.html
PWC　http://www.pwc.com/jp/ja/japan-news/2011/20110614.jhtml
　　　http://www.pwc.com/gx/en/global-entertainment-media-outlook

（崔　圭皓）

第7章

社会的企業の可能性

　政府だけでは解決しきれないさまざまな社会的課題が生起するなか，日本や欧米では社会的企業に対する関心と期待が近年高まっている。社会的企業とは，事業活動を通じて社会的課題を継続的に解決していく組織である。しかし，現実には，経営基盤が脆弱であり，期待される役割を担い切れていないところも少なくない。本章では，社会的企業の特徴を活用した経営基盤の強化策について検討する。さらに，社会的企業にとって主要な資源調達先である政府やコミュニティとの関係のあり方について論じつつ，その可能性を考察する。

I. はじめに

　近年日本では社会的企業（ソーシャルエンタープライズ）に対する関心が高まっている。例えば，経済産業省は2007年9月「ソーシャルビジネス研究会」（SB研究会）を設立，翌年4月に社会的企業の支援策を論じた報告書を取りまとめた。2010年6月には内閣府に「新しい公共円卓会議」が設置された。同会議での議論を基に起草された「新しい公共宣言」のなかでは「社会的課題を解決するためにビジネスの手法を適用して活動する事業体」の育成の重要性が指摘されている。この間の2009年には政権交代が行われたもののその前後で社会的企業に対する関心の高さに変化はみられない。

　社会的企業は日本に限らず欧米でも注目されており，さまざまな分野における社会的課題の解決への貢献が期待されている。欧州では，主な活動として福祉や子育てなど対人・社会サービスを提供すること，雇用の創出や職業訓練などを通じて長期失業者や障がい者，元受刑者など排除されがちな人たちの社会

への包摂を図ることの2つが挙げられることが多い。社会的課題を広く捉えれば，環境問題への対応や途上国支援なども含まれる。日本では一次産品の加工を通じた過疎地域の経済活性化も社会的企業の活動とみなされることが少なくない。

にもかかわらず，関心の高まりとは裏腹に，日本では研究の蓄積が進んでおらず，海外の研究の解釈中心にとどまっているのが現状である（塚本［2008］，p.28）。特に，経営に関する分析は極めて少ない。

本章では，経営面に着目し，社会的企業の特徴と可能性を論じる。構成は次のとおりである。第Ⅱ節では社会的企業とは何かを検討したうえで，2つの調査結果を用いて日本の現状を概観する。第Ⅲ節では社会的企業が注目されている背景を簡単にまとめる。第Ⅳ節では，組織均衡論（Barnard［1938］；Simon［1997］）の枠組みを参照しつつ社会的企業の特徴を明らかにする。第Ⅴ節では，社会的企業の経営基盤は一般に脆弱であることに鑑み，その特徴を生かした事業活動の強化策を検討する。第Ⅵ節では，層としてみた社会的企業の発展を左右すると考えられる政府やコミュニティとの関係強化について論じる。第Ⅶ節では本章の議論をまとめる。

なお，日本では，社会的企業に類似する概念として，ソーシャルビジネス，コミュニティビジネス，事業型NPOなど多様な用語が使われている。その背景には学術的な関心や強調点などの違いがあるが，同じ企業が社会的企業，ソーシャルビジネス両方の事例として紹介されるなど，実態面では重なる部分も大きい。そこで，本章ではこの点に立ち入らず，固有名詞を除き，社会的企業という言葉に統一する[(1)]。

---

(1) ソーシャルビジネスは採算性を重視した用語であり，経済的に自立すべきという信念が反映されている（Yunus［2007］，pp.54-58）。日本では経済産業省が用いる。ただし，海外ではバングラデシュのグラミンバンクの設立者，モハマド・ユヌスなどを例外として使用されることは少ない。ちなみに，英国においてソーシャルビジネスとは，非営利組織がミッションの実現を資金的に支援するために設立する組織をいう（生協総合研究所［2005］，p.5）。これに対して，欧米ではソーシャルエンタープライズが一般的な用語である。日本では内閣府がその邦訳として社会的企業を用いる。

Ⅱ. 社会的企業とは何か

1 社会的企業の多様性

　社会的企業については論者によって多様な定義がなされて，それぞれにおいて異なる点が強調されている。

　日本で参照されることが多い定義は経済産業省のSB研究会のものである。同研究会によると社会的企業とは「社会的課題を解決するために，ビジネスの手法を用いて取り組む」組織であり，その要件としては，①社会性（現在解決が求められる社会的課題に取り組むことを事業活動のミッションとすること），②事業性（ミッションをビジネスの形に表し，継続的に事業活動を進めていくこと），③革新性（新しい社会的商品・サービスや，それを提供するための仕組みを開発したり，活用したりすること。また，その活動が社会に広がることを通して，新しい社会的価値を創出すること）の3つが挙げられる（ソーシャルビジネス研究会［2008］，p.3）。これらは同研究会の座長を務めた谷本寛治が強調する要件であり，革新性はソーシャルイノベーションとも称される（谷本［2006］，p.4）。ただし，これらの要件については，主として欧州の社会政策研究者からの批判もある。塚本・土屋［2008］は，これら3要件の概念規定はあいまいであること，先行研究で関心が寄せられてきたハイブリッド性（後述）への視点が弱く，ソーシャルイノベーションという企業家機能のみが強調されているとする（pp.62-63）。

　これに対して，欧州の研究者や日本における欧州の社会政策研究者が強調するのは，社会的企業が3つのセクターを「媒介する存在」（intermediary）という点である（Evers and Laville［2004］，pp.19-27）。3つのセクターとは，再分配を目的とする政府，市場での交換を基盤とする営利企業（for-profit），互酬に基づくコミュニティを指す（図表7-1）。媒介とはこれら3つのセクターの原理が混合し社会的企業の行動原理を規定したり，これらから資源を調達したりすることを意味する。これが上記のハイブリッド性の意味するところであ

図表7-1 欧州における社会的企業の位置づけ

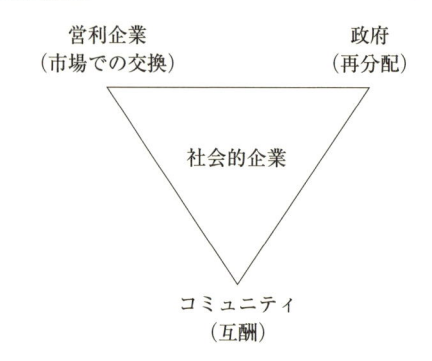

```
営利企業                政府
(市場での交換)         (再分配)

         社会的企業


         コミュニティ
          (互酬)
```

出所：Evers and Laville [2004], p.21, 図1.1, 1.2を基に筆者が加筆修正。

り，企業性つまり市場だけではなく他の2つのセクターとの関係が強調されている[2]。さらに，社会性についてより詳細な議論も行われており，藤井 [2010] によるとその具体的内容は次の3点にまとめられる（pp.114-117）。

第1は社会的排除への対応である。社会的排除とは，失業や不安定な雇用の下，国によって設けられたセーフティネットから漏れてしまい経済的に困難な状況に置かれるとともに，家族を含めた他者そして社会とのつながりが失われてしまう現象である。社会的排除は，1970年代以降の経済低迷を背景に，特に若年層の構造的な長期失業が増加した結果注目されるようになっている。欧州では社会的排除への対応が政策的に進められてきており，少なくとも一部の社会的企業はその枠組みのなかで発展してきた（Laville et al. [2008]）。第2は社会的に所有されていることである。具体的には，社会的企業の活動に影響

---

[2] このような特徴を踏まえ，欧州における社会的企業の研究プロジェクト，EMESは具体的な要件として，①財の生産加えて/またはサービスの販売という継続した活動，②高い程度の自立性，③高い水準の経済的リスク，④最小限の賃金労働，⑤コミュニティに利益をもたらすという明示的な目的，⑥市民グループによって立ち上げられた取り組み，⑦資本所有に基づかない意思決定の権限，⑧活動によって影響を受ける人たちを関与させる参加型の性質，⑨限定された利益分配という9つを挙げる。なお，これらは理念型であり，すべての要件を満たしていなければ社会的企業といえないというわけではないとされる。

を与えるまたはその影響を受けるステークホルダーを意思決定に参加させる組織のガバナンスの仕組みの有無が社会的企業かどうかの基準とされる。これは，協同組合に代表される，欧州における相互扶助の伝統に基づくものである。第3は，ソーシャルキャピタル（社会関係資本）の醸成を目的とすることである。ソーシャルキャピタルも多義的な概念だが，日本で紹介されることの多いロバート・パットナムによると「協調的行動を容易にすることにより社会の効率を改善しうる信頼，規範，ネットワークのような社会的組織の特徴」とされる（邦訳は宮川［2004］，p.21による）。学校教育とコミュニティの関係を論じた，米国のハニファンは，その裏付けとして共感や善意，社会的交流などを指摘する（石田［2008］，p.317）。

他方，米国では，1980年代に連邦政府からの補助金が削減されたことへの対応として非営利組織（NPO）が事業活動を通じて収入を確保するようになったという歴史的経緯のなかで社会的企業が誕生してきた。このため，その要件として事業性や経済的な自立が重視される（Defourny［2010］，pp.79-80）。事業性を重視することもあり，純粋な営利企業と，慈善組織とを両極とする連続線上に社会的企業を位置づけることも米国の特徴である（Dees［1998］，pp.58-64）。社会的企業を2つの組織の中間的形態とする捉え方からは，米国においても，市場とともに，慈善組織の主要な資源調達先であるコミュニティとの関係が社会的企業についても重要と認識されていることが示唆される。また，社会的課題の内容は，社会的排除に限らず，さまざまな公共サービスの供給，環境保護や途上国支援など，欧州よりも幅広く捉えられる（Kerlin［2006］，p.260）。

なお，米国において社会的企業の母体となったNPOとは同国の税法，内国歳入法（IRS）503条（c）(3)で規定されている組織である。これらの組織の事業所得は非課税となるが，利益や残余財産を関係者の間で分配できないという非分配制約を課される。このため，米国では社会的企業の要件として，事業性とともに，非分配制約が重視される（Young and Salamon［2002］，p.433）。欧州で社会的企業の中心的な担い手とされる協同組合は，出資者間で一定の利

益分配が行われるため、米国の概念では一般に社会的企業から除外される。

このように歴史や文化などの違いを反映して、社会的企業の捉え方は国や地域によって異なる。日本の研究でも欧米における捉え方の違いが強調されることは少なくない。しかし、配当を行わなかったり共益ではなく公益を目的としたりする協同組合が存在する（Evers and Laville［2004］, pp.17-18）というように、欧米における実態面の違いが強調されるほど大きいというわけでもない。実際、Kerlin［2006］のように両者を架橋しようとする試みもみられる。

Brouard and Larivet［2010］は31の先行研究を検討したうえで、社会的企業の定義を「社会的ミッションまたは目的を追求する組織であり、コミュニティへの利益を創出するために活動する組織。オーナーシップや組織の法的形態は問わず、財政的な自立性、イノベーション、社会変革の程度はさまざまである」と包括的にまとめる（p.39）。本章では、社会的企業を、事業活動を通じて社会的課題の解決に取り組む企業と広く捉えて議論を進めていく。

2　日本における現状

外形的に識別できないこともあり社会的企業の実態は十分に把握されてはいない。この限界を踏まえたうえで以下では日本における現状を概観する。

ソーシャルビジネス研究会［2008］によると、日本の社会的企業は推定約8,000社で、英国の5万5,000社と比べるとはるかに少ない[3]。さらに1企業当たりの常勤従業員も約4人と小さい。これら二つを掛け合わせて算出した社会的企業全体の雇用規模は推定3.2万人であり、英国の47.5万人（うち3分の2はフルタイム）を大きく下回る。

次に、売上高をみると500万円未満という企業が全体の16.3％（無回答を除くと22.1％）、500万～1,000万円未満が9.3％（12.6％）、1,000万～5,000万円未満が26.4％（35.8％）などとなっており、これらを合計した5,000万円未

---

[3]　英国の社会的企業はその後6万2,000社に増加していると推定されている（Social Enterprise Coalition［2009］, p.8）。

図表7-2　社会的企業の売上高

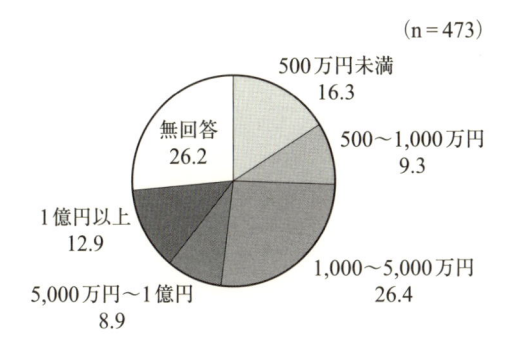

(n=473)

- 500万円未満　16.3
- 500～1,000万円　9.3
- 1,000～5,000万円　26.4
- 5,000万円～1億円　8.9
- 1億円以上　12.9
- 無回答　26.2

出所：ソーシャルビジネス研究会［2008］, p.37。

満が52.0％（70.5％）を占める（図表7-2）。これに対して、1億円以上は12.9％（17.5％）に過ぎない。多くの社会的企業の従業者、売上規模は小さく、経営基盤が脆弱であることがうかがえる。

では社会的企業はどのような人たちによって経営されているのだろうか。SB研究会のアンケートは経営者の属性を尋ねていない。そこで、ここでは、日本政策金融公庫総合研究所が主に事業型の特定非営利活動法人（NPO法人）に対して行ったアンケートの結果を概観することとする[4]。NPO法人は社会的企業の主たる担い手であり、これらの法人の代表者のプロフィールは社会的企業の代表者のものに近いと推察される[5]。

代表者の年齢は平均62.2歳（中央値63.0歳）であり、60歳以上が64.9％に

---

[4] 2011年9月に15,000のNPO法人にアンケートを郵送。回収数は3,491（回収率23.3％）。詳細はhttp://www.jfc.go.jp/a/topics/pdf/topics_120216_3.pdfを参照。なお、同アンケートでは「代表者」を「組織の運営方針を決めるうえで中心となっている人」と定義している。

[5] SB研究会が実施したアンケートによると、ソーシャルビジネスの経営形態はNPO法人が46.7％、株式会社・有限会社が20.5％、個人事業主が10.6％、その他が16.3％などとなっている（回答数は474）。NPO法人の割合が高いのは、アンケート送付先の選定方法によるところが大きいことに留意する必要があるが、社会的企業の主たる担い手がNPO法人であることがうかがえる。

達する。ちなみに営利企業では60歳以上は43.4%であり、社会的企業の代表者の年齢は相対的に高いことがうかがえる[6]。性別については女性が29.5%であり、営利企業の23.3%を上回る。他の職業を兼務している代表者は48.2%、その内訳は個人事業主・法人経営者（46.1%）、勤務者（42.2%）などである。他方、兼務していない代表者（全体の51.8%）の前職は、勤務者（61.7%）、専業主婦・主夫（13.1%）、個人事業主・経営者（10.7%）などとなっている。NPO法人、そしておそらくは社会的企業の担い手の多くはビジネスの経験を有していることがうかがえる。

Ⅲ. 注目される背景

　社会的企業が注目されているのは、政府だけでは対処しきれない社会的課題が新たに生起していること、さらに社会的課題を解決するうえで社会的企業との協働が有効であるとの認識が広まっているからである。以下順にみていく。

1　政府だけで対処しきれない社会的課題の生起

　政府だけでは対処しきれない問題は多様だが、ここでは社会的企業が取り組むことの多い課題に関連するものとして次の3つを指摘する。

　第1は、社会的排除への対応である。先にみたように、社会的排除への対応は欧州の社会的企業が取り組んでいる最重要課題である。長期失業者の増加は、社会の安定を損ない、公的扶助など財政負担を高めるという問題を引き起こす。もちろん、1人の人間が社会から排除される状態は人道的にも放置されるべきではないだろう。

　排除されている人たちを社会に包摂する第1歩は労働市場への統合である。しかし、スキルの不足によって、一般の労働市場で直ちに職を得ることが難し

---

[6]　営利企業は、自営業主（内職者を除く）と会社などの役員に関するデータである（総務省「就業構造基本調査（2007年）」）。

い人も少なくない。そこで，欧州では社会的企業が，政策支援を受けつつ，職業訓練を行ったり一般の労働市場での本格的就労への橋渡しとなるような就業機会を提供したりすることに取り組んできた。

近年，日本においても社会的排除に政策的に対応しようとする動きが始まっている。内閣官房に「社会的包摂推進室」が2011年4月に設置されたのはその一例である。厳しい雇用情勢が続くなか社会的包摂に向けて社会的企業が果たす役割は日本においても今後高まっていくものとみられる。

第2は福祉国家の危機への対応である。1970年代初頭まで先進国の政府は国民生活の安定を目的として，市場に積極的に介入し完全雇用を実現しようとしたり，保健・医療，福祉をはじめとする公共サービスを拡充したりしてきた。しかし，このような福祉国家は1973年の石油危機をきっかけに危機を迎える。経済成長率の低下により高水準のサービスを提供するために必要な税収を確保するのが難しくなったこと，その一方産業構造の調整が円滑に進まず，失業給付をはじめ福祉に関する財政負担が増大したことがその理由である。こうしたなか，政府が従来果たしてきた機能を多様な主体で担おうという考え方（福祉多元主義）が台頭する。営利企業や家族・コミュニティなどと並んで，福祉多元主義を担う主体の1つとして期待されたのが社会的企業である。

現在，日本では高齢化が急速に進むとともに公的財政状況が悪化している。さらに，大家族の減少や女性の社会進出の進展など家族の在り方が大きく変わりつつある。加えて，地域の人間関係は希薄化しており，相互扶助の機能も低下している。これらを背景に，福祉多元主義の担い手として社会的企業に対する期待が高まっているのである。

第3は疲弊した地域経済の活性化である。農林漁業や地場産業の衰退によって地域経済の基盤が揺らぎ，過疎化が進行しているという地域は特に地方では少なくない。これらの地域では簡易水道や生活道路の維持管理や除雪といった相互扶助的な活動の機能の低下がみられる。総務省「過疎対策の現況（平成22年度版）」によると過疎地域を含む市町村は全体の45.0％に当たる776，生活している人たちは全人口の8.7％の1,112万人に達する。

このような地域の経済を立て直すために内発的発展を目指した取り組みを行っている社会的企業は少なくない。内発的発展とは，地域の自然や歴史，風土などを生かし，経済的自立を図るという考え方である。このような考え方自体は日本でも1970年ころから提唱されていたが，近年，一次産品の加工など，社会的企業による実践例が徐々に増えている。

2　協働の有効性

　異なる強みを有する政府と社会的企業が協働することでより効果的に社会的課題を解決できるという認識が広まっている。これが社会的企業が注目される第2の要因である。

　一般に，政府は均質なサービスを大量に提供することが得意とされるが，公平性の観点から一律のサービスを供給しなければならない。これに対して，社会的企業は，このような制約に服することなく，コミュニティとの関係や専門知識などを活用して，個別事情に応じてよりきめ細かく公共サービスを提供しうる。このため，社会的企業を活用することで政府は自らの手が届きにくい人たちに，自らが供給しにくい公共サービスを提供できるようになる。

　例えば，子育て支援の拡充は，核家族化の進展や地域社会における相互扶助機能の低下などの環境変化に伴い生まれてきた課題であり，社会全体として取り組むべきだという認識が定着している。しかし，一口に子育て支援といっても，就業状況や子どもの年齢など個々人の状況によって必要とされる支援は異なる。保育所の拡充や保育時間の延長，病児保育の体制整備，母親の交流の場の設置，相談相手となる育児経験者の紹介，子育て後の再就職支援などその内容は多岐にわたる。しかし，行政だけでこれらすべてのニーズを満たすことは資金的にも人材的にも難しい[7]。社会的企業と協働することで，より多様な

---

(7)　一般に，公共サービスを提供する主たる責務を有するのは政府であり，非営利セクターは政府の限界を補完し，その専門性を活用しつつ政府が対処できない領域を担うとされている。これに対して，Salamon [1995] は公共サービスを提供する一義的な責任は非営利セクターにあるとする。しかし，非営利セクターには資金調達力の弱さや「排他主義」（特定の人種や社会階層に属する人たちに対して重点的にサービスを提供しがち

ニーズを満たしうる。

　協働の動きはニュー・パブリック・マネジメント（NPM）という政策思想に基づき進展しているという側面もある。NPMとは「民間企業における経営理念・手法，さらには成功事例などを可能なかぎり行政現場に導入することを通じて行政部門の効率化・活性化を図る」（大住［2003］，p.11）ことであり，英国やニュージーランドなどアングロサクソン諸国で始まり，世界に普及してきた。効率化・活性化の手法の1つが政策の企画立案と執行の分離であり，行政は前者に特化し，後者は専門性を有する民間に委ねるべきとされる。公益を目指すという点は政府と社会的企業に共通する。理念を共有する社会的企業には，政策の執行を担うことも期待されているのである。

IV. 社会的企業の特徴は何か

1　組織均衡論の概要

　本節では一般の企業と比較しつつ社会的企業の特徴を検討する。比較の枠組みとしてはC.I. バーナードが提唱，その後H.A. サイモンが発展させた組織均衡論を用いる。組織均衡論は，組織が成立，存続するために必要な条件を明らかにした理論である。古典的なものではあるが，依然として多くの知見を導くことができる。

　Barnard［1938］によると，組織は「2人以上の人々の意識的に調整された活動や諸力の体系」（p.76）であり，このような協働システムが成立するためには，①共通目的，②協働意欲，③伝達（コミュニケーション）という3要素が必要となる（p.85）。共通目的とは協働の目標，協働意欲とは協働システム

であるという傾向）などいくつかの限界（「ボランタリーの失敗」）がある。このため，政府は，徴税を通じて必要な資金を調達したり，非営利セクターが対象としない層に対して公共サービスを自ら提供したりすることで，非営利組織の活動を補完する必要があるとする（pp.47-56）。公共サービスを供給する責務は非営利セクターにあり，非営利セクターの限界を政府が補完すべきとする点にサラモンの独自性がある。

に対して努力を貢献しようとする人々の意欲，伝達とは共通目的を組織参加者に知らせることである。

　組織均衡論によると，組織は存続するために必要な資源を組織参加者に提供してもらう。提供された資源，例えば従業員の労働力や出資者からの資金は，組織参加者に対して見返りとして与えられる誘因の源泉となる。それぞれの組織参加者は組織に提供する資源と誘因の大きさとを比較し，後者が前者よりも大きいまたは両者が等しい場合に組織への参加を続ける。誘因には，特定の個人に対して提供される物質的なもののほか，集合的に提供される心的交流など非物質的なものも含まれる。

　このように，組織の存続は，各組織参加者から提供された資源を基に，継続的な参加を促すために必要な誘因を生み出すことができるかどうかにかかっている。ただしその能力は組織によって異なる。この点を測定するための概念が有効性と能率である。有効性とは外的環境のなかで共通目的を達成できる程度（Barnard [1938], p.57），能率とは「一定の資源の使用から最大の成果を生む代替的選択肢を選択すること」（Simon [1997], p.397）である[8]。有効性や能率が低く誘因が十分に創出されない場合，組織は資源を引き続き調達するために説得を用いる（Barnard [1938], p.147）。説得とは「心的状態，態度，あるいは動機を改変して，利用しうる客観的誘因を効果的にすること」である。あらゆる組織は誘因と説得を組み合わせて，資源提供者からの貢献を確保するとされる。

2　組織均衡論からみた特徴

　では，組織均衡論に照らした場合，社会的企業にはどのような特徴があるのだろうか。ここでは組織存続のための3要素という観点から検討していく。

---

(8)　バーナードは能率を「その体系の均衡を維持するに足るだけの有効な誘因を提供する能力」（Barnard [1938], p.97）と定義する。これはサイモンの定義とは異なるが，ここでは社会的企業の特徴を検討する際により関係が深いと思われるサイモンの定義を本文中に示している。

(1) 共通目的

　Mair［2010］によると，社会起業家は既存企業や公的組織が対処できない，または不十分にしか対処していないニーズ・ギャップを埋める役割を果たす（p.24）。このように営利企業や政府とは異なる共通目的の実現を目指そうとする点が社会的企業の第1の特徴である。しかし，営利企業が手がけない共通目的というのは，一般に，その実現が金銭的な利益につながりにくいと考えられる。これは，社会的企業の収益性は低く，創出される金銭的な誘因は少なくなりがちであることを意味する。

　さらに，社会的価値（社会的課題の解決）と経済的価値（採算の確保）の創出という複数の共通目的を有することも社会的企業の重要な特徴である。もちろん一般の企業であっても社会性を勘案しつつ事業活動を行う。しかし，採算の確保を目指しつつも，社会的価値の創出を主目的とするところに社会的企業の独自性がある。

　経営という観点からみると，社会的価値の創出を主目的とすることにはプラス，マイナス両面がある。プラス面としては政府やコミュニティから資源を調達しやすいことが挙げられる（Dees［1998］，p.58）。具体的には，政府による補助金や，個人によるボランティアや寄付などである。この点は次項でさらに検討する。

　マイナス面に関しては，二つの価値の追求が常に両立するとは限らないことを指摘できる。岐阜県多治見市のNPO法人Mama's Cafe（ママズカフェ）は，「子育てママのリフレッシュプレイス」をコンセプトとするカフェを運営する。そのなかで，子育て支援に関して次の2点の実現を目指している。第1は，子育て中の母親が気分転換できる場を提供することである。小さな子ども，特に3歳くらいまでの子どもを持つ母親の多くは大きな育児ストレスを抱えている。ストレスを解消する方法の1つはカフェでの食事を楽しむことである。しかし，子どもが店の中を走り回ったり大声を出したりするため，ともすると周囲を気にするあまり外食を控えてしまう。これに対して，ママズカフェの来店客の大半は子育て中の母親である。このため，子どもが騒いでも気にすることなく，ゆっくり

とランチやお茶を楽しむことができる。

　第2は，子育て中の母親が働ける場を創出することである。フルタイムは難しいとしても働くことで社会に参加したいと考える女性は多い。しかし，多くの母親にとって，子どもを預かってくれる親類や知人がいなかったり，保育施設の料金が高額だったりすることが働く障害となっている。ママズカフェのスタッフ18人はすべて子育て中の母親である。彼女たちは，子どもを店内で遊ばせたり負ぶったりしながら働いている。来店客も同じ立場の子育て中の母親であるからこそ可能な働き方といえるだろう。

　ママズカフェはできるだけ多くの母親に社会参加の機会を与えるために，1人で対応できる時間帯にも2人のスタッフを置いている。必要以上の人を雇用するのは採算面からはマイナスである。それでも働きたいという人をすべて採用できないのが現状であり，現在でも，雇用の創出を採算に優先させて，2人のスタッフを置くという方針が堅持されている。

　2つの目的のコンフリクトはさまざまな場面でみられる。例えば，地域経済の活性化を目指す過疎地の社会的企業が特産品を開発する場合，どれほど価格が高くても地域外ではなく地元の産品を優先して使う。地域経済の活性化という社会的目的と，収益性の維持・向上という経済的目的とのコンフリクトがみられる。社会的目的と経済的目的を同時に追求するのが社会的企業だといわれることもあるが，両者が常に予定調和するわけではない。

(2) 協働意欲とコミュニケーション

　一般の企業であろうと，社会的企業であろうと，組織参加者から資源を調達することで組織を維持することに変わりはない。しかし，協働意欲を喚起する組織参加者の範囲には違いがみられる。

　Simon［1997］は，企業の組織参加者として企業家，従業員，顧客という3つを指摘する（pp.18-20）。これに対して，社会的企業の場合，社会的課題の解決という社会的価値の創出を誘因としつつ，政府やコミュニティからも資源を調達する。もちろん，一般の企業がこのような資源を活用することもあるが，その依存度は社会的企業の方がはるかに高い。特にコミュニティからの資

源調達は社会的企業の主要な特徴である（Bode et al. [2008], p.251）。先の日本政策金融公庫総合研究所のNPO法人アンケートによると，事務局スタッフは平均11.9人，そのうち無給スタッフが4.0人と3分の1を占める。資金に関しても「寄附金・協賛金」「会費・入会金」は全収入（3,280万円）の8.4%を占める。以上はこれらの資源を利用していない法人を含めた集計である。利用した法人に限ればその重要性はさらに高い。

　先に紹介したママズカフェも，コミュニティからさまざまな資源を調達している。まず，地元のリサイクルショップから店舗を相場よりも安い家賃で借りて開業したことが挙げられる。その際，厨房設備も家主が準備してくれたという。さらに，他の企業からは，陶器の皿などカフェで使う食器を寄付してもらっている。これらの協力の背景にあるのは，子育て支援という共通目的への共感であろう。

　さらに，社会的価値の創出という誘因は，通常は経済的動機で結ばれる商取引相手の協働意欲も高めうる。

　㈱なんてん共働サービス（滋賀県）は，知的障がい者と健常者が一緒に働ける場の創出を目的として，草刈りや芝生管理などグリーンメンテナンスや，事務所の清掃などビルメンテナンスを行っている。福祉施設に勤務していた代表者が障がい者だけで働いたり学んだりすることに疑問を感じたことがきっかけとなり，1981年に設立された。現在の常勤社員は25人，うち8人が障がい者である。同社の取引先のなかには，障がい者雇用に理解を示し安定的な単価で発注してくれる民間企業が存在する。障がい者と健常者が一緒にそして懸命に働いている様子が共感を呼び，結果として口コミで取引先が増えてきたという。もちろん，ビジネスである以上，財・サービスの質が一定の水準をクリアしていること，つまり一定の経済的価値を創出していることが取引継続の前提である。このように，経済的価値と社会的価値が混合して組織参加者に提供される誘因の評価を高めているところに社会的企業の特徴がある。

　以上のように多様な組織参加者と多様な関係を取り結びながら社会的企業は資源を調達する。このため，ホームページやニューズレターなどを活用し，自

社の共通目的や創出された社会的価値などを広範に伝達しつつ，潜在的な組織参加者の協働意欲を高めようとしている社会的企業は少なくない。さらに，信頼に裏打ちされたネットワーク，つまりソーシャルキャピタルも重要な役割を果たす[9]。このようなネットワークは低コストで共通目的を伝達する有効な経路となりうる。共通目的への共感を得つつ，資源保有者との間にネットワークを拡充していくことが社会的企業には求められる。

V. どのように事業活動を強化するのか

　第Ⅱ節でみたように社会的企業の規模は総じて小さく，平均的にみるとその経営基盤は脆弱である。期待される役割を果たしていくためには事業活動の強化が課題となるだろう。本節ではそのための方策として，前節で指摘した社会的企業の特徴を踏まえたうえで，①持続可能なビジネスモデルの構築，②顧客との関係を基盤とする取り組みという2つをまず検討する。その後，社会的企業の特徴とは直接関係がないものの，しばしば行われる取り組みとして，③本業を資金的に支えるための多角化を取り上げる。

1　多様な資源を活用した持続可能なビジネスモデルの構築

　政府やコミュニティからの資源調達は社会的企業の特徴である。これらの資源を創造的に組み合わせ活用することで，採算を確保しつつ社会的価値を生み出すためのビジネスモデルを創出しうる。Dyer et al. [2011] は一見関係がないものを関連付ける能力がイノベーションのためには求められると指摘する (p.26)。持続可能なビジネスモデルの構築のためにはこのような能力も必要と

---

(9)　ソーシャルキャピタルは，先に紹介したパットナムのように集団に共有される集合財として捉えられることもあるが，多様な資源へのアクセスを可能とする，個人が有する社会関係というように個人財とみなされることもある（石田 [2008], pp.319-321)。厳密には，ここでのソーシャルキャピタルは後者を念頭に置いている。

なるだろう。

㈱Kaien（東京都）は，"enabling excellence（優れた点を生かす）"をミッションに掲げ，発達障がい者の就労支援を行っている。一般に，発達障がい者は人とのコミュニケーション，特に相手の言葉の裏を読み取ることが苦手である。このため，学校卒業後いったんは就職したものの，周囲との軋轢によって退社を余儀なくされることは少なくない。同社の利用者の多くは，このような経験を有する20歳代後半の若者である。離職後，生活保護を受けていた人もいる。

同社は，説明会等を通じて応募してきた人たちに対して3カ月程度の職業訓練を実施，その修了者に対して仕事を紹介する。2009年の開業以降，84人に対して職業訓練を行い，59人を就職に導いている。主な就職先はIT関連企業である。発達障がい者には弱みだけではなく，健常者と比べて粘り強く緻密であるといった強みがあるが，IT関連企業には，ソフトウエアのバグの発見・除去など強みを生かせる仕事が多いからである。このため，職業訓練でもITスキルの取得に重点が置かれている。実際の仕事の場面を想定した実践的なプログラムが組まれており，例えば同社が併営する古着のオンラインショップで，データ入力や商品管理，メールでの顧客対応などを学ぶという機会も用意されている。このような実践的な経験を通じて，報告や連絡といった職場で求められるコミュニケーション能力を養うこともできる。

加えて，10代の発達障がい者を対象としたプログラムTEENSも同社は手がける。学習塾と部活動をセットにしたようなプログラムで，学習指導に加え，3Dグラフィックスの動画作成や体力づくりといった課外活動が行われている。

同社は，事業活動において，さまざまなステークホルダーの参加，協力を得ている。まず，発達障がい者の職業訓練は政府から受託したものである。このため，生活保護を受けている人たちからも授業料を徴収することなく職業訓練のコストを賄うことができる。さらに，職業訓練やTEENSでは大手電機メーカーのOBや学生が有償または無償ボランティアとして指導に当たっている。オンラインショップで販売される古着は地域の住民などから寄付されたもので

ある。これらの資源を組み合わせることによって，一般の企業が実現しにくいビジネスモデルが構築されている。

2　顧客との関係を基盤とする取り組み

上述のように，社会的企業の場合，経済的価値と社会的価値が混合して顧客との関係がしばしば形成される。このような独自の関係は少なくとも2つの経路で経営基盤の強化につながる。

第1は知覚価値の向上である。知覚価値とは，顧客が財・サービスに対して抱く総合的な評価である。その構成要素には，財・サービスの経済的価値とともに，ブランドや使いやすさなど非経済的価値がある。非経済的価値には，社会的価値の創出も含まれる。例えば，㈱なんてん共働サービスでは障がい者と健常者が一緒に働くという活動への共感が顧客確保につながっている。換言すれば，同社の活動に貢献できる満足感や効用が，顧客にとっての知覚価値を高めているといえるだろう。

先に紹介したママズカフェでは，互酬の規範，つまりソーシャルキャピタルが知覚価値を高めている。鈴木［2006］はその様子を「Mama's Cafe では，スタッフの子どもを顧客であるママが看ている。顧客は既に顧客ではなく，顧客とスタッフの垣根が払われ，仲間として助け合っている状態が存在している」と表現する。ママズカフェのスタッフは，健康に育ってほしいという母親の願いを反映させたサービスを提供してきた。野菜をふんだんに使い，薄味に仕上げた離乳食やお子様ランチの考案というのはその一例である。このような地道な活動を積み重ねることによって子育て中の母親が集うコミュニティをつくり上げてきた。そのなかで，顧客やスタッフの間にソーシャルキャピタルが醸成されてきたのである。

顧客との独自の関係が経営基盤の強化につながりうる第2の経路は，発言の促進を通じた財・サービスの質の向上である。Hirschman［1970］によると，財・サービスに対する不満を顧客が表明する方法には発言と離脱がある（p.4）。発言とは不満を表明し改善を求める方法，離脱は購入をやめる方法である。発

言から得られる情報は豊富であり,財・サービスの質を改善するきっかけとなりうるため企業にとっては歓迎すべきものである。しかし,発言のコストは大きいことから,顧客は離脱を選択しやすい。発言は,顧客が影響力を行使できると見込んでいたり (p.40),組織に対して忠誠を抱いていたり (pp.86-87) する場合に促進される。Pestoff [1998] は,協同組合を念頭に置きつつ,顧客を組織の共同所有者にすることで発言が促進されると指摘する (pp.117-124)。日本のNPO法人では制度上顧客を所有者にすることはできない。しかし,ママズカフェのように顧客との日常的な接触を通じて信頼が醸成されるなかで忠誠が高まり発言が促されているという社会的企業は少なくないものとみられる。

3 多角化

Oster [1995] は,NPOが多角化する理由の一つとして,儲からないミッション事業に対する資金の内部補填を指摘する (pp.110-111)。実際,先に指摘したように,米国では連邦政府からの補助金削減への対応として,NPOが本業を資金的に支えるための事業活動を展開してきた。同様に,日本においても多角化を進めることで経営基盤を強化している社会的企業は少なくない。

多角化の方法としては,自ら新規事業を立ち上げることに加え,政府から委託事業や認可事業(介護保険事業など)を受託することが挙げられる。社会的企業の場合,後者の方法を採るところが少なくない。先に紹介した㈱なんてん共働サービスは2000年から障がい者も雇用した宅老所(小規模デイサービス)を併営している。東京都のあるNPO法人は,認知症対応のグループホームとデイサービスを併営している。このうちグループホームは24時間の対応が求められることもあり,人件費の負担が大きく赤字である。この赤字はデイサービスの黒字で補填されている。

ただし,社会的企業の多角化には懸念も指摘されている。まず,利益を追求するあまり収益事業が優先される結果として本業の受益者への対応がともするとおろそかになりかねない (Kerlin [2006], p.258)。さらに,独自の経営資

源や能力を有していることが、多角化によって経営基盤を強化する前提である。そうでなければ、多角化を進めても数多くの不採算事業を抱えてしまうだろう。困っている人の力になりたい、地域の不便を解消したいという思いから、自社の経営資源や能力を十分検討することなく多角化を進めるという傾向が社会的企業にはみられる。経営の観点からは、このような衝動をコントロールしつつ追求すべき事業機会と見送る事業機会を選別することも必要となる。

VI. 政府、コミュニティとの関係強化

前節で論じた事業活動の強化に関する取り組みを成功させるためには、社会的企業の主要な資源調達先である政府やコミュニティとの関係強化が必要となる。そこで、政策支援のあり方にも触れつつ、本節ではこの点を検討する。

まず政府との関係について検討していこう。資源の調達という観点からみると、政府との関係としては、補助金と委託事業という2つが主として考えられる。ただし、厳しい公的財政を勘案すれば日本において補助金が今後大きく増加するとは考えがたい。むしろNPMの流れのなかで後者が増加していくことが予想される。

やや古い資料だが、経済産業研究所「NPO法人調査」の「2006年地方自治体アンケート」によると、「委託対象をNPOに限定した委託事業がある」が11.9％、「NPOも委託対象となりうる委託事業がある」が45.1％となっている（回答数893）。これは全自治体の結果だが、広域自治体（都道府県）に限ればこれらの割合はさらに高い。さらに、まちづくりや環境保全、子ども育成や保健・医療などの分野では、これまで委託していなかったところを含め5割超の自治体がNPOへの事業委託を今後実施したいとする（同778）。以上の結果はNPOに関するものだが、社会的企業との協働を進めたいとする自治体は増えているとみて差し支えないだろう。政府からの事業を受託することで、社会的企業は前節で検討したような持続可能なビジネスモデルを構築したり多角化を

進めたりすることができるようになる可能性が広がる。

　今後の受託可能性は，政府の対応によるところも大きいと考えられる。この点に関して参考になるのは，社会的企業を政策的に育成してきた欧州の経験である。欧州では，社会政治的な目的で行われる調達（socio-politically motivated purchase）について少額であれば随意契約，一方高額の場合には社会的条項（social clauses）の活用が議論されている（Laville, et al. [2008], p.286）。社会的条項とは，特定の社会的目的の実現を可能にする契約または調達プロセスの要件であり，「長期失業者を作業者として採用すること」といったように示される。量的な面に関しても，例えばイタリアでは，社会的に不利な立場に置かれていると公的に認定された労働者を30％以上雇用しているB型社会的協同組合に対して優先的に政府調達が割り当てられている（Bode et al. [2008], p.244）。ただし，欧州においても，社会的企業の受託可能性を高めるためのこれらの仕組みに関して，入札参加者を差別してはならないとする欧州連合の競争法の規定との間の整合性が議論されている。日本において，入札プロセスのなかで社会的価値をどの程度考慮するのか多様な観点から検討していくことが望まれる。

　加えて，委託が単年度であるため長期的な投資を行いにくい，事業に関する直接費のみが支払対象であり事務スタッフや家賃など間接費が経費に算入されないという委託事業の仕組みに関する問題点も指摘される。これらは社会的企業に限らずすべての受託者が抱える問題である。その改善が急がれる。

　その一方，政府との関係，特に委託事業への依存度が高まることに対する懸念も指摘されている。社会的企業の多くは，財・サービスを提供するだけではなく，障がい者が生活しやすい社会の創出や，女性の社会進出を促進する環境の整備といったように，より根底にある問題の解決にも取り組んでいる。そのためには政府への働きかけが必要となることも少なくない。しかし，資源依存アプローチ（Pfeffer and Salancik [1978]）によると，販路という貴重な経営資源を少数の顧客に依存すれば当該顧客に生まれるパワーの受容を余儀なくされる。委託事業への依存度が高まれば，政策提言や交渉を行いにくくなる可能

性も否定できない。

　このような懸念を踏まえ欧州では政府と社会的企業との望ましい関係についての議論が進められてきた。その到達点の1つは，英国において中央政府と非営利セクターとの間で交わされた「コンパクト」(1998年）と「コンパクトプラス」（2005年）である。これらの合意文書のなかで，政府は，社会的企業を含むボランタリー（非営利）セクターの独立性を認めることや，新たな政策が同セクターに影響を及ぼす可能性がある場合には事前に協議を行うべきことが明記されている。さらに，前述の委託事業の仕組みに関する問題点への対応としての複数年契約の推進や，間接費を含め委託事業に要する経費をすべて支払うという「フルコストリカバリー」の徹底も政府の責務として盛り込まれている。他方，非営利セクターには，情報提供や業績評価を通じたアカウンタビリティの向上などが求められている。ただし，コンパクトの実効性について英国内で疑問の声もある。日本においてもよりよい関係の構築を模索していく必要がある。

　次に，コミュニティとの関係についてみていこう。

　1995年の阪神淡路大震災などをきっかけに人々の社会貢献意識は高まっている。内閣府「社会意識に関する世論調査」によると，日頃，社会の一員として，何か社会のために役立ちたいと思っているという人の割合は1980年代の前半には40％台前半だったが，近年は60％台後半へと大きく上昇している。寄付やボランティアに関心を有する人は間違いなく増えており，実際，東日本大震災後多額の義援金が寄せられ，多くのボランティアが被災地に乗り込んだことは記憶に新しい。もちろん，社会に貢献したいと思うことと実際に行動に移すこととの間には大きなギャップが存在する。ソーシャルキャピタルも活用しつつ，共通目的をより広範囲に伝達していくことが社会的企業にとっての重要な課題となるだろう。

　コミュニティとの関係強化については，政策も大きな役割を果たしうる。具体的には，寄附金控除やボランティア休暇の取得促進などに加え，社会的企業が目にとまりやすいようにすることも考えられる。例えば，英国ではコミュニ

ティ利益会社 (community interest company) という法人格を2005年に創設した。この法人格は政府から独立した機関が社会性や配当制限などの審査に基づき認定した場合にのみ採用できる。この法人格を採用することで、社会的企業であることが広く認識され、ブランド力が高まるというメリットを享受できるとされる（英国ビジネス・イノベーション・職業技能省ホームページ）。

ただし、コミュニティからの資源調達についてもいくつかの課題を指摘できる。まず、資源の調達を促進するソーシャルキャピタルは属人的なものとなりがちである。このため、社会的企業の中心メンバーが組織を離れた場合ボランティアや寄付といった資源の調達が難しくなる可能性がある。社会的企業のメンバーをネットワークに積極的に巻き込むことで、資源提供者との関係を対個人ではなく対組織にしていく必要がある[10]。

第2に、創出した社会的価値を可能な限り可視化することである。利益で示される経済的価値とは異なり、社会的価値の評価は容易ではない。それでも、社会的価値はコミュニティから資源を調達する際の重要な誘因であり、できる限り数値で測定、示していくことが求められる。例えば、㈱Kaienは自社の支援を受けて就職した人たちが負担する所得税の増加額や生活保護費の減少分などの合計を算出し、ホームページに掲載している。さらに英国の事例ではあるが、長期失業者の就労支援を行うある社会的企業は社会的投資収益率という指標づくりにも取り組んでいる。これは、職業訓練を通じて得られた社会的便益を金銭に換算したうえで、そのために要したコストとの比率として算出される。ただし、日本だけではなく欧米でもこの点に関する研究は十分には進んでいない。社会的価値の評価に関して研究を深めていくことが望まれる。

VII. おわりに

本章では、まず、先行研究で社会的企業がどのように捉えられているのかを

---

[10] ここでのソーシャルキャピタルは注9で述べた個人財を念頭に置いている。

概観したうえで，その多様性を確認してきた。その後，組織均衡論の枠組みを用いて，社会的企業の特徴を検討した。具体的には，社会的価値と経済的価値という複数の共通目的を有しているがこれらの間にコンフリクトが起こりうること，政府やコミュニティからの資源調達が重要な役割を果たしていること，経済的，社会的価値が混合し顧客との関係が築かれていることなどである。さらに，後2者の特徴を活用することによって持続可能なビジネスモデルの構築や知覚価値の向上，発言の促進による財・サービスの質の高まりといった形で経営基盤が強化される可能性についても論じた。こうした取り組みを通じて，採算を確保しつつ社会的課題を持続的に解決していくところに社会的企業の革新性がある。

社会的企業が日本において発展していくかどうかは，政府とコミュニティからの資源調達が円滑に進むかどうかにもかかっている。そのためには政府とのよりよい関係を模索したり，コミュニティの協働意欲を高めるために創出された社会的価値を可視化したりするなどの取り組みが必要となる。ただし，これらのセクターからの資源調達に過度に依存することの問題点も存在する。他方，事業活動に傾斜し過ぎれば，社会性が失われてしまう懸念もある。このため，市場，政府，コミュニティの3つのバランスをとりつつ必要な資源を調達するという綱渡りが社会的企業には求められる。ここにその経営の難しさが存在するのである。

【参考文献】

石田光規［2008］「解題」ナン・リン著（筒井淳也・石田光規・桜井正成・三輪哲・土岐智香子訳）『ソーシャル・キャピタル―社会構造と行為の理論』ミネルヴァ書房

大住荘一郎［2003］『NPMによる行政革命―経営改革モデルの構築と実践』日本評論社

財団法人生協総合研究所『社会的企業とは何か―イギリスにおけるサード・セクター組織の新潮流』生協総研レポートNo. 48

鈴木直也［2006］「コミュニティビジネスの起業プロセス―特徴と支援者の役割」『調

査季報』(国民生活金融公庫総合研究所) 第78号

鈴木正明 [2009a]「英国のソーシャルエンタープライズ―日本の社会的企業育成への示唆を探る」『日本政策金融公庫論集』第3号

鈴木正明 [2009b]「社会的企業をどのように支援すべきか―収益性向上の取り組みから得られる含意」『日本政策金融公庫論集』第4号

ソーシャルビジネス研究会 [2008]『ソーシャルビジネス研究会報告書』

谷本寛治 [2006]「ソーシャル・エンタープライズ(社会的企業)の台頭」谷本寛治編著『ソーシャル・エンタープライズ―社会的企業の台頭』中央経済社

塚本一郎 [2008]「アメリカにおけるソーシャル・エンタープライズ研究の動向」塚本一郎・山岸秀雄編著『ソーシャル・エンタープライズ―社会貢献をビジネスにする』丸善

塚本一郎・土屋一歩 [2008]「日本におけるソーシャル・エンタープライズの動向」塚本一郎・山岸秀雄編著『ソーシャル・エンタープライズ―社会貢献をビジネスにする』丸善

藤井敦史 [2010]「欧州の社会的企業論」原田晃樹・藤井敦史・松井真理子編著『NPO再構築への道―パートナーシップを支える仕組み』勁草書房

宮川公男 [2004]「ソーシャルキャピタル論」宮川公男・大守隆編『ソーシャル・キャピタル―現代経済社会のガバナンスの基礎』東洋経済新報社

Barnard, C.I. [1938] *The Functions of the Executive*, Harvard University Press. (山本安次郎・田杉競・飯野春樹訳『新訳経営者の役割』ダイヤモンド社, 1968年)

Bode, I., A. Evers and A. Schulz [2008] "Work Integration Social Enterprises in Europe: Can Hybridization Be Sustainable?" in M. Nyssens (ed.), *Social Enterprise: At Crossroads of Market, Public Policies and Civil Society*, Routledge.

Brouard, F. and S. Larivet [2010] "Essay of Clarifications and Definitions of the Related Concepts of Social Enterprise, Social Entrepreneur and Social Entrepreneurship," in Alain Fayolle and Harry Matlay (eds.), *Handbook of Research on Social Entrepreneurship*, Edward Elgar.

Dees, J.G. [1998] "Enterprising Nonprofits," *Harvard Business Review*, 76(1)

Defourny, J. [2010] "Concepts and Realities of Social Enterprises: A Euroepan Perspective," in A. Fayolle and H. Matlay (eds.), *Handbook of Research on Social Entrepreneurship*, Edward Elgar

Dyer, J., H. Gregersen, and C.M. Christensen [2011] *The Innovator's DNA: Mastering the Five Skills of Disruptive Innovators*, Harvard Business Review Press. (櫻井祐子訳『イノベーションのDNA―破壊的イノベータの5つのスキル』翔泳社, 2012年)

Evers, A. and J. Laville (eds.) [2004] *The Third Sector in Europe*, Edward Elgar Publishing. (内山哲朗・柳沢敏勝訳『欧州サードセクター――歴史・理論・政策』日本経済評論社, 2007年)

Hirschman, A.O. [1970] *Exit, Voice, and Loyalty: Responses to Decline in Firms, Organizations, and States*, Harvard University Press. (矢野修一訳『離脱・発言・忠誠――企業・組織・国家における衰退への反応』ミネルヴァ書房, 2005年)

Kerlin, J.A. [2006] "Social Enterprise in the United States and Europe: Understanding and Learning from the Differences," *Voluntas*, 17

Laville, J., A. Lemaitre and M. Nyssens [2008] "Public Policies and Social Enterprises in Europe: The Challenge of Institutionalization," in M. Nyssens (ed.), *Social Enterprise: At Crossroads of Market, Public Policies and Civil Society*, Routledge

Mair, J. [2010] "Social Entrepreneurship: Taking Stockand Looking Ahead," in A. Fayolle and H. Matlay (eds.), *Handbook of Research on Social Entrepreneurship*, Edward Elgar

Oster, S.M. [1995] *Strategic Management for Non-Profit Organizations*, Oxford Universtiy Press. (河口弘雄監訳『NPOの戦略マネジメント――理論とケース』ミネルヴァ書房, 2005年)

Pestoff, V.A. [1998] *Beyond the Market and State: Social Enterprises and Civil Democracy in a Welfare Society*, Ashgate Publishing. (藤田暁男・川口清史・石塚秀雄・北島健一・的場信樹訳『福祉社会と市民民主主義――協同組合と社会的企業の役割』日本経済評論社, 2000年)

Pfeffer, J. and G.R. Salancik, [1978] *The External Control of Organizations: A Resource Dependence Perspective*, Harper and Row Publishers

Salamon, L.M. [1995] *Partners in Public Service*, The Johns Hopkins University Press. (江上哲監訳『NPOと公共サービス――政府と民間のパートナーシップ』ミネルヴァ書房, 2007年)

Simon, H.A. [1997] *Administrative Behavior: A Study of Decision-Making Processes in Administrative Organizations, 4/E*, The Free Press. (二村敏子・桑田耕太郎・高尾義明・西脇暢子・高柳美香訳『新版 経営行動――経営組織における意思決定過程の研究』ダイヤモンド社, 2009年)

Social Enterprise Coalition [2009] *State of Social Enterprise Survey 2009*

Yunus, M. [2007] *Creating a World Without Poverty*, PublicAffairs. (猪熊弘子訳『貧困のない世界を創る――ソーシャルビジネスと新しい資本主義』早川書房, 2008年)

Young, D.R., and L. M. Salamon [2002] "Commercialization, Social Ventures, and For-Profit Competition," in L. M. Salamon (Ed.), *The State of Nonprofit America*,

Brookings Institution.

(鈴木正明)

第8章

中小企業におけるイノベーション創出と持続的競争優位

わが国経済においては量的にも質的にも中小企業が大きな役割を担っている。グローバル化や少子高齢化の急速な進展等を背景に強まる近年の閉そく感を打破するためには，大企業部門だけでなく，中小企業部門においてもその特性を生かした新たな産業や事業の叢生につながるイノベーションの創出が不可欠といえる。本章では，持続的競争優位の源泉となる中小企業のイノベーションに焦点を当てて，イノベーションを創出するための基盤的能力やその特徴等についての検討を行う。

Ⅰ. はじめに

近年わが国の中小企業を取り巻く経営環境は，かつてわれわれが経験したことがないほどの急激かつ大きな規模で変化している。例えば，自社ブランドの最終製品を持たない中小製造業の多くは，戦後長らく完成品の最終組み立てを行う大手製造業の生産組織に自らを内部化することで，特定の生産機能（領域）に特化しながらも存立基盤を築いてきたが，大手製造業の海外生産移転や新興国企業の台頭を受けて，その地位を喪失する企業が急速に増加している。また中小小売業は，地域需要の担い手や地域コミュニティの拠点として，地域住民の生活を支える重要な役割を果たしてきたものの，大型店舗との競合に加え，人口減少に伴う総需要の縮小，消費者ニーズの多様化，インターネットや通信販売の台頭，後継者不足等を背景に，小規模企業を中心に廃業を選択する

企業も増加している[1]。

こうした経営環境の変化は一時的なものではなく構造的,かつ不連続な変化といえる。それゆえ,中小企業が今後とも持続的な企業体の維持・発展を目指すためには,既存事業の枠組みにとらわれず,変化する顧客のニーズを踏まえた新たな製品やサービス,新たな事業を創造することが必要となっている。ここで求められるのが本章で取り上げるイノベーションに他ならない。

このような視点から,まず第Ⅱ節ではイノベーションの概念や担い手に関する先行研究のレビューを踏まえて,議論の前提となる本章におけるイノベーションの概念を述べる。第Ⅲ節では企業の競争優位とイノベーションのかかわりを考察したうえで,4つの要素から形成されるイノベーション創出の基盤的能力について述べる。続く第Ⅳ節では中小企業のイノベーションの特徴を先行研究から見たうえで,イノベーションによる顧客価値の追求により持続的競争優位の構築に成功している中小製造業の事例を提示する。最後の第Ⅴ節ではまとめとして事例研究から中小企業のイノベーションの共通点として見出すことができた諸点について述べる。

Ⅱ. イノベーションと中小企業経営

1　シュンペーターとドラッカーに見るイノベーション概念

イノベーションについては,その重要性に鑑み,近年さまざまな立場からの研究が行われている。まずそれらの議論に大きな影響を与えてきたシュンペーターとドラッカーのイノベーションに関する議論を概観したうえで,本章におけるイノベーション概念を明らかにする。

---

(1)　総務省「事業所・企業統計調査」「平成21年経済センサス―基礎調査」によれば,中小企業全体の企業数は1999年時点の4,836,763企業から2009年には13%減4,190,719企業となっている。このうち中小製造業の企業数は1999年時点の599,512企業から2009年には26%減446,054企業に減少している。同様に中小小売業の企業数も1999年時点の1,084,209企業から2009年には26%減802,393企業に減少している。

よく知られるようにイノベーションの概念を最初に体系化したのは経済学者であるシュンペーター（J.A.Schumpeter）である。Schumpeter［1926］では，イノベーションを「新しいものを生産する，あるいは既存のものを新しい方法で生産すること」と定義している。また「生産」活動について，一般にイメージされる実在物としてのものを作り出す活動だけでなく，「利用しうるいろいろな物や力（materials and forces）」を従来とは異なる形で結合する活動としてとらえている。そのうえでイノベーションの具体的な例として，次の五つを提示している[2]。第一は新しい財貨（製品やサービス）の開発である。第二は新しい生産方法と販売方法の導入である。第三は新しい販路の開拓である。第四は原材料の新たな供給源の獲得である。第五は新しい組織の実現である。

ここで重要なことは，シュンペーターが，五つの例に示したとおりイノベーションを技術的な成果にとどまらない広範囲な現象ととらえていたことである。あわせて，例えば新製品開発が科学的に新しい発見に基づくものである必要や，新しい販路や原材料の供給源がはじめて見つけられたものであること等は要求しておらず，利用可能なものや力が既存・既知であっても，その組み合わせが新しければイノベーションに包含されるととらえていたことである。この意味で，シュンペーターはイノベーションを「新結合」と呼んでいる。

さらに，シュンペーターはイノベーションこそが経済発展の原動力になると主張している。シュンペーターによれば，経済の「成長」と「発展」は峻別すべきものである。経済の発展とは軌道の変更であり，その変化は連続的，成長

---

[2] 第9章で指摘するように正確にはシュンペーターは次のように例示している。「一　新しい財貨，すなわち消費者の間で未だ知られていない財貨，あるいは新しい品質の財貨の生産。二　新しい生産方法，すなわち当該産業部門において実際上未知な生産方法の導入。これはけっして科学的に新しい発見に基づく必要はなく，また商品の商業的取り扱いに関する新しい方法をも含んでいる。三　新しい販路の開拓，すなわち当該国の当該産業分野が従来参加していなかった市場の開拓。ただしこの市場が既存のものかどうかは問わない。四　原料あるいは半製品の新しい供給源の獲得。この場合においても，この供給源が既存のものであるか―単に見逃されていたのか，その獲得が不可能とみなされてきたのかを問わず―あるいは始めてつくり出されねばならないのかは問わない。五　新しい組織の実現，すなわち独占的地位（たとえばトラスト化による）の形成あるいは独占の打破。」（Schumpeter［1926］, pp.182-183）

的というよりもむしろ断続的，飛躍的であり，静態的な循環である成長とは質を異にする。シュンペーターは，資本主義経済の下での経済発展は，既存の秩序や枠組みを創造的に破壊するイノベーションの遂行によってこそ実現されるものであると考えたのである[3]。

このようにシュンペーターは，これまで存在しないようなアイデアを着想し，あるいは未知なるものを発見，発明することではなく，さまざまな新たな組み合わせの実現により，経済発展をもたらす社会にインパクトを与えるような新たな製品やサービスを生み出すことがイノベーションであると考えていた。こうしたシュンペーターのイノベーション概念は，イノベーション研究の礎となり，その後の研究に大きな影響を与えるものとなっている[4]。

シュンペーターが経済発展の推進力としてのイノベーションに着目したのに対して，シュンペーターの議論をもとにしながらも，個々の企業における企業成長の源泉としてのイノベーションに着目したのがドラッカー（P.F.Drucker）である。Drucker［1954］では，顧客の創造こそが企業の目的であり，そのために不可欠な企業の基本的な機能がイノベーションとマーケティングであると述べている。イノベーションについては「企業は単に経済的な財やサービスを供給するだけでは十分ではない。より優れたものを創造し，提供しなければならない」として，「製品・サービスの革新，および製品の販売・サービスの提供に必要な技能や活動の革新であり，企業のあらゆる活動にかかわりを持つ」

---

(3) シュンペーターによれば，経済の成長とは，植物の成長のように連続的であって，同一線上での変化で軌道の修正を伴わないとされる。これに対して，経済の発展は，「駅馬車から汽車への変化のように，純粋に経済的—「体系内部的」—なものでありながら，連続的には行われず，その枠や慣行の軌道そのものを変更し，「循環」からは理解できないようなほかの種類の変動」及び「その結果として生ずる現象」とされる（Schumpeter［1926］，p.171）。

(4) 実務的にも大きな影響を与えている。例えば，我が国においては，「中小企業新事業活動促進法」において，支援の対象となる「経営革新」を「事業者が新事業活動を行うことにより，その経営の相当程度の向上を図ること」と定義している。ここで新事業活動とは，①新商品の開発または生産，②新役務の開発または提供，③商品の新たな生産または販売方式の導入，④役務の新たな提供の方式の導入その他の新たな事業活動（第2条第5項）とされており，先のシュンペーターの5つの例示に近似するものとなっている。

ものと定義している⁽⁵⁾。また「企業はイノベーションを目指して自らを組織化し，その計画と実行，評価に取り組む必要がある」とも述べている。

　こうしたドラッカーの議論は，シュンペーターが，国や産業といったマクロレベルで，かつもっぱら供給者側の生産や調達，供給といった活動に着目して経済学的にイノベーションを論じたのに対して，その目的を顧客の創造におくことでマーケティング的視点を導入し，イノベーションを企業存続と成長の源泉として企業活動に取り込みマネジメントの対象とすべき活動ととらえることで，より経営学的な視点からイノベーション研究を進めようとしたものと理解できる。

　これらの議論を踏まえながら，本章でもイノベーションを広義でとらえることとする。企業にとってイノベーションを最広義で捉えれば「新たな価値を創造する活動（十川［2006］, p.2）」といえる。もっとも企業は，顧客に対して製品やサービスを提供し，顧客のニーズを満足させ，見返りとして経済的対価を得ることで存立している。この企業活動に当てはめて考えると，より具体的には，企業にとってのイノベーションとは「新たな顧客価値を創造する製品やサービスを生み出し提供するための企業内のあらゆる活動」ととらえることができる⁽⁶⁾。本章ではこれを広義のイノベーションと呼ぶ。

　広義のイノベーションでは新たな顧客価値の創造に主眼を置きながら，イノベーションを製品やサービスといった成果を生み出し提供するまでの動的なプロセスとしてとらえている。顧客価値とは企業に経済的対価をもたらす顧客の効用を意味する。顧客の効用は，製品やサービスの直接的消費行動からのみ生まれるものでなく，購入や使用，保有，アフターサービス，廃棄といった顧客行動のあらゆる場面で形成されるものであり，必ずしも新たな製品やサービスからのみ創造されるものではない。これに対して，新たな顧客価値を創造する

---

(5)　これに対して，マーケティングは「販売活動に限定されることなく，市場の求める製品・サービスを作るという事業全体にかかわる重要な活動」であるとされている。
(6)　石山［2008］も顧客が感じる満足度と支払う対価の差を顧客価値としたうえで，「イノベーションとは新たな顧客価値を創造することである」としている（p.19）。

ために生み出された「成果としての製品やサービス」は狭義のイノベーションと呼ぶこととする。

なお，新しい顧客価値を創造するものであれば，成果である製品やサービスの新規性は問わない。既存の製品やサービスであっても，生産方法や提供方法，アフターサービス等を変更することで，新たな顧客価値をもたらす活動であればイノベーションといえる。反面，企業にとって新技術・新素材の開発であったとしても，顧客価値の創造をもたらさない研究開発活動はイノベーションととらえない。一方で，製品やサービスの提供を背後で支える事業や組織の仕組みを見直すことも，結果的に顧客価値の創造をもたらすものであればイノベーションに含む。なお，経済的対価については直接的に要求していないものの，新たな顧客価値の創造は企業にとって経済的対価に結実していくものと考えている[7]。

2　イノベーションの担い手

本章は中小企業のイノベーション創出と持続的競争優位についての考察を進めようとするものであるが，イノベーションを主導するのが既存大企業か新興企業かについてはこれまでにも多くの議論が展開されてきた。上述したシュンペーターを見ても，イノベーションを主導する担い手についての認識は，新興企業から独占的な大企業に変遷している。フリーマン（Freeman, C.）によれば，この点に関するシュンペーターの議論は，「シュンペーター・マークⅠ（Schumpeter Mark Ⅰ）」と「シュンペーター・マークⅡ（Schumpeter Mark Ⅱ）」の二つに分類されている（Freeman［1982］）。

シュンペーターは，初期の著作であるSchumpeter［1926］では，イノベーションの実現により新興企業と既存大企業が入れ替わることで新陳代謝が起きることが，経済発展のダイナミズムを生むと考え，新興企業の企業家にイノ

---

[7]　加えて，実現した新たな顧客価値を持続的に提供するためにも経済的対価を得ることは不可欠であることから，顧客価値を経済的対価に変換していくための仕組みについても，イノベーションの対象とする。

ベーションの担い手として役割を見出していた(シュンペーター・マークⅠ)。一方で,Schumpeter[1942]においては,「大規模組織が経済進歩,とりわけ総生産量の長期的増大のもっとも強力なエンジンとなってきた」(pp.164-165)として,研究開発上の規模の経済性や占有可能性,リスク負担力等をあげて,現代の資本主義経済の下では,シュンペーター・マークⅠにいう新興企業ではなく独占的な既存大企業こそがイノベーションの主導的役割を担うと論じたのである(シュンペーター・マークⅡ)。

このシュンペーターの二つの考え方のいずれを重視するかは,特に市場独占に対する政策的対応を考えるうえで非常に重要な論点となる。シュンペーター・マークⅠを重視すれば,独占的大企業はできる限り排除して反独占勢力としての新興企業への支援を手厚くすべきである。他方,シュンペーター・マークⅡを重視することは,独占的大企業内部のイノベーション創出への支援を行う論拠ともなり得る。このため産業組織論の分野を中心に,早くから企業規模や市場の集中度をはじめとした市場構造とイノベーションの関係に関して,さまざまな実証的研究が行われてきた。しかしながら,後藤[2000]が指摘するとおりその計測結果は多様であり,企業規模や市場構造とイノベーションの相関関係が明確になっているとは言えないのが実情である[8]。

この点についてのわれわれの立場はシンプルである。上述の通り,われわれは新たな顧客価値を創造する製品やサービスを生み出し提供するための企業内のあらゆる活動を広義のイノベーション,その成果としての製品やサービスを狭義のイノベーションとしてとらえている。この立場からは,企業規模の如何を問わず,新たな顧客価値の創造を目指す企業はイノベーションの主体となり

---

[8] 例えば,日本の中小企業研究の分野では土井[1986]がシュンペーター・マークⅡ仮説の普遍性・妥当性を疑問視して,早くから批判的な実証分析を行っている。またActs & Audretsch[1990]は,米国の産業部門別・企業規模別のイノベーション発生率の分析結果を踏まえて,どの規模の企業が絶対的に有利とはいえないものの,中小企業のイノベーティブな活動は経済活動に重要な貢献をしていると主張している。また,本書第9章でも,髙橋によりシュンペーター仮説として検討されているが,これまでの実証研究ではこれを裏づけるような「頑健な」実証結果は得られていないと指摘されている。

得ると考えられる。

　イノベーションの担い手に関する議論の二つ目は，創出されるイノベーションの性質，とりわけ新規性の程度によって，保有する経営資源量に格差のある大企業と中小企業で優位と劣位が存在するというものである。イノベーションは，そのもたらした変化の大きさの程度によって，漸進的イノベーション（Incremental Innovation）と断続的イノベーション（Radical Innovation）に大別されることが多い（Nelson and Winter [1982]；Dewar and Dutton [1986]）[9]。前者は，旧来の製品やサービス，あるいは技術や仕組み等の延長線上で発生する変化の程度としては小さなイノベーションであり，その性格から既存の資源蓄積を活用できる可能性が高いため，保有資源量の多い大企業が優位に立つと考えられている。

　他方で後者はそうした連続的なものでなく，既存の製品やサービス等からかけ離れた大きな変化をもたらすイノベーションを意味する。先にシュンペーターが取り上げた駅馬車から汽車への転換などが好例である。断続的イノベーションにおいては，その不連続性ゆえ，既存の資源蓄積が活かされない可能性がある。時には既存製品やサービスに縛られた大企業が市場から一掃されることも起こりうる[10]。結果として持続的イノベーションに比べ，保有資源量の多い大企業が必ずしも優位に立つとは限らないと考えられている。経営資源の賦存量の差は，大企業と中小企業の本質的な差異でもあり，こうした考え方は直感的にも首肯されるところがあろう[11]。

　しかしながら，概念的には理解できるものの，現実にはこうしたイノベーションの違いを見極めることはそれほど容易なことではない[12]。また，中小企

---

(9)　ここでは，本章に言う狭義のイノベーション，特に技術的な成果としてのイノベーションが意識されていることが多い。
(10)　クリステンセン（Christensen [1997]）の破壊的イノベーションの議論に相当する。
(11)　本書第9章でも，企業の経営資源活用能力や学習能力という点からは，画期的（断続的；筆者注）イノベーションについて，社外資源の活用を条件としながら，中小企業の方が取り組みやすいと述べられている。
(12)　近能・高井 [2010] も，Cooper and Smith [1992]，Utterback [1994] 等がこの仮説を支持しているものの，必ずしも厳密な実証研究の成果を得るまでには至っていない

業のイノベーションは，新しい製品やサービスそのものの開発を意味するプロダクト・イノベーションより，生産方法の改善を意味するプロセス・イノベーションが多いと指摘されるが（中小企業庁編［1998］, pp.361-367ほか），大半のプロセス・イノベーションは斬新的イノベーションに分類されよう。さらに多くの先例が教えるとおり，断続的イノベーションの実現者が企業の持続的な競争優位を確実にするわけではない。例えば，液晶技術で先行しテレビのブラウン管から液晶への切り替えを主導してきたシャープが，液晶テレビのコモディティ化の進展に直撃され，このところ業績の低迷を余儀なくされていることを見ても理解できよう[13]。

企業にとって重要なことは，イノベーションが斬新的であるか断続的であるかではなく（あるいはプロダクトであるかプロセスであるかではなく），イノベーションの創出によって，いかにして競合他社に対する持続的競争優位を築き上げることができるかである。次節では持続的競争優位とイノベーションの創出について考えていこう[14]。

Ⅲ. 持続的競争優位とイノベーションの創出

1　ポジショニングアプローチと資源ベースの視点

企業の持続的競争優位はいかにして確立されるのであろうか。近年の経営戦

と指摘する（p.85）。
[13]　テレビ事業の不振を受けて，シャープは2012年3月期の決算において，過去最悪の約3800億円の赤字計上を余儀なくされた。こうした中で立て直しに向けて，シャープは世界最大のEMSである鴻海精密工業グループとの資本業務提携を進めている。シャープ本体に約10％の資本を受け入れるほか，約4,000億円を投じて2009年に稼働させた最新鋭の堺工場の運営会社（シャープディスプレイプロダクト）の株式の約47％を譲渡する計画を発表している（シャーププレスリリース2012年3月27日付，日経新聞2012年4月10日付記事）。
[14]　イノベーションの担い手に関する議論としては，イノベーションの創出を主導するのが供給者側かユーザー側かというものもある。この点についてVon Hippel［1988］は，イノベーションの遂行主体を機能別に分析，その多様性をあげたうえで，電子部品などの分野ではユーザーがイノベーションを主導していることを指摘している。

略論によれば，持続的競争優位の確立を目指す経営戦略の策定に当たっては，大別して二つのアプローチが考えられている。企業を取り巻く外部環境（業界構造）における企業の位置づけに競争優位の源泉を見出すポジショニングアプローチと，競争優位の源泉を企業が保有する資源に見出す資源ベースの視点（Resource Based View）からのアプローチである。

（1）ポジショニングアプローチ

ポーター（Porter.M.E.）に代表されるポジショニングアプローチによれば，産業の平均的収益性（魅力度）は，5つの競争要因（競合の程度，新規参入の脅威，代替品の脅威，買い手の交渉力，売り手の交渉力）により決定される。そのうえで戦略策定の基本は，業界分析により魅力的な産業を選ぶとともに，低コスト化あるいは差別化を図ることにより，この5つの要因の影響を克服あるいは活用して，他社に対していかに参入（移動）障壁を築き競争圧力を回避して優位に立つかにあるとされる（Porter［1980］）。自社にとって，企業間の競合が少なく，サプライヤー（売り手）や顧客（買い手）の交渉力が低く，代替製品・サービスの脅威が小さく，新規参入が少ない業界構造は魅力的であり，こうしたポジショニングアプローチの視点は，企業が戦略を策定するうえで極めて重要である。

もっとも業界構造を分析することはたやすいものではない。産業の融合化が進む中で業界と業界の境界性が明確でないことに加え，新たな業界の誕生が既存業界に大きな影響を与えることも少なくない。的確な分析を行ったとしても，他の競争者も同様の分析を行い同様の戦略をとれば目指す競争優位の確立が困難になるというディレンマにも陥ってしまう。また，たとえ魅力的な業界を見出したとしても，そもそも事業を実行するためには，資金や人材，技術をはじめとするさまざまな資源が必要である。現実的には利用可能な資源の範囲でしか企業は事業を展開できない。とりわけ中小企業においては資源制約が大きいことから，限られた資源かつ得意とする（強みを持つ）資源を中心とした事業しか展開できないのが実情であろう。そこで注目されてきたのが，資源ベースの視点である。

(2) 資源ベースの視点からのアプローチ

　資源ベースの視点では，企業の持つ資源や組織のケイパビリティ（Organizational Capability）に競争優位の源泉が求められる。企業の保有する資源は，不動産や機械設備のように目にみえる有形資産だけではない。のれんやブランド，学習や経験により蓄積された各種のノウハウといった無形資産もある。有形資産の多くが換金性の高い標準的な財であるのに対し，こうした無形資産の本質は情報であるといえ，低コストで多重利用が可能なことから，その保有状況は競争優位に大きな影響を与える。

　これらの資産が企業活動における投入要素であるのに対して，組織のケイパビリティは，組織がインプットをアウトプットへと変換するために用いる資産，人材，プロセスの複雑な組み合わせ方である。組織のケイパビリティは，外部からはみえにくく，明確に特定することも困難であるが，企業活動を左右する組織の実行能力といえ，企業の中に潜む組織活動の基盤であると考えられている。こうしたケイパビリティの存在によって，外部からは同じような資源を持っているように見える企業であっても，競争優位に大きな格差が生じることがあると説明される（Collis and Montgomery［1998］, pp.44-46）。

　資源ベースの視点からのアプローチによれば，企業のとるべき戦略は，保有する資源の中から価値ある資源やケイパビリティを識別し，これを強化・活用することで，独自の価値を創出していくことを基本的視座として策定されるべきということになる。こうした資源が持続的競争優位を生むという考え方は，直感的にも理解しやすいが，多くの場合，企業が自らの資源を客観的に識別・評価することは困難である。特に，成功する戦略の基礎となる希少かつ貴重な資源である「クラウンジュエル（王冠の宝石）」を見つけ出すことは難しい。それゆえ戦略策定に当たっては資源の評価が大きな課題になる。

　自社の保有する資源を分析する手法としては，バーニー（Barney, J.A.）によるVRIO分析の手法が有用とされる（Barney［2002］）。資源の価値（Value：事業機会を逃さず脅威に対応できる資源であるか），希少性（Rarity：どの程度の数の競争相手がその資源を保有しているか），模倣困難性（Inimitability：資源を新たに獲得・開発しようとするとコスト不利性が生じるか），組織（Organization：資源の潜在力を活用するための組織が形成されているか）の4つの要因から競争優位を分析するものである。これによれば，資源に価値があっても希少でなければ競争優位に立てない。希少であっても，たやすく模倣されれば優位性は一時的なものにとどまる。資源の模倣が困難であり，かつ資源を活用する組織が存在することで，企業の持続的優位が生まれるとされている。

またコリスとモンゴメリーは，企業が所有する資源の価値は，顧客デマンド充足性（demand），希少性（scarcity），および専有可能性（appropriability）という三つの側面を含んだ競争環境と企業の間の複雑な相互作用の中に存在し，これら三つの側面が交わる部分において創造されるとする。彼らは，ある資源が顧客の求めを充足し，競合先による模倣が困難で，利益を専有できるときに価値が創造されると考えるのである（Collis and Montgomery [1998], p.49)。もっとも，ここで留意しなければならないのは，価値ある資源が個々に存在しているとは限らないことである。単独では価値を見出すことのできない資源であっても，新たな組み合わせを行うことで，思いもよらぬ価値が創出できることが少なくない。とりわけ，資源制約の大きい中小企業においては，こうした複合的な視点をもって，保有する資源の識別・評価を行うことが重要であると考えられる。

2　イノベーションが生む持続的競争優位

持続的競争優位の確立を目指す戦略の策定に当たっては，ポジショニングアプローチと資源ベースの視点からのアプローチが考えられる。ポジショニングアプローチが外部環境に適合するような戦略の策定を視座とするのに対し，資源ベースの視点では，競争相手に対して差別化を図ることができるような資源や組織のケイパビリティに基づいた戦略の策定を目指す。一見すると，二つの立場は正反対からのアプローチであるが，双方とも目的は企業の持続的競争優位の構築にあり，相反するものではない。現実の企業においても，企業のウチ

とソフトの両方に注目しながら意思決定を行うことが通常であろう。業界構造の分析においても、保有する資源を無視することはできない。資源を認識・評価するに当たっても、業界構造を無視することはできないためである。その意味で戦略策定に当たっては、いずれかにこだわらず双方の視点をとりいれることが望ましい。

それではこうした持続的競争優位の確立を目指す戦略において、イノベーションはどのように位置づけられるのであろうか。企業を取り巻く環境は不断に変化している。競争相手の動向にとどまらず、経済的環境、技術的環境、社会的環境の変化を受けて、顧客のニーズはもちろん保有する資源も変化する。ポジショニングアプローチにせよ、資源ベースの視点にせよ、環境が絶えず変化する状況下で、企業が持続的競争優位を確立するためには、つねにこうした環境変化を認識し適応することで、新たな顧客価値を実現し続けなければならない。その意味では、動的な環境変化への対応力が企業にとっての本質的な強みであり、企業の持続的競争優位をもたらすといえる。

そして、この動的な環境変化への対応力は、新たな顧客価値を創造する製品やサービスを生み出し提供するための全社活動、すなわち広義のイノベーションを単発ではなく企業内部で持続的に展開することにより生み出されると考えられる。どれほど革新的で画期的な狭義のイノベーションを実現しても、やがて陳腐化していくため、持続的競争優位の源泉にはなり得ない。重要なことは、上述の広義のイノベーションを、不断のサイクルとして回し続けることである。

3　イノベーション創出の基盤的能力

中小企業研究の分野においても、近年動的な視点からイノベーションの創出をとらえる研究が進みつつある。例えば、髙橋は企業がイノベーションを生み出すプロセスを問題解決のプロセスとしてとらえ、企業は顧客の抱える課題（ニーズ）等を解決する過程でイノベーションを創出すると指摘する（本書第9章；髙橋［2003b］ほか）。また問題解決能力の基礎にあるのは「経営資源活

用能力」であり,「学習能力[15]」がその基盤にあるとする。さらに環境変化が激しい場合,現有の知識が多様なほど,新規の知識と既存知識が関連しやすいため,学習能力(問題解決能力)は高くなり,結果的に学習能力は,企業が保有する知識の「幅」と「深さ」に依存することになると指摘している。このように髙橋は保有知識に依存する学習能力がイノベーション創出の基礎にあることが強調する。

髙橋のいう顧客の問題(ニーズ)を解決するプロセスとは,われわれの立場では広義のイノベーションにほかならないが,その指摘の通り,実行にあたって活用できる経営資源を規定する組織的学習能力は決定的に重要であると考えられる。しかしながら,持続的に新たな顧客価値を生み出す広義のイノベーションを実行するためには,こうした学習能力とあわせて,外部環境の変化を適切に認知することや,より主体的に資源と外部環境の調整を図ることで積極的に環境要因の変化を促す能力も重要であろう。こうした観点から,著者は広義のイノベーションの創出にあたっては,組織内部に①外部環境の変化をとらえる力(認知能力),②保有する資源を把握する力(把握能力),③保有する資源と外部環境を相互に調整して適応させる力(調整能力),④保有する資源を蓄積・強化する力(学習能力)の4つの能力を構築することが必要であると考えている。

(1) 外部環境の認知能力

外部環境には,自社以外の全ての他者,すなわち顧客はもとより競争相手,仕入先,行政(規制)等に加えて,その他の社会経済要因を含む。こうした外部環境を認知することは,ポジショニングアプローチが示すとおり,戦略策定上もいうまでもなく重要である。静的な状況だけでなく,変化の方向,動きを認知することがとりわけ重要である。外部環境は時間の経過とともに変化す

---

(15) 髙橋[2003b]では学習能力を①新しい知識(形式知および暗黙知)を「獲得」―知識の価値を「評価」「吸収」して,②「利用」する,一連の能力と定義している。また,学習は個人レベルだけでなく組織的にも行われるとして,組織的学習能力がイノベーション創出の基礎にあると指摘している。なお,知識の種類や学習の一般的特性については,本書第9章を参照されたい。

る。顧客ニーズの変化，技術革新，規制緩和といった法律の改正等が，盤石に見えた業界内でのポジションや資源の価値を減少させた例は枚挙にいとまがない。顧客のニーズを見ても，顕在化しているものだけではなく潜在化しているものが多い。顧客ニーズは変化するものであり，昨日まで顧客のニーズを充分満足させていても，競合相手（品）の登場によって一瞬にして打ち砕かれることも珍しくない。法規制の緩和や技術革新によって，参入障壁がなくなり，優位性が一挙に喪失することも珍しくないのである。

(2) 資源の把握能力

資源ベースの視点が示すとおり，保有する資源の中でも，とりわけ市場では簡単に調達することのできない独自資源（固有的資源）を把握することが重要である。目に見えにくい他社にないノウハウ，培われたブランド，社風などは，組織の実行力であるケイパビリティとともに，他社との競争においても大きな優位をもたらす。反面，希少な資源を保有していたとしても，活用されなければ，「宝の持ち腐れ」となる。優れた認知力によりいくらすばらしいビジネスチャンスを見つけても，事業に必要な資源や能力が把握，活用されなければ，同様の結果となろう。また，既述のとおり，資源制約の大きな中小企業にとっては，個々の資源の組み合わせによる価値の把握も重要である。

(3) 資源と外部環境の調整能力

顧客のニーズを満たす方法はひと通りでない。環境やニーズの変化に応じて，適切な資源を投入することが非常に重要である。また，外部環境を把握することにとどまらず，外部環境（例えば競合先）に働きかけることで，自社資源の活用を促すことも考えられる。外部環境と保有する資源は，独立して存在しているのではなく，相互に作用することで，顧客の求める価値・機能を発揮するのである。企業は，外部環境にあうように資源を調整する傍らで，資源投入により外部環境を変化させることで，顧客価値の実現に注力する必要がある。

(4) 資源の蓄積・強化を進める学習能力

企業独自の固有的資源を把握することに加えて，あわせて資源をいかに蓄

図表8-1 イノベーション創出の基盤的能力の概念図

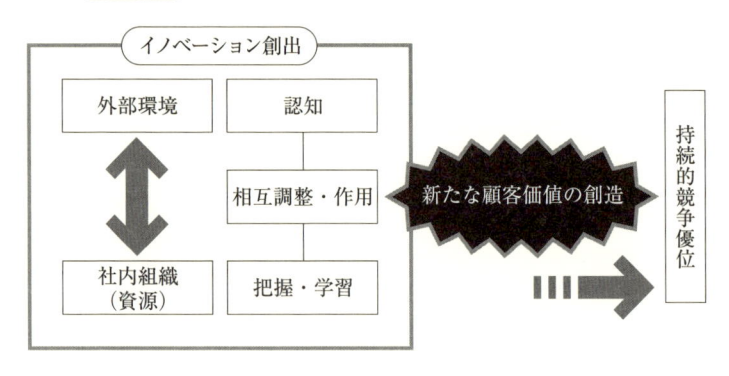

```
┌─ イノベーション創出 ─────┐
│  創出                    │
│ ┌──────┐  ┌──────┐      │         ┌─┐
│ │外部環境│  │ 認知 │      │         │持│
│ └──────┘  └──────┘      │  ╱╲    │続│
│    ↕     ┌────────┐    │ 新たな   │的│
│          │相互調整│    │ 顧客価値 │競│
│          │ ・作用 │    │ の創造   │争│
│          └────────┘    │  ╲╱    │優│
│ ┌──────┐  ┌──────┐      │    ▶    │位│
│ │社内組織│  │把握・│      │         └─┘
│ │(資源) │  │ 学習 │      │
│ └──────┘  └──────┘      │
└────────────────────────┘
```

出所：筆者作成。

積・強化してゆくかというプロセスからの視点も重要である。特に，現代のように経済のグローバル化が加速する中では，たやすく外部環境が激変するため，いかなる資源であっても陳腐化リスクはあり，資源を強化あるいは新たな価値ある資源を形成するため，組織内部に学習能力が求められる。もとより，組織は構成員である個人の経験や学習を通じて学習するのであるが，こうした学習成果を組織に転換するプロセスの確立が重要である。このプロセスにより，組織のケイパビリティが規定されるともいえる。

(5) 4つの能力は相互補完的に機能する

最後にこれら4つの能力は個別に存立するわけではなく，組み合わさって，相互補完的に機能すると考えられる。例えば外部環境の認知や資源の把握がなければ，相互の調整・作用は働きがたい。また，新たな資源の蓄積・強化が進まなければ，外部環境との調整の余地も少なくなるからである。そして，これらの能力がかみ合ったときに，企業の発展の原動力となる広義のイノベーションが実行され，成果である狭義のイノベーションが創出されるのである。したがって，持続的競争優位の確立を目指す企業にとってはいかにしてこれら4つの能力を強化・制御することで，広義のイノベーションの持続的実行を図るかが重要な戦略課題となる。

IV. 中小企業におけるイノベーション創出

1　中小企業のイノベーションの特徴

『中小企業白書2009年版』は副題を「イノベーションと人材で活路を開く」として，中小企業のイノベーションに関して分析している[16]。ここではイノベーションを狭義の技術革新のみならず，新しい販路の開拓を含めた広範なものとしたうえで，中小企業のイノベーションは，研究開発を通じた技術革新だけでなく，日ごろからビジネスの種を探したり，生産工程の改善や経営資源の有効活用を考える中で生まれたアイデアや創意工夫がきっかけとなった事例も多いことを指摘する。

また，中小企業のイノベーションの特徴として次の3点を挙げている。第1は経営者が方針策定から現場での創意工夫までリーダーシップをとって取り組んでいること。第2は，日常生活でひらめいたアイデアの商品化や，現場での創意工夫による生産工程の改善など，継続的な研究開発活動以外の創意工夫などの役割が大きいこと。第3は，ニッチ市場におけるイノベーションの担い手となっていることである。これに対して，大企業のイノベーションは，大規模な研究開発や，その成果が現れるまでに研究開発に対し，組織力を生かして多くの研究者や資金を投じて，イノベーションを実現していると指摘している。

一方で最近の中小企業のイノベーションに関する実証的研究の成果を見ると，土井［2006］は進歩的中小企業[17]のイノベーション・システムの特徴として，①工程革新より製品革新の重視，②社内開発と外部との共同開発の補完的実施，③顧客との共同開発の戦略的重要性，④R&Dにおけるマーケティング・営業サイドからの情報，圧力の大きな影響力，⑤社長の計画策定・執行への高い関与度，⑥イノベーションと並行したマーケティングと組織力，⑦優秀

---

(16)　中小企業庁編［2009］, pp.46-54。
(17)　ここで進歩的中小企業とは，『日経ベンチャービジネス年鑑2003』（日本経済新聞社）に記載された中小企業規模の独立系製造業及びソフトウエア業893社である。

な研究者・技術者の確保,技術の市場性の目利き,研究資金の確保の重要性,⑧新技術の利用の多様性を挙げている。そのうえで,技術開発とマーケティング革新,組織革新の一体的展開の重要性,経営者と従業員の意識の一体化とそのためのしくみづくり,進歩的中小企業の多様性,独立性,自立性を考慮した公共政策の重要性を強調している。

中小企業のイノベーション決定要因については,本庄［2007］が東京都所在の機械・電機・情報系企業を対象に実施したアンケート調査を用いて検証している。本庄［2007］によれば,相対的に年齢の高い企業群でイノベーションと企業規模が正の相関関係にあること,成長志向の強い企業群ほど,加えて安定志向の弱い企業群ほど,新技術・新商品の開発,新しい販売・宣伝方法の導入といったイノベーションを実現する傾向がある。あわせてイノベーションをあらわす指標によって決定要因は異なり,経営目標や戦略の違いによってもイノベーション活動に違いがみられることを指摘している。

同様に文能［2008］も,中小企業新事業活動促進法の認定を受けた中小企業を対象として全国規模で実施したアンケート調査に基づき,イノベーションの態様によってその生起に影響を及ぼす要因が異なることを指摘している。具体的には各々もっとも影響を及ぼす要因として,新製品開発では「新製品・サービス開発の重点化」,新方式の導入では「資金調達力」,新規顧客の開拓では「新規取引先の開拓」,新供給先の確保では「外部とのネットワーク構築力」,新組織の構築では「新規事業計画を率先して行う」ことを挙げる。これらを踏まえて,企業がこれまで資源を集中し重点的に取り組んできた内容があり,それを自社の強みとして認識し行動する企業でイノベーションが創出されると結論付けている。こうした先行研究を見ても,多様な中小企業のイノベーションの特徴やイノベーションを生成する要因を特定することは困難であることがわかるが,以下では先に示した基盤的能力の枠組みも用いながら,中小企業におけるイノベーションの創出事例を検討することで,少しでもその実態に迫ることを試みたい。

2 イノベーションの創出事例

ここで検討するのは，友禅型紙の製造で培った伝統技術を活かすことで新たな顧客価値を創出している住宅内装材メーカーの企業事例と，組織の変革により新たな顧客価値を創出する取り組みを進めている段ボール加工用刃物メーカーの企業事例である。ともに新たな顧客価値の創出を追求することで持続的競争優位の確立に成功していると目される企業であるが，前者の企業が中核的技術を活かして多様な事業開発，事業展開（友禅型紙から住宅建材，床暖房資材への展開）を進めているのに対し，後者の企業は特定市場（段ボール加工用刃物）に特化しながら事業を展開しているという相違点を有している[18]。

(1) 伝統技術を現代に活かす住宅内装材メーカー

キョーテック（京都府，グループ企業含め従業員130人）は住宅向けの内装材メーカーである。1933年に京友禅の型紙彫刻業者として創業され，1950年代に入るとプリント服地の捺染等向けにシルクスクリーン写真型の製造を開始。1960年代に入ると着物の需要減退をにらんで，蓄積してきた2万点余りの友禅柄の図案と多層的に印刷できるシルクスクリーン印刷（スクリーン印刷）の技術を活かして船舶用の室内装飾用化粧板の製造に参入。1970年代前半には新造船ブームを受けて，船舶内装建材で国内シェア8割を築くに至った。その後の造船不況等を受けて，1970年代後半に台所や浴室などの壁に用いられる住宅向けの不燃性化粧板の製造に展開，他社が外注することの多いデザインから印刷までを一貫生産できる体制を強みに業容を拡大してきた。

また1990年代に入ると製版・印刷技術の高精度化を背景に，導電性インクを用いたプリント回路基板等の電機関連事業にも参入，2003年には自社開発の床暖房用の面状発熱材の製造も開始している。この面状発熱材はPTC（Positive Temperature Coefficient）と呼ばれる自己温度調整機能を持つ特殊な抵抗体を含んだインクを厚さ0.3ミリ程度のフィルムに印刷したもの（PTCヒー

---

(18) ここでの記述は，両社の経営者へのインタビュー及び会社ホームページ，公表資料に依拠している。

ター)である。温度調整用のサーモスタットが不要で熱源の面全体で温度が調整されることから，安全性，省エネ性が評価されており，国内の電気式床暖房のヒーター市場の1割程度で採用されているという[19]。

　一見するとキョーテックの事業展開には，京友禅の型紙から住宅建材や床暖房資材への展開と連続性や関連性はうかがえない。しかしながら，技術的に見れば，キョーテックの保有する中核的技術は多品種少量生産にも適したスクリーン印刷技術にあり，顧客のニーズの変化に対応してこの技術を活用できる分野に事業を展開し続けてきたと理解できる。主力事業の住宅用建材を見ても，ケイ酸カルシウム板等を芯材として表面にデザインをスクリーン印刷やインクジェット印刷，UV樹脂をコーティングして生産されている。独自開発したPTCシートも同様である。PTCインクは1980年代から注目を集めてきたが，均一な厚みでPTCインクをフィルムに安定的に連続塗布することが技術的な課題となり，実用化が進まなかった。こうした中で，キョーテックは塗料メーカーと共同でインクの改良や友禅の染色技術も応用しながら塗布方式の研究開発に取り組み，世界で初めてスクリーン印刷により連続印刷する技術を確立，商品化を可能としたものである。

　かかる中核的技術の存在に加えて，キョーテックでは自社の強みとして京友禅の型紙彫刻から培われてきた意匠性の高さと繊細さにこだわる社風を強調する。創業時から蓄積されてきた型紙は内装材のデザインに活用されており，同社の大きな特徴のひとつになっている。また，型紙彫刻により培ったミリ単位のずれも許さない精密さの追求は，電機関連事業を始めとして生産現場でのこだわりを生み有効に機能している。蓄積されてきたデザインに比べて，こうした社内風土は目には見えにくいがゆえに見過ごされてしまいがちであるが，ものづくり企業にとっては非常に重要な固有的資源である。

　加えてキョーテックでは，創業時からの「創意工夫・技術練磨・未来創造」

---

(19)　京都商工会議所HP「わが社のチャレンジvol.002 株式会社キョーテック」(http://kyo.or.jp/chie/ac/090466html)。2012年4月9日閲覧。

という経営理念の下，全従業員の1割程度を技術開発やデザインなどの新製品開発を担当する人員に割り当てている。先のPTCヒーターの開発を見ても，研究開発の着手から商品化までに7～8年を要している。こうした「世の中にないものを出していく」という経営陣の強い意志も，新製品開発，新事業参入にあたっては大きな役割を果たしてきたと考えられる。

(2) 段ボール加工用刃物のニッチトップ企業

近畿刃物工業（大阪府，従業員36人）は1960年に創業された西日本唯一の段ボール加工用刃物の専業メーカーである。創業当初は段ボール製造機械メーカーにセットパーツの刃物を供給していたが，段ボール業界の成長とともに製品群拡充とあわせて取引先を段ボールメーカーにも拡大，現在では市場シェア3割強，全国300社強の継続取引先を有する専業トップメーカーに成長している。

段ボール加工用刃物と一口に言っても，スロッター刃物，ライナーカット刃物，コルゲートカッター，パンチ刃物等多様である。同じ製品でもその仕様は，顧客はもちろん，使用箇所，サイズなどによって，取り付け穴の位置や形状，加工工程が大きく異なる。また刃物は製品寿命が数か月という消耗部品である。このため刃物メーカー各社は伝統的に短納期，多品種少量生産を余儀なくされており[20]，加えて近年は段ボールユーザーの海外生産移転もあって原価低減の要請も強まっている。かかる状況下で業界環境は厳しさを増しているものの，近畿刃物工業は段ボール加工用刃物の製造に特化しながらも，顧客ニーズの変化を先取りした取り組みを進め，2000年代以降も持続的成長を遂げている。新たな顧客価値を創出していると目される製品開発とITを利用した品質管理体制の構築の取り組みを紹介しよう。

近畿刃物工業では自社製品の研究開発に注力している。代表的な自社開発品としてはユニット式の替え刃物と高耐久性刃物があげられる。ユニット式の替

---

(20) 近畿刃物工業の受注ロットも1個単位であり，定番だけでも月間1000アイテム以上の生産を行う多品種少量の受注生産となっている。

え刃物はスロッター上刃の先端部分を付刃ユニット化することで，従来刃先が摩耗すると本体ごと変えていたものを刃先のみの交換で対応できるようにしたもの（2004年，特許取得済み）。ユニット化により刃先の仕様が一元化できることから生産効率も上がり既存製品に比べ低価格で提供できるうえ，切り込み量の調整により切断面の品質向上も可能であるという。高耐久性刃物はこれまで培ってきた加工ノウハウを生かして，刃先形状や熱処理工程などを見直すことで，切り子の発生を減少させ，従来品の1.3倍の長寿命化を図ったものである（2010年）。これらの新製品は顧客からも高く評価されており，すでに売上高の半分程度を占める主力製品となっている。

また近畿刃物工業では，納入した刃物に関する図面や加工データを，全てデータベースで管理，顧客からの問い合わせや，再発注の際にも設計データや加工データを即時に取り出せる体制も構築している（2007年）[21]。全製品に受注番号を歪のないレーザーマーカーにより刻印，この受注番号により製造データを管理することで，顧客からの問い合わせや再発注にタイムリーに対応することが可能になったもの。設計，材料手配から，検査測定までの全ての主要工程を自社内で手掛ける一貫生産体制の構築とあわせて，リードタイムの短縮，品質管理力の向上に大きく寄与している。

これらの取り組みをけん引してきたのは，2000年に先代の死去を受けて就任した現社長である。就任当時，近畿刃物工業の製造現場は"なにわの名工[22]"にも選出された高齢の技術者の熟練技能に依存するところが大きく，慢性的に納期遅れが発生，同業者との価格競争から収益的にも厳しい状況であった。こうした中で，現社長は熟練に依存していた製造工程の機械化に取り組む一方で，新たな人材を確保して，製品開発やIT化に取り組み始めたのである。高齢の技術者に代わって，現在の近畿刃物工業の製造現場を支えているのは2000年代に入って採用された30代以下の人材である（平均年齢33.8歳）。採

---

(21) これらの取り組みが評価され，経済産業省中小企業IT経営大賞2011においてIT経営実践認定企業に選定されている。
(22) 卓越した技術者を表彰する大阪府優良技能者表彰制度。

用にあたっては業界経験を重視せず，既存概念を持っていない未経験者を中心に採用してきた。新製品の開発やIT化の取り組みは彼らが中心となって進められてきたものである。

ここで注目されるのは，組織風土の変革である。2000年代以前の近畿刃物工業は熟練の技術者を筆頭としたいわば徒弟制度が色濃く残る職場であったという。新たな人材を確保するにあたって，現社長が強く意識したのはかかる組織風土の変革であった。このため人事制度も大きく見直している。現在近畿刃物工業では，月次で仕事の成果や協調性，積極性などについて管理者である工場長等が査定し本人にも結果を開示している。また半年毎に全従業員と自己評価をもとに賞与を決める社長面談を実施している。他方で従業員には能力向上のため各種講習や外部研修への参加を慫慂している。現社長はこうした人事制度と従業員教育によって「挑みの会社」を目指す風土が醸成されてきた結果が，他社に先駆けた新たな取り組みにつながっていると強調している。

V. まとめ；事例からのインプリケーション

両社の取り組みを見ると，キョーテックは事業分野にこだわらず京友禅の型紙製造等で培ってきた技術蓄積を活かせる研究開発に取り組むことで，PTCヒーターに代表される新事業参入に成功している。近畿刃物工業は段ボール加工用刃物という限定された市場に特化しながらも，既存の組織風土を変革することで，他社に先駆け顧客ニーズに対応した新製品開発やITを利用した品質管理体制の構築を実現している。ともに新たな顧客価値を創出する新製品やサービスを生み出し提供するための全社活動を展開しており，広義の意味でも，狭義の意味でもイノベーションの創出に成功している（図表8-2）。

先に示した基盤的能力の観点からみれば，キョーテックは，スクリーン印刷を中心とする技術蓄積や精密さを追求する技術風土を固有的資源として認識（把握能力）する傍らで，独自性にこだわり全従業員の1割程度を開発人材として確保することで，外部環境の変化を適切に把握する能力（認知能力）を構

図表8-2　イノベーションと基盤的能力

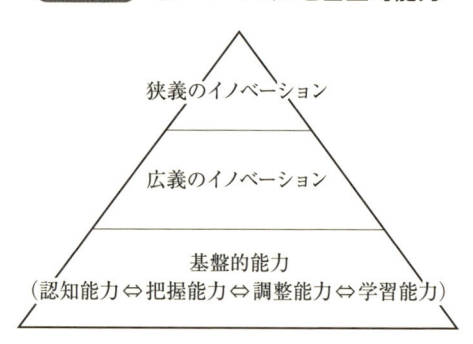

```
         狭義のイノベーション

         広義のイノベーション

            基盤的能力
  (認知能力⇔把握能力⇔調整能力⇔学習能力)
```

出所：筆者作成。

築するとともに，資源のさらなる蓄積・強化進める能力（学習能力）の向上を図ってきたと考えられる。また，経営陣が「世の中にないものを出していく」とする一方で，「時代に応じて製造設備をどう生かすか。考え抜けば活路は必ず見つかる」[23]と語るように，事業展開にあたって保有する資源と外部環境を調整する能力（調整能力）の重要性が意識されていることも指摘できる。

　同様に近畿刃物工業では，経営者が「段ボール用以外の刃物も，作ろうと思えば可能。でも，それは"もどき"にすぎない。それがどういう風に使われるのか本当のところは我々にはわからない。段ボール用なら隅々までわかっている。刃物の世界は本当に奥が深い。」[24]と語るように，半世紀にわたって蓄積されてきた段ボール加工用刃物の加工技術が固有的資源であると認識されている（把握能力）。一方で「同じ刃物をつくるなら製品価格はずっと下がり続ける。価格下落を食い止めるためには，それに見合う付加価値を自分たちで作り出していくしかない」[25]として，外部環境の変化をとらえる能力（認知能力）や保有する資源と外部環境の調整する能力（調整能力）の重要性も認識されて

---

[23]　京都新聞2008年5月2日付記事。
[24]　大阪彩都総合研究所［2012］。
[25]　日刊工業新聞2009年5月26日付記事。

いる。そのうえで積極的な設備投資や固定概念を持たない新たな人材の登用により組織の変革を進め[26]、新たな発想で刃物加工技術のさらなる蓄積・強化を進めてきたものと考えられる（学習能力の強化）。

　むろん企業を取り巻く環境は多様であり、この限られた事例のみで中小企業のイノベーションを一般化することはできないが事例企業の分析からはいくつかの共通点を指摘することができる。第一の共通点は、自社の中核的技術を明確に認識したうえで、技術領域をいたずらに拡大するのではなく周辺領域に絞り込みながら、技術の熟成・向上を図っていることである。キョーテックのスクリーン印刷技術、近畿刃物工業の段ボール加工用刃物の加工技術しかりである。これらの中核的技術は、長年の事業活動において試行錯誤を繰り返す、いわば「実践による学習」を経て、さまざまな見えないノウハウ等が付加されて固有的資源に昇華している。そして、これらの固有的資源がイノベーション創出に向け「ドライビング・フォース」ともいうべき存在となっている。

　第二の共通点は、顧客ニーズを固定的なものととらえず、その変化を所与として事業展開を行っていることである。そのために両社とも顧客との協働や共感を得ることを重視している。キョーテックでは、建材事業の参入においては京友禅をモチーフとした伝統的なデザインのよさを顧客に共感してもらうことからビジネスが始まっている。画期的な製品となったPTCヒーターについても、多様な形状のヒーターが製造できることを強みに、床暖房用に限らず、自動車座席用ヒーターや外食チェーンでの保温器等の用途開発をユーザーと積極的に取り組んでいる。近畿刃物工業でも長年にわたって顧客毎に異なる刃物形状や材質、製造方法に応じて専用開発を行うことで、顧客との協働を進めそのニーズを充足してきた。付け刃式の新製品やITを利用した品質管理体制の構築もこうした顧客のニーズに対応したものである。ここで重要なことは、両社とも顧客の視点で「何が望まれているのか」を事業発想の基軸としてとらえ、

---

(26)　例えば、従来外注依存してきた鋼板材を切断する最新鋭のレーザー加工機を導入した際も、業界経験のない大手電機メーカー出身者を新規雇用している。この設備導入により、納期短縮、品質改善、付加価値の取り込みが可能になっている。

中間者を挟まない顧客との直接的接触を重視していることである。

　第三の共通点は，イノベーションの創出に向けた経営者の強い意志の存在である。創業来の経営理念（「創意工夫・技術練磨・未来創造」）に従い，独自性の発揮にこだわるキョーテックの経営者に対し，近畿刃物工業の経営者は既存の組織風土に限界を感じ，不退転で組織変革に取り組んできた。資源制約の大きな中小企業にとっては，新たな製品やサービス等の開発を遂行するためには，全社資源をまとめ上げることが必要である。必然的に立場の異なるメンバーの関与が増えるため，さまざまなコンフリクトの発生が想定される。こうしたコンフリクトを解消する役割を経営者自らが担い，組織をけん引していくことがイノベーションの創出には不可欠であると考えられる[27]。

　本章では中小企業のイノベーション創出と持続的競争優位のかかわり，イノベーションの創出にあたっての基盤的能力についてみたうえで，事例研究を踏まえ中小企業のイノベーション創出には，基盤的能力の存在に加えて，固有的資源としての中核的技術への資源集中，マーケティング志向の強さ，経営者の果たす役割が大きいことを指摘してきた。上述のとおり限られた事例から導かれた分析結果であるが，これらの諸点については先行研究の成果ともおおむね整合的であると言える[28]。一方で，中核的技術が実践による学習を経て固有的資源に昇華するプロセスについての詳細な検討は行えなかった。またイノベーションと組織のあり方についても十分解明できていない。さらなる事例研究の蓄積とともに今後の課題としたい。

---

(27)　池田［2012］は中小企業のイノベーションにおける経営者の役割の重要性を，自動車産業研究において藤本が指摘した「重量級プロダクト・マネージャー」の議論（藤本［1997］）を援用して説明している（pp.149-156）。

(28)　例えば土井［2006］における顧客との共同開発の戦略的重要性，R&Dにおけるマーケティング・営業サイドからの情報，圧力の大きな影響力は「マーケティング志向の強さ」，社長の計画策定・執行への高い関与度は「経営者の果たす役割が大きいこと」に相当しよう。また文能［2008］における新製品開発にあたっての新製品・サービス開発の重点化は「固有的資源としての中核的技術への資源集中」に通じるものと考えられる。

【参考文献】

池田潔［2012］『現代中小企業の自立化と競争戦略』ミネルヴァ書房
石山嘉英［2008］『米国巨大企業のビジネスモデル革新―イノベーション戦略と組織能力の実像―』中央経済社
大阪彩都総合研究所［2012］「段ボール用刃物に特化　ユニークに明るく半世紀　近畿刃物工業株式会社」『彩』vol.14 2012年2月号
近能義範・高井文子［2010］『コア・テキスト　イノベーション・マネジメント』新生社
後藤晃［2000］『イノベーションと日本経済』岩波書店
十川廣國［2006］「イノベーション創出の組織と文化」十川廣國・榊原研互・高橋美樹・今口忠政・園田智昭『イノベーションと事業再構築』慶應義塾大学出版会
髙橋美樹［2003a］「イノベーションと中小企業」日本中小企業学会編『中小企業存立基盤の再検討』同友館
髙橋美樹［2003b］「クラスター，中小企業の地域学習とイノベーション」『商工金融』第53巻第8号，商工総合研究所
髙橋美樹［2006］「イノベーションと中小企業の地域学習」十川廣國・榊原研互・高橋美樹・今口忠政・園田智昭『イノベーションと事業再構築』慶應義塾大学出版会
中小企業庁編［2009］『中小企業白書2009年版』経済産業調査会
中小企業庁編［1998］『中小企業白書平成10年版』経済産業調査会
土井教之［2006］「進歩的企業のイノベーション・システム―アンケート分析―」『中小企業総合研究』第4号，中小企業金融公庫総合研究所
土井教之［1986］『寡占と公共政策―国際競争と国際競争―』有斐閣
西岡正［2008］「存立基盤の再構築を求められる中小ものづくり企業の発展戦略」『信金中金月報』第7巻第6号，信金中金総合研究所
藤本隆宏［1997］『生産システムの進化論』有斐閣
文能照之［2008］「中小企業におけるイノベーション促進要因」『中小企業季報』2008（1）通号145号，大阪経済大学中小企業・経営研究所
本庄裕司［2007］「イノベーティブな中小企業とは―機械・電機・情報系企業を対象としたアンケート調査に基づく実証分析―」『中小企業総合研究』第7号中小企業金融公庫総合研究所
Acts, Z.J. and Audretsch, D.B. [1990] *Innovation and Small Firms*, The MIT Press.
Barney, J.A. [2002] *Gaining and Sustaining Competitive Advantage*, 2nd ed.Pearson Education.（岡田正大訳『企業戦略論』ダイヤモンド社，2003年）
Christensen, C.M. [1997] *The Innovator's Dilemma: When New Technologies Cause*

Great Firms to Fail. Boston, MA. Harvard Business School Press.（玉田俊平太監修，伊豆原弓訳『イノベーションのジレンマ：技術革新が巨大企業を滅ぼすとき』翔詠社，2000年）

Cooper, A.C., and C.G. Smith [1992] "How Established Firms Respond to Threatening Technologies" *Academy of Manegement Journal*, VOL.6(2), pp.50-70

Collis, D.J. and Montgomery. C.A. [1998] *Corporate Strategy: A Resource-Based Approach*. McGraw-Hill.（根来龍之・蛭田啓・久保亮一訳「資源ベースの経営戦略論」東洋経済新報社，2004年）

Drucker, P.F. [1954] *The Practice of Management* (1st ed). London: Heinenmann.（上田惇生訳『現代の経営［新訳］』ダイヤモンド社，1996年）

Dewar, R.D. and J.E. Dutton [1986] "The Adoption of Radical and Incremental Innovations: An Empirical Analysis", *Management Science*, Vol.32, No.11

Freeman, C. [1982] *The Economics of Industrial Innovation* (2nd ed). London, U.K., Frances Printer.

Nelson, R.R. and S.G. Winter [1982] *An Evolutionary Theory of Economic Change*. Boston. Harvard University Press.

Porter, M.E. [1980] *Competitive Strategy: Techniques for Analyzing Industries and Competitors*. New York: Free Press.（土岐坤・中辻萬治・服部照夫訳『新訂競争の戦略』ダイヤモンド社，1995年）

Schmpeter, J.A. [1926] *Theorie der wirtschaftlichen Entwicklung*, 2. Aufl.（塩野谷祐一・中山伊知郎・東谷精一訳『経済発展の理論（上）』岩波書店，1977年）

Schmpeter, J.A. [1942] *Capitalism, Socialism and Democracy*. New York: Harper & Brothers.（中山伊知郎・東谷精一訳『資本主義，社会主義，民主主義（新装版）』東洋経済新報社，1995年）

Utterback, J.M. [1994] *Mastering the Dynamics of Innovation: How companies can seize opportunities in the face of technological change*. Boston, MA: Harvard Business School Press.（大津正和・小川進訳『イノベーション・ダイナミクス：事例から学ぶ技術戦略』有斐閣，1998年）

Von Hippel, E. [1988] *The Sources of Innovation*. Oxford University Press.

（西岡　正）

第9章

イノベーションと中小企業の企業成長

　本章では，イノベーションと企業成長の関係について論じる。企業の成長は，しばしば企業規模の拡大と同義に捉えられてきた。本章では，イノベーション創出の上で，中小企業がいたずらに企業規模を拡大することは逆効果であり，中小企業は量的成長よりも質的成長を目指すべきことを，理論と若干のケースによって明らかにする。

I. はじめに

　図表9-1は，よく知られる，Greiner［1998］による企業成長モデルである[1]。ここでは細かい説明を省くが，企業の成長段階に応じた課題やその克服方法が，組織の年齢と規模にそって論じられている[2]。同様のことは，図表9-2に「ベンチャー企業の成長マネジメント」という観点からまとめられている（松田［2005］，pp.75-87）。さらに，もう少し経済学的な文脈では，より一般的に「ペンローズの制約」として論じられる。企業を「経営管理組織のもとにある有形・無形の経営資源の集合体」（Penrose［1959］，p.24）とみなせば，企業が規模を拡大・成長しようとしても，経営資源の蓄積に応じた経営管理能力が伴わなければ，成長は制約されるのである。

---

[1] Greiner［1998］は，Greiner［1972］の改訂版である。企業成長のモデルについては，他にも様々なものがあるが，Greinerモデルが標準的なものであることは，多くの教科書等に紹介されていることからも明らかであろう（本多［2006］など）。
[2] 細かい説明は，Greiner［1998］，Greiner［1972］の他，今口［1993］，本多［2006］，小川［2006］などを参照のこと。なお，今口［1993］，小川［2006］は，Greinerモデルを批判的に検討している。

図表9-1 企業成長の5段階 (THE FIVE PHASES OF GROWTH)

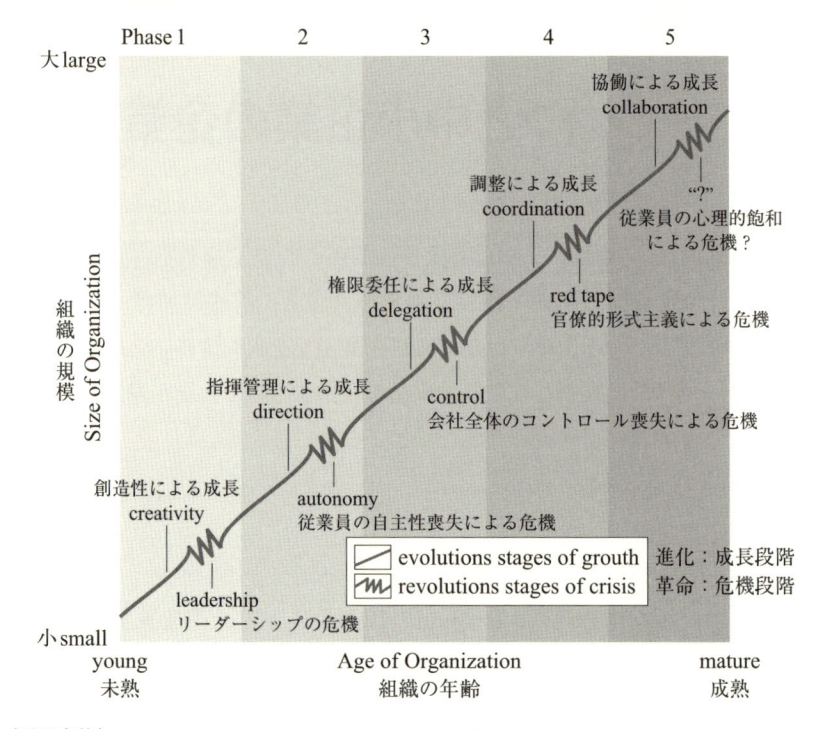

[図：横軸 Age of Organization（組織の年齢）young 未熟 — mature 成熟、縦軸 Size of Organization（組織の規模）small 小 — large 大。Phase 1〜5にわたり、進化（evolutions stages of growth）と革命（revolutions stages of crisis）が交互に現れる成長曲線]

- Phase 1：創造性による成長 creativity → リーダーシップの危機 leadership
- Phase 2：指揮管理による成長 direction → 従業員の自主性喪失による危機 autonomy
- Phase 3：権限委任による成長 delegation → 会社全体のコントロール喪失による危機 control
- Phase 4：調整による成長 coordination → 官僚的形式主義による危機 red tape
- Phase 5：協働による成長 collaboration → 従業員の心理的飽和による危機？ "?"

凡例：
- evolutions stages of growth　進化：成長段階
- revolutions stages of crisis　革命：危機段階

(引用者注)
a)「進化」とは，従来と同様の経営方法で成長が持続する段階を指し，「革命」とは，従来の経営方法の激変を伴う段階を指す。
b) 企業が属する産業が高成長産業であれば，より急な傾きで，低成長産業であれば，より緩やかな傾きで描かれる。
c) したがって，急成長市場の企業は，短期間のうちに規模を拡張する必要に迫られ，進化段階は相対的に短くなる。
d) "?"は，未知の危機であり，1つの可能性として，「従業員の心理的飽和による危機」があげられている。

出所：Greiner [1998] より訳出。

図表9-2　成長ステージ別経営スタイルの変革

経営スタイル\成長段階	スタートアップ期	急成長期	安定成長期
企業規模	0〜3億円	3〜100億円	100億円超
従業員数	1〜20人	20〜300人	300人超
成長率	立ち上がり・低迷	年率20〜100%	年率1桁　成長
収益性	先行投資赤字	先行投資低収益	高収益維持
対象期間	スタートから5年	5〜15年	15〜25年
起業家の役割	My Company事業への思い入れ 強力なリーダーシップ 何でも屋	Our Company事業への使命感先見・決断・スピード 人を動かす	Your Company明確なビジョン決断・先見・スピード 経営システムを動かす
経営チーム	起業家・友人中心 技術または営業優先	財務・営業プロバランスある人材	開発・システムプロ 次なる飛躍に適する人材
事業・製品	一事業立ち上げ 事業コンセプト マーケティングの裏づけ	事業の確立 販売チャネル確立 資金回収システム	事業の完成・新規事業 既存製品のリニューアル 製品開発システム
市場・競合	業界不明確 競合なし	業界急成長 競合はまだ緩い	業界成長ピーク 新規・大手競合参入
資金調達	信用ゼロ スイートマネーなどの自己資金 エンジェルファンド 日本政策金融公庫（国民生活事業）	信用低い 民間ベンチャーキャピタル 政府系リスクファイナンス 株式上場（新市場）	信用確立 民間金融機関（銀行） 株式上場（既存市場）
コミュニケーション	インフォーマルのみ	フォーマルな会議開始 末端情報収集の重要性	フォーマルな会議定着 末端情報入手にトップ独自の情報チャネル
経営管理レベル	外部依存の税務会計 キャッシュフロー（資金繰り） 経営計画は社長の頭	独自の財務会計システム 節税優先からの脱皮 経営計画の策定開始	財務会計システムの定着 管理会計システムの導入 社員参加型経営計画
人事管理レベル	員数合わせの採用 社長による直接評価	即戦力中心の採用 人事考課導入	新卒採用・能力開発 人事考課の確立
経営規程整備と会計システム	定款のみ 決算書は会計事務所	基本規程の策定 会計ソフトの利用	規程の見直し・整備 独自の会計システム構築

（引用者注）「スイートマネー」とは，友人・親族などからの資金を指す。
出所：松田修一［2005, pp.78-79］を，一部修正の上，引用。

ここで注目されるのは，いずれの議論も，企業の成長を企業規模の拡大と同義にとらえていることである。ところが現実には，それに反する見解も少なくない。例えば，画期的な「痛くない注射針」などのイノベーションで知られる岡野工業（東京都，従業員5人）・岡野雅行代表社員は次のように言う。「これ以上，会社を大きくする気も人を増やす気もない。小さいってのがうちの何よりの強みなんだ」（岡野［2009］，p.176）[3]。

　では，このような，企業規模の拡大を否定するような見解，あるいは企業成長の理論と現実とのギャップは，どのように解釈できるのであろうか。本章では，イノベーション創出能力という観点から，この問題について考えてみたい。

II.「イノベーション過程」と企業のイノベーション創出能力

1　「新結合」としてのイノベーション

　かつて，シュンペーターは，経済発展の原動力あるいは資本主義のエンジン（シュムペーター［1962］，pp.150-151）としてイノベーション（「新結合」）をあげ，次の5つに類型化した（シュムペーター［1977］，pp.182-185）。

① 新しい財貨，すなわち消費者の間でまだ知られていない財貨，あるいは新しい品質の財貨の生産。
② 新しい生産方法，すなわち当該産業部門において実際上未知な生産方法の導入。これはけっして科学的に新しい発見に基づく必要はなく，また商品の商業的取扱いに関する新しい方法をも含んでいる。
③ 新しい販路の開拓，すなわち当該国の当該産業部門が従来参加していな

---

[3]　本章で，岡野［2009］のようなビジネス書を取り上げるのは，場違いに思われるかもしれない。しかしながら，同書は，研究上も有用な知見を多く提供してくれている。

かった市場の開拓。ただしこの市場が既存のものであるかどうかは問わない。
④ 原料あるいは半製品の新しい供給源の獲得。この場合においても，この供給源が既存のものであるか——単に見逃されていたのか，その獲得が不可能とみなされていたのかを問わず——あるいは初めてつくり出されねばならないかは問わない。
⑤ 新しい組織の実現，すなわち独占的地位（例えばトラスト化（企業合同）による）の形成あるいは独占の打破。

一見してわかるように，シュンペーターのいうイノベーションは単なる「技術」革新ではない。また，例えば，すでに存在する技術であっても，新しい用途がみつかれば，イノベーションに含められている。さらに，イノベーションは，新しい欲望がまず消費者の間に自発的に現れることから始まるのではなく，新しい欲望が生産の側から消費者に教え込まれることによって生じるという[4]。本章では，以下，イノベーションという言葉をシュンペーターにならって用い，新結合から利益をあげるプロセス全体を考察したい。

さて，シュンペーターは，このようなイノベーションは，「利用しうるいろいろな物や力」を新たに結合することによってもたらされると論じた（シュムペーター [1977]，pp.180-184）。

ここで，「利用しうるいろいろな物や力」を「経営資源」と読み換えれば，イノベーションは，経営資源をさまざまに組み合わせることによって生まれることになる。ここにいう「経営資源」には，「工場，設備，土地・天然資源，原材料，半製品，くず（waste products）・副産物，そして売れ残った製品在庫」（Penrose [1959]，p.24），さらには「外面的には経営者を中核とし，よ

---

[4] ただし，シュンペーター自身は，イノベーションが遂行されプロセスについては，ほとんど論じていない。遂行プロセスについては，企業家を，他社がまだ気づいていない利潤機会に対する機敏性（alertness）によって特徴付け，「企業家的発見プロセス」を重視するカーズナーの主張が示唆に富む（Kirzner [1997]）。

り実質的には経営管理上の知識と経験，パテントやノウ・ハウをはじめマーケティングの方法などを含めて広く技術的・専門的知識，販売・原料購入・資金調達などの市場における地位，トレード・マーク（ブランド）あるいは信用，情報収集・研究開発のための組織など」（小宮・天野［1972］, pp.435-436）が含まれる

新しい組み合わせによってイノベーションが生まれるのは，①「生産の過程で『投入』されるのは資源そのものではなく，資源がもたらす用役（service）」であり，②「同じ資源が別の目的に用いられる場合や別の仕方で用いられる場合，あるいは別の資源と一緒に用いられる場合には，異なった用役，または用役の集合体をもたらす」（Penrose［1959］, p.25）からである。

では，イノベーション（新結合）は，どのようなプロセスを経て実現されるのだろうか。

2　イノベーション過程の「連鎖モデル」

中小企業がイノベーションを生み出すプロセスは，「イノベーション過程」として説明できる[5]（図表9-3参照）。

図表9-3では，（潜在的）市場ニーズ[6]がイノベーションの起点とされ，イノベーション過程が，顧客や取引先が抱える問題を解決するプロセスとして描かれている。また，発明/概念設計から流通・市場にいたる各段階（以下，開発プロセス）間でのフィードバックが考慮されており，さらに開発プロセスのさまざまな段階で知識ストック（有形・無形の科学的・技術的知識の蓄積）が関わりを持つように描かれている。

イノベーション過程の中心的な連鎖は"C"で表される。"f"は，各段階間に

---

(5)　連鎖モデルについては，Klein and Rosenberg［1986］を参考にした。イノベーション過程には，他にも，技術プッシュ・モデル，需要プル・モデル，パラレル・モデルなどがあるが，中小企業の現実を踏まえれば，連鎖モデルによって説明するのが最も適切だと思われる。これらモデルの検討については，髙橋［2007］を参照のこと。
(6)　この場合のニーズには，シュンペーターのいう「教え込まれた新しい欲望」も含むと考えられる。

第9章　イノベーションと中小企業の企業成長　217

図表9-3　イノベーション過程の連鎖モデル

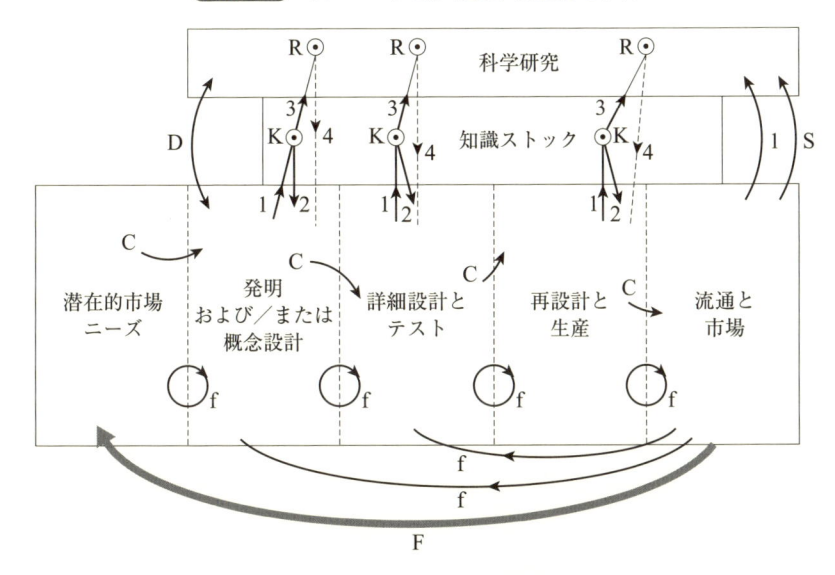

(引用者注)　詳しい説明は，本文を参照のこと。なお，「概念設計」あるいは「分析的設計」(analytic design) とは，例えば，何らかの「動力」(power) を必要とした場合に，その用途やコストに配慮しながら，電動モーター，ガス-タービン，水力タービン，ガソリン-エンジン等々から，最適なものを選択することを意味する (Kline [1985], p.37)。
出所：Kline, S. J. and N. Rosenberg [1986], p.290 より訳出。

みられるフィードバックである。"F" は，最も重要なフィードバック，すなわち開発にあたってのユーザー・ニーズの把握を表している。"K-R" の連鎖は，開発プロセスの各段階と知識ストック（科学的・技術的知識の蓄積）・科学研究をむすぶフィードバックである。各段階で問題が発生した場合，既存の知識ストックのなかに解決策が見つかれば，知識ストックからのフィードバックが行われる（"1" → "2" のルート）。この過程で，開発活動は知識ストックの増大に貢献することになる。もしも，既存の知識ストックのなかに解決策が見つからない場合には，科学研究へと進み，解決策が模索されることになる（"3"）。ただし，科学研究から解決策がみつかるかどうかは不確定であるため，開発プ

ロセスへのフィードバック（"4"）は波線で書かれている。

"D"は，半導体，原子力，遺伝子工学などにみられるような，科学研究と発明・分析的設計との相互作用である。"I"は，市場に投入された製品——機械，器具，設備など——が科学研究に貢献することを表している。最後の"S"は，市場からの情報が，製品の基礎にある科学研究に影響を与えることを表している。

図表からも明らかなように，発明（＝アイデア創出）・概念設計から，市場への投入までには相当の距離がある。イノベーションの実現には，アイデアだけではなく，製造設備，補完的製造技術，試作（技術・生産・量産試作）機能，マーケティング力，販売網，アフターサービス体制などの「補完資産」が必要とされるのである[7]。

3 企業の学習能力——イノベーション創出能力の基礎

以上のような考え方に基づけば，企業のイノベーション創出能力（＝問題解決能力）は，経営資源活用能力に他ならず，つまるところ，企業の「学習能力」に行き着くことになる[8]。

ここに言う学習能力とは，問題解決に必要な知識や情報を「探索」「評価」，「吸収」して，「利用」する，一連の能力である。

「学習能力」という概念が前提とするのは，「学習能力は，それまでに蓄積された関連知識の水準——個別分野についての知識の『深さ』，および多分野にまたがる知識の『幅』——に依存する」ということである。人間がなんらかの知識を獲得し，利用する場合には，通常，既存の知識と関連づけながら行われる。したがって，知識の獲得や利用には一定の知識ストックが欠かせないのである。

その場合，知識の2つの類型——「名目的知識」（nominal knowledge）と

---

(7) 補完資産については，さしあたり，Teece [1986]，Teece [2006] を参照のこと。
(8) 以下の説明にあたっては，Cohen and Levinthal [1990]，Stiglitz [1987] を参考にした。

「文脈的知識」(contextual knowledge)——を区別する必要がある。例えば、個々の単語（名目的知識）をいくら学習しても、それを用いて正確な文章を書くには、文法の知識（文脈的知識）が必要である。知識、とりわけ文脈的知識は、それ自体が「学習スキル」、すなわちさまざまな知識を関連づけ、統合するスキルを構成する場合がある。学習スキルは「学習の仕方を学ぶ」(learning to learn) スキルであり、これ自身も学習の対象となる。例えば、ひとつの外国語を修得すると他の外国語の修得が容易になるのは、最初の外国語を学習した際に、「学習スキル」をも含めて修得したためと考えられる。

結局のところ、文脈的知識が不足する場合には、名目的知識を十分に活用できないことになる。図表9-3に引きつけて言えば、イノベーションの実現には、イノベーション過程全体の知識、また、各段階間での調整や連携が不可欠なのである。

ここまでの説明から、次のような、学習の一般的特性が明らかになる。

第1に、学習は基本的に累積的な性格を持ち、新規の知識と既存の知識との関連が強いほど、学習能力は発揮される。逆にいえば、学習対象が現在保有する知識から離れれば離れるほど、学習は困難になり、その結果、学習行動は一般に「近接分野の学習」(localized learning) という傾向をもつことになる。

第2に、必要な知識・情報が確定していない場合には、保有する既存知識が多様なほど、新規の知識と既存知識が関連する可能性が高くなり、学習能力は高くなる。

このような学習行動の一般的特性は、プロジェクト・チームでの問題解決、他企業や大学との共同開発などの、組織的学習（能力）にも、そのままあてはまることになる。

ただし、組織的学習では、組織内で個人の知識を共有し、統合しなければならない点で、一般的な学習とは大きく異なる。環境変化が激しい状況では必要な知識がどのようなもの予測できず、組織内に存在するどの（既存）知識に関連するか、確定できない。その場合、組織内で関連知識が共有されていなければ、そもそも新しい知識を探索、評価することさえ困難になるのである。

III. イノベーションと中小企業

1 企業規模とイノベーション
(1) シュンペーター仮説

　以上にみたような連鎖モデルや学習能力の議論からは，中小企業は，イノベーション創出には向いていないように思われる。中小企業は，イノベーション過程のすべての機能を自社で保有するわけではなく，アイデアの商業化・商品化に当たっての補完資産も不足しがちである。そもそも，大企業と比べ保有する経営資源が少なくなれば，「新結合」に必要な組み合わせのパターンも少なくなる。学習能力（＝問題解決能力）という点でも，知識の「深さ」はあっても「幅」に限りがある中小企業の場合，学習能力は相対的に低いことになろう。

　当初，イノベーションの担い手は，新企業（New Firm）であり新人（New Man）であると考えていたシュンペーター（Schumpeter [1939], pp.87-102）も，後には，アメリカのニューディール政策下で巨大企業が台頭するのを目の当たりにし，独占的・寡占的市場構造における大企業をイノベーションの担い手とみなすようになる（シュムペーター [1962], pp.192-193）。今日，それは「シュンペーター仮説」として，次のように定式化されている（Cohen [1995]）。

　まず，市場構造とイノベーションとの関連については，次のように主張される。第1に，研究開発への投資が動機づけられるためには，イノベーションからの利益を保証するような，事後的な市場支配力（独占力）が必要である[9]。第2に，研究開発への投資が内部資金で賄われる限り，（事前の）市場支配力によって超過利潤を得ていることが有利に働く。その際，事前の市場支配力は

---

[9]　「事後的な市場支配力」を示す最も代表的な例は，特許による技術の独占的利用である。この点と密接に関連する（技術および利益の）「専有可能性」については，さしあたり，高橋 [1996a], 高橋 [1996b], 後藤 [2000], pp.34-39を参照のこと。

事後の市場支配力をもたらす可能性が大きい。

　他方，企業規模とイノベーションとの関係については，第1に，リスクを伴う研究開発への資金を確保する上では，相対的に資金調達が容易な大企業が有利となる。第2に，研究開発に規模の経済性が働く限り，販売量が多く，また，先述のような補完資産も十分に備える大企業の方が有利である。最後に，多角化した大企業であれば，範囲の経済性を活用しながら，開発した技術の用途開発をしやすく，研究開発のリスクを減らすことができる。

　以上のように，シュンペーター仮説は，経営資源の賦存状況や事業化・商品化能力に注目して，独占・寡占市場における大企業がイノベーション創出に有利なことを主張する。しかしながら，これまでの実証研究では，シュンペーター仮説を裏付けるような「頑健な」実証結果は得られていない。

　それどころか，冒頭に示した岡野工業のような事例からは，規模を小さく保つ方が，イノベーション創出に有利なようにもみえる。これは，どのように説明できるのだろうか。

(2) 大企業においてイノベーション創出を制約する要因〜中小企業の存立基盤

　ここまでの議論を踏まえれば，その答えは，大企業のデメリットや制約要因として現れる可能性がある。Greiner［1998］では，規模拡大によるデメリットが，「リーダーシップの危機」「従業員の自主性喪失の危機」「会社全体のコントロール喪失による危機」「官僚的形式主義による危機」と描かれている（図表9-1参照）。また，図表9-2では，成長段階間のギャップを，制約要因として捉えることができる。

　ただし，いずれについても，組織の年齢とともに規模が拡大するように描かれており，各段階で現れる危機やギャップが，どの程度，規模の影響を受けるのかは定かでない[10]。他方，ペンローズ制約は，企業規模に見合った経営管理能力の必要性を主張しており，必ずしも，規模拡大のデメリットを示してはい

---

(10)　そもそも，危機などは，成長・発展段階のなかで順序立てて発生するものではない，という批判もある（小川［2006］，p.53）。

ない。むしろ逆に,「長期的には企業規模の拡大に対する絶対的な制約はほとんど存在しない」ともとれる（今井ほか［1972］, p.136)。

そこで, 今一度, 企業の経営資源活用能力あるいは学習能力という観点から, イノベーションと企業規模との関連を検討してみたい[11]。

大企業によるイノベーションについて, 第1に考えられる制約は, ロック・イン効果による制約である[12]。企業がすでに事業を営んでいるのであれば, そのために必要な設備, 人材, スキル, 取引・信頼関係などの経営資源（補完資産を含む）を多かれ少なかれ蓄積しているはずである。その場合, これらの経営資源が, ①永続性を持ち, ②特定の技術や製品に固有で, ③売買不可能ならば, 当該企業が既存の戦略に「ロック・イン」（固定化）される可能性が高い。これらの条件が当てはまる場合は, 戦略の変更には膨大なコスト——戦略継続からの期待利益の喪失（①）および経営資源価値の喪失（②③）——を伴うため, 既存の戦略を継続する傾向がみられるのである[13]。

この場合, 大きな戦略変更を迫るような画期的イノベーションについては, 保有する経営資源が多ければ多いほど, 取り組みにくいことになる。逆に言えば, 保有する経営資源が少ない中小企業ほど, 画期的なイノベーションに取り組みやすいことになる[14]。

第2の制約として考えられるのは,「ルーティンの休止機能」である。問題解決の過程で得られた知識やスキルは, 繰り返し利用されるうちに, 組織の「ルーティン[15]」, あるいは技術やルーティンの総体である「レパートリー」

---

(11) 別の観点からの検討は, さしあたり, 髙橋［2007］を参照のこと。
(12) 以下の説明は, 主として, Gemawat［1991］, Besanko et.al.［2004］に負っている。
(13) なお, ロック・イン効果は「ロック・アウト」（締め出し）効果と表裏一体の関係にある。蓄積した経営資源をいちどでも放棄すれば, 以前と同じ状態に戻すことは難しく, 仮に戻せる場合でも, 長い時間が必要になる（ロック・アウト効果）。
(14) 本章でいう「画期的イノベーション」は, 山田［2010］, pp.50-68でいう「断続的イノベーション」と同じ意味だと考えられる。
(15) ここにいうルーティンは, 製造, 雇用・解雇, 研究開発, 広告支出など, 企業活動のあらゆる場面で観察される,「規則的で予測可能な企業の行動パターン」であり,「遺伝子」にもたとえられる（Nelson and Winter［1982］, p.14）。なお, いわゆる進化論経

として組織のなかに埋め込まれることになる。このようなルーティンは，他からの複製・模倣を困難にさせると同時に，組織の構成メンバー間のコンフリクトを「休止（truce）」するという機能を持つ。

ルーティンの休止機能は，既存の業務活動を円滑化するというメリットをもたらすが，同時に，次のようなデメリットももたらす。まず，既存ルーティンの大幅な変更をもたらすような画期的イノベーションは，多くのルーティンに支配された組織からは生まれ難い[16]。さらに，ルーティンの休止機能により，ひとたび組織に「慣性」がもたらされると，現状から大きく異なる分野でのイノベーション創出（＝問題解決）は難しいことになる。学習行動に慣性が働くと，学習の累積的性格のために，学習対象（＝問題）の選択について慣性が働くからである[17]。ただし，激しい環境変化や競争に晒されるような組織には，「淘汰メカニズム」の下で，ルーティンを破壊し，自己革新をはかるインセンティブが与えられることになる。

ルーティンは時間の経過とともに形成され，組織規模の大きさに応じて多くなる。この場合，相対的に若くて規模が小さく，絶えず激しい競争に晒される中小企業ほど，画期的イノベーションを生み出しやすいことになろう。

大企業のイノベーションを制約する最後の要因は，企業の学習能力にかかわる，知識の幅と共有可能性のトレード・オフである。先に述べたように，大企業は，相対的に，知識の幅という点で優位にみえる。しかしながら，たとえ知識の幅があっても，多様な知識が組織内で共有されていなければ，学習能力は十分に発揮できないのである。この点，技術・技能開発の例をみれば，大企業と中小企業の差は明らかである。大企業では，特定の作業に専門化して高度な技能を磨く方法が主流である。これに対し，中小企業では，開発だけを行うことは許されず，現場の加工も同時に担当させられ，ときには営業も行わなけれ

済学については，Nelson［1991］，Nelson［1995］も参照のこと。
(16)「一般に，休止を破るという恐怖は，組織を相対的に堅固なルーティンという経路に止めようとする，強力な力となる」（Nelson and Winter［1982］，p.112）
(17) このような「局地的学習」と企業行動との関連については，Teece et al.［1994］も参照のこと。

ばならない。中小企業では，知識を共有せざるをえないのである[18]。

　以上のように，企業の経営資源活用能力や学習能力という点からは，画期的イノベーションについては，中小企業の方が取り組みやすいと推論できる。なお，その際，何らかの方法によって，自社に不足する補完資産，開発プロセスに関わる機能，問題解決に必要な知識等々を補うこと——すなわち，社外経営資源の活用が条件となることは，言うまでもない。

2　中小企業のイノベーションと市場規模
(1) 従業員数と企業の「自由度」

　企業規模を小さく保つ理由について，岡野 [2009] で述べられているのは，次のような理由である (pp.176-178)。

① 　いい仕事をするために，従業員を増やさず，仕事を「受けるのも断るのも，こっちが決定権」を握りたい。
② 　「いったん大きくした会社を小さくするのは大変」である。
③ 　「大きくしたら，何から何まで自分でできる職人を揃える」わけにはいかない。

　ここにあげられた3つの理由のうち，第2の点と第3の点については，ロック・イン効果，ルーティンの休止機能，知識の共有（不）可能性という観点から説明できよう。では，最初の理由は，どのように説明できるだろうか。

　単に顧客に対する交渉力を強化する手法を考えるならば，Porter [1980] で示されるように，例えば，他社にはできないことをして，自社の価値を高めればよい (pp.108-125)[19]。実際，岡野工業は「技術的に難しくてうちしかでき

---

[18] 渡辺 [2006]，pp.8-15及び pp.69-70参照。そこでは，中小企業の従業者は「何でも屋」になりがちだといわれる。
[19] Porter [1980] は，その例として，スピーディーな顧客サービス，エンジニアリング支援，特色ある新製品の創造などをあげている (p.120)。

ない高度な仕事」や「単価が安過ぎて他の会社が手を出さない仕事」しか受けないという(『日経トップリーダー』2011年3月号)。ただし，このような戦略は，必ずしも，企業規模とは関係ない。

ここで，企業が自らの活動について決定権をもてる程度を，企業の「自由度」と定義するならば，企業規模との関連で自由度を左右する重要な要因は，従業員数だと考えられる。

図表9-4および図表9-5からわかるように，従業員数（企業規模の指標）が多くなればなるほど，売上高も多くなっている。従業員1人あたりの売上高（付加価値額[20]）は，小企業が平均1,163.1（353.0）万円，中小企業が平均2,490.3（549.0）万円であるのに対し，大企業は平均4,617.3（938.2）万円となっている。通常，これは，企業規模間での生産性格差として扱われる。だが，（従業員数を踏まえた）企業全体としての売上高の違いは，多くの従業員数を支えるためには，それに応じた売上高や付加価値額（人件費を含む）が要求されるとも解釈できる。

(2) 中小企業によるイノベーションと市場規模

このことを，イノベーションという文脈でとらえ直せば，大企業は，あまり売上を見込めないイノベーションには取り組みにくいということである。具体的には，次のようなケースが考えられる。

第1に，市場規模自体が小さい場合である（いわゆる，ニッチ市場を含む）。例えば，今日，日本で売られている地球儀の大半は中国製などの安価な外国製で，2010年の輸入額は約4億400万円だとされる（『日本経済新聞』2011年8月15日大阪夕刊）。仮に国内市場の半分が輸入品で占められるとしても，市場規模は8億円程度である。2011年4月からの新・学習指導要領で，小学校高学年の授業で地球儀を活用することが明記され，市場の拡大がもたらされたとはいえ，決して大きな市場ではない。

---

[20] 付加価値額は，「営業純益＋人件費（役員給与，従業員給与，福利厚生費）＋支払利息・割引料」であるが，そのうち人件費が占める割合は，小企業92.3％（2003～2010年の平均），中小企業81.9％，大企業72.3％（2000～2010年の平均）である。

図表9-4 企業規模別にみた売上高と従業員数（中央値）
　　　　　―製造業：大企業と中小企業―

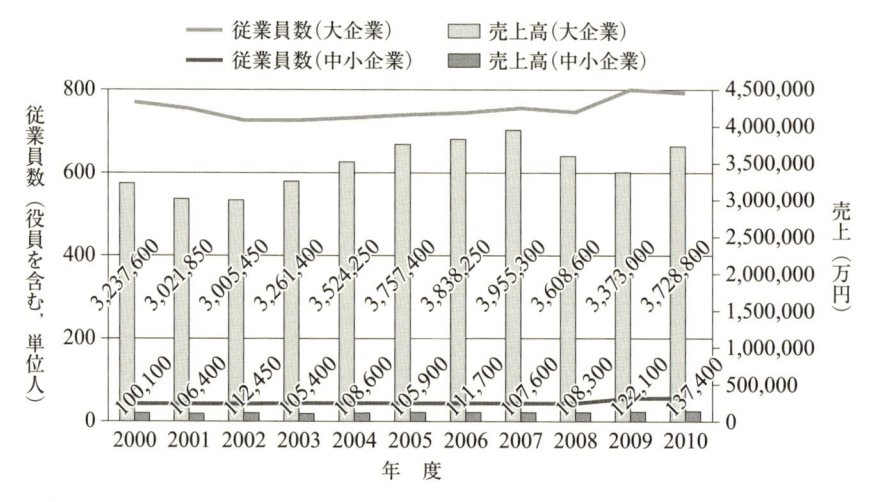

（注）
1. 中小企業：資本金3億円以下又は従業員300人以下の企業。
2. 大企業：中小企業以外の企業2　各数値は，母集団における中央値。

（原注）
資料：財務省「法人企業統計年報」再編加工。
出所：『中小企業白書』2003（平成15）年版〜2012（平成24）年版より筆者作成。

　実際，「夜の地球儀」「ラ・メール海洋地球儀」「火星儀」「金星儀」などユニークな地球儀・天球儀などの開発・製造・販売で知られ，地球儀の国内生産シェアがトップという渡辺教具製作所（埼玉県，従業員数11人）でも，売上高は約2億円である（『日本経済新聞』2010年7月7日埼玉）[21]。市場規模が小さいからこそ，同社は，「現在では約30種を年間2〜3万個製造し，有名文房具店や百貨店などに卸す国内トップクラス」（『朝日新聞』2012年1月3日埼玉）の地球儀専業メーカーになっているのである[22]。

---

[21] 渡辺教具製作所の記述にあたっては，本文中に引用した新聞記事の他，雑誌記事や筆者が訪問調査して得られた情報も参考にしている。
[22] 同社の年間生産量のうち9割は機械製作による「大量生産」であり，残りは手作り

図表9-4 企業規模別にみた売上高と従業員数（中央値）
　　　　　―製造業：中小企業と小規模企業―

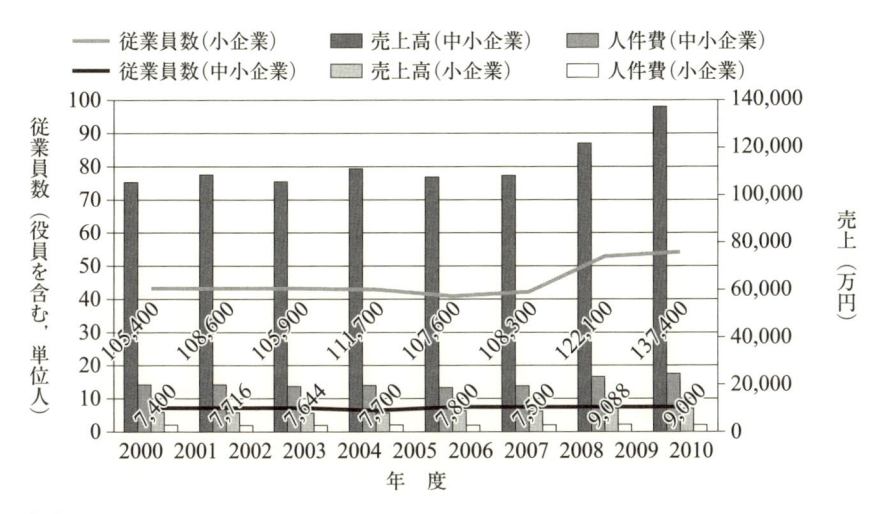

凡例：
- 従業員数（小企業）
- 売上高（中小企業）
- 人件費（中小企業）
- 従業員数（中小企業）
- 売上高（小企業）
- 人件費（小企業）

売上高（中小企業）（万円）：
- 2000年：105,400
- 2001年：108,600
- 2002年：105,900
- 2003年：111,700
- 2004年：107,600
- 2005年：108,500
- 2006年：108,500
- 2007年：122,100
- 2008年：137,400

売上高（小企業）（万円）：
- 2000年：7,400
- 2001年：7,716
- 2002年：7,644
- 2003年：7,700
- 2004年：7,800
- 2005年：7,500
- 2008年：9,088
- 2010年：9,000

（注）
1. 小規模企業：中小企業のうち従業員20人以下の企業。したがって，中小企業の数値には，小規模企業の数値が含まれる。
2. 人件費には，役員給与，従業員給与，福利厚生費を含む。
3. 各数値は，母集団における中央値。

（原注）
資料：財務省「法人企業統計年報」再編加工。
出所：『中小企業白書』2007（平成19）年版～2012（平成24）年版より筆者作成。

　小さな市場で高いシェアを維持するにあたって，同社は，絶えず，安価な輸入品との差別化をはかっているが，その際，積極的に自社内外の知識を活用している。社内では，職人技が必要とされる特注品＝オンリー・ワン地球儀の製作を引き受けており（版権は自社所有），社外では，例えば，東海大学・情報技術センターと協力関係を築き，人工衛星画像の提供を受けて最新の正確な地球儀や火星儀製作に活用している。さらに，日本地学教育学会，日本天文学会など，多くの学会・協会に参加して，新製品のアイデアの提供等，さまざまな

という。

問題解決のヒントを得ているという。

　第2に考えられるのは，需要が規格化・標準化できない場合，あるいは「需要が小さい，あるいは需要が均質化しない，多様で変化が激しい，それらが組み合わさっている」という場合である（渡辺［2006］，p.79）。先にあげられた「技術的に難しくて他社にはできない高度な仕事」を含め，試作品や特注品製作などが考えられよう[23]。上述の渡辺教具製作所は，市販品と同時に特注品も手がけており，例えば，大学や博物館向けに，特殊な地球儀を納めている。他にも，色弱の人向けに，非常に小さい市場ながら，「銀波（ぎんぱ）」という地球儀を開発・製造・販売し，高価ながらも予定を上回る売上を達成したという。

　最後に，製品ライフサイクルの初期段階も，市場規模は小さいと考えられる[24]。しかも，一般に，新規性が高いものほど普及に時間がかかるとするならば，中小企業の方が画期的イノベーションに取り組みやすいことになる。これは，視点を変えてみれば，中小企業によって新たな市場が形成され，市場が拡大するにしたがって大企業が参入してくるということである。その一例は，空気清浄機業界のパイオニア，カンキョー（神奈川県，従業員数約70人（1998年の会社更生法申請時））[25]にみることができる（1998年11月会社更生法手続開始申請，2005年8月更生手続終了）。

　カンキョーは，会社設立（1984年）の翌年から空気清浄機を発売し，それ以来，空気清浄機市場を開拓する立場にあった。ところが，市場の成長とともに大手家電メーカーが続々と参入し，量販店で低価格の類似品が販売されるよ

---

[23]　これらの仕事を担うのは，変化の激しい需要に柔軟に対応できる中小企業である。渡辺［2011］は，そのような中小企業の存立状況を，産業集積レベルでみて，「大田区化（オータナイゼーション）」とよんでいる。

[24]　製品のライフサイクルとイノベーションとの関連については，山田［2010］，pp.52-72も参照のこと。

[25]　カンキョーに関する記述は，『日経ビジネス』（1999年1月11日号），『日経ベンチャー』（1999年1月号），『日経ビジネス』（1999年5月3日号）および同社のホームページ（http://www.kankyo-new.com/history/，最終閲覧日2012年4月29日）に基づいている。

うになって，事実上倒産することになる。大手メーカーが採用したファン式が普及する中で，自らが採用したイオン式にこだわったカンキョーには，これまで示してきたような，ロック・イン効果やルーティンの休止機能が働いていた可能性もある。さらにいえば，製品開発に特化し，生産や在庫保管などを外部委託していた同社には，「文脈的知識」が欠如し，社外経営資源の活用能力にも欠けていたとも考えられる。

　倒産の理由は他にもあり得るが，いずれにしても，「中小企業によって新たな市場が形成され，市場が拡大するにしたがって大企業が参入してくる」こと，その結果，大企業と中小企業が直接的に競争するようになれば中小企業が不利な立場に置かれることは，明らかであろう。

　本章の冒頭で示した問題は，イノベーション創出にあたって企業規模の拡大を否定するような考え方をどのように解釈するか，というものであった。その答えは，次のように要約できる。従業員数でみた企業規模を小さく保つことで……
① ロック・イン効果やルーティンの休止機能による悪影響を避けやすくなる。
② 知識の共有――従業員の「何でも屋」化も含む――が容易になり，学習能力（問題解決能力）を高度化しやすくなる。
③ 大きな売上が見込めないイノベーション――規模の小さい市場，規格化・標準化できない需要，新規性の高い市場の開拓期――に取り組みやすくなる。
④ ただしその際，何らかの方法により，イノベーション創出にあたって自社に不足する部分を補うこと――すなわち，社外経営資源の活用が条件となる。

Ⅳ. 中小企業のイノベーションと企業成長〜まとめに代えて

本章の最後に，事例に基づいて，中小企業のイノベーションと企業成長の関連について検討し，まとめに代えたい。

ここで事例として取り上げるコミー（埼玉県，社員数16人）は，鏡のなかでも，「業務用（法人向け）」"気配りミラー"の開発・製造・販売に特化することで事業を続けてきた（売上高約5億円）[26]。同社は，今日，日常的にみるATMでの「後方確認ミラー」，店での接客・防犯用「オーバルミラー」，オフィスや学校での衝突防止用「FFミラー通路」，学校や駐車場出口での「FFミラー車出口」など，鏡に関し，絶えず新たな市場を創造してきた。航空機のビン（手荷物入れ）内チェック用「FFミラーエア」（米国・欧州特許取得済）については，ボーイング社の最新鋭機787プロジェクトにも参画し，1枚あたり36gという開発課題（難題）も克服して，同機に標準装備されているという。

さまざまな面で社外の力を活用しているのも，コミーの特徴である。例えば，画期的な新製品の開発や用途開発にあたっては，ユーザーと密接な関係を保っている。製品に意見を寄せてくれるユーザーは，コミーでは「有能ユーザー」とよばれる。その際，（購買部の仕入担当などの）"CS"ではなく，"US (Users' Satisfaction)"を重視し，「なぜ売れないか？」ではなく，「なぜ買ってくれたか？」を聞くことで，ユーザー・ニーズの把握を実現し，販促活動や市場創造に役立てているのである。「FFミラーエア」も，乗客や客室乗務員のニーズを徹底的に考えた上で開発・提案したという。

コミーは，他にも，例えば，FFミラーエアを米国大手航空機メーカーに売り込む際には，航空会社の客室マネージャーの推薦を受けている。これは社外に，販路という補完資産を求めた具体例といえるだろう[27]。また，コミーは

---

[26] 社員数と売上高の数字は，日経トップリーダー編［2011］による (p.10)。コミーの事例記述にあたっては，同社ホームページ (http://www.komy.co.jp/，最終閲覧日2012年4月29日) に加え，筆者による訪問調査も参考にしている。

[27] これは，「信頼関係のネットワーク」の具体例ともいえよう。このような信頼関係には，必要な知識の探索を容易にする効果と同時に，知識の有効性に関する評価を円滑

"Mirror Competition"を主催して，建築に携わる大学院生や実務家から鏡の新しい使い方の提案を受けて，学習能力を高めている。このように社外知を活用する場合には，自社にも一定の知識ストック，あるいは学習能力が求められるが，コミーの場合，「有能ユーザー」を含め，社外に多様な接点を持つことで学習能力を高度化していると考えられる。「多様な出会いが創造のベース」という小宮山社長は，新たな出会いを求め，世界中で"共通の話題"が持てる場として「国際箸学会」まで設立しているのである。

社外の経営資源を積極的に活用するコミー・小宮山社長は「企業規模を大きくすることに興味はない」という。そして，「他社が競争に向けるエネルギーを，創造に向けたい」[28] ともいう。これは結局，企業規模を小さく保った方が，イノベーション創出には有利ということであろう。では，このような形で事業を続けてきた企業は「成長」していないと言えるだろうか。

本章の最後に，企業の成長には，2種類あることを主張したい。従業員数や資本金，売上等でみた量的な成長と，問題解決（＝イノベーション創出）能力でみた，質的な成長である。最低限の売上や利益は必要だが，それを求める余り質が低下しては元も子もない。

長引く不況のもとで新たな産業や市場の開発が望まれる今日こそ，質的成長，またその担い手としての中小企業に注目すべきであろう。

【参考文献】
今井賢一・宇沢弘文・小宮隆太郎・根岸隆・村上泰亮［1972］『価格理論Ⅲ』岩波書店
今口忠政［1993］『組織の成長と衰退』白桃書房

にする効果がある。信頼関係は，さらに，新しい知識を創造する際にも重要な役割を果たす。批判的議論を通じて新しい知識の創造を目指す場合は，信頼関係が不可欠だからである（詳しくは，高橋［2000］を参照のこと）。
(28) 小宮山社長は，比喩的に，「限られた獲物を争ってとる『狩猟民族』ではなく，限られた場所で種をまきじっくり育てる『農耕民族』的企業でありたい」ともいう。

小川正博［2006］「第2章　企業の創業と進化」渡辺幸男・小川正博・黒瀬直宏・向山雅夫『21世紀型中小企業論［新版］』有斐閣

岡野雅行［2009］『カネは後からついてくる！』青春出版社

後藤　晃［2000］『ノベーションと日本経済』岩波新書

小宮隆太郎・天野明弘［1972］『国際経済学』岩波書店

シュムペーター（塩野谷祐一・中山伊知郎・東畑精一訳）［1977］『経済発展の理論』（上巻）岩波書店（Schumpeter, J. A., Theorie der wirtschaftlichen Entwicklung, 2. Aufl., 1926）

シュムペーター（中山伊知郎・東畑精一訳）［1962］『資本主義・社会主義・民主主義』（上巻）東洋経済新報社（Schumpeter, J. A., Capitalism, socialism and democracy. Harper & Brothers. [1942]）

髙橋美樹［1996a］「中小企業分野における新技術・新製品開発と企業間関係」佐藤芳雄編著『21世紀，中小企業はどうなるか』慶應義塾大学出版会

髙橋美樹［1996b］「中小企業の新技術・新製品開発と戦略的企業間関係構築」『商工金融』(46-12)

髙橋美樹［2000］「イノベーションと中小企業のネットワーク」『商工金融』(50-8)

髙橋美樹［2007］「イノベーションと中小・ベンチャー企業」『三田商学研究』(50巻3号)

日経トップリーダー編［2011］『なぜ，社員10人でもわかり合えないのか』日経BP社

本多哲夫［2006］「第12章　ベンチャー・マネジメント」植田浩史・桑原武志・本多哲夫・義永忠一『中小企業・ベンチャー企業論』有斐閣

松田修一［2005］『ベンチャー企業＜第3版＞』日経文庫

山田基成［2010］『モノづくり企業の技術経営』中央経済社

渡辺幸男［2006］「第1章 中小企業で働くこと」渡辺幸男・小川正博・黒瀬直宏・向山雅夫『21世紀中小企業論［新版］』有斐閣

渡辺幸男［2006］「第3章 中小企業とは何か──多様ななかの共通性」渡辺幸男・小川正博・黒瀬直宏・向山雅夫『21世紀中小企業論［新版］』有斐閣

Besanko, David, David Dranove, Mark Shanley, Scott Schaefer. [2004] *Economics of Strategy* (3rd Edition). John Wiley & Sons

Cohen, W.M. [1995] "Empirical Studies of Innovative Activity." In P. Stoneman (ed.), *Handbook of Economics of Innovation and Technological Change*. Blackwell Publishers

Cohen, W. M. and D. A. Levinthal. [1990] "Absorptive Capacity: A New Perspective on Learning and Innovation", *Administrative Science Quarterly* (35), pp.128-152

Ghemawat, P. [1991] *Commitment*. Free Press
Greiner, L.E. [1972] "Evolution and Revolution as Organizations Grow," *Harvard Business Review* (Jul-Aug), pp.37-46
Greiner, L.E. [1998] "Evolution and Revolution as Organizations Grow," *Harvard Business Review* (May-June), pp.55-67
Kirzner, I.M. [1997] "Entrepreneurial Discovery and Competitive Market Process," *Journal of Economic Literature* (Vol.XXXV (March)), pp.60-85
Kline, S.J. and N. Rosenberg [1986] "An overview of innovation", In R. Landau and N. Rosenberg (ed.), *The Positive Sum Strategy*. National Academy Press
Nelson, R.R. [1991] "Why Do Firms Differ, and How Does It Matter?," *Strategic Management Journal* (Winter Special Issue)
Nelson, R.R. [1995] "Resent Evolutionary Theorizing About Economic Change," *Journal of Economic Literature* (Vol.XXXIII (March))
Nelson, R.R and S.G.Winter [1982] *An Evolutionary Theory of Economic Change*. Harvard University Press.
Penrose, E.T. [1959] *The theory of the growth of the firm*. New York: John Wiley
Porter, M.E. [1980] *Competitive Strategy: Techniques for Analyzing Industries and Competitors*. Free Press
Schumpeter, J.A. [1939] *Business Cycles*. McGRAW-HILL BOOK COMPANY
Stiglitz, J.E. [1987] "Learning to learn, localized learning and technological process". In P. Dasguputa and P. Stoneman (ed.), *Economic policy and technological performance*. Cambridge University Press
Teece, D.J. [1986] "Profiting from technological Innovation: Implications for integration, collaboration, licensing and public policy", *Research Policy* (15) pp.285-305
Teece, D.J. [2006] "Reflections on "Profiting from technological Innovation"", *Research Policy* (35) pp.1131-1146
Teece, D.J., R. Rumelt, G. Dosi, and S. Winter [1994] "Understanding corporate coherence: Theory and evidence," *Journal of Economic Behavior and Organization* (23), pp.1-30

（髙橋美樹）

和文索引

あ行

アーカー（Aaker） 15
アップル 7
委託事業 174
イノベーション 17, 33, 187, 195, 199
イノベーション・コミュニティ 51
イノベーション・モール 51
イノベーション過程 216
イノベーションの担い手 188
インターネット 71
エリート・サークル 51
オープン・イノベーション 34, 35

か行

科学的経営 59
学習の一般的特性 219
学習能力 198, 218
風の王国プロジェクト 124
画期的イノベーション 222
カテゴリー・イノベーション 15, 18, 22
カテゴリー形成 16
環境規制 90
関連性（relevance） 15
企業成長 211
企業の使命 4
技術の経路依存性 123
基盤的能力 195
キム（Kim） 14
狭義のイノベーション 188
共通目的 167

協働 164
協働意欲 168
クライン（Kline） 121, 125
クラウド 70
クリエーティブ・コモンズ運動 144, 149
クリステンセン（Christensen） 7
グローバルサプライヤー 84, 90, 94
経営資源 215
経験価値 38, 41, 45, 49
経済成長 185
経済的価値 167, 172
経済発展 185
系統問題 127
ケイパビリティ（Organizational Capability） 193
現場カイゼン 101
現場力 103
広義のイノベーション 187
公正使用（フェアユース）規定 144
顧客価値 4, 9, 13, 18, 40, 187
顧客価値基準 19, 20
顧客ベネフィット 9
顧客満足度 58
孤児著作物 143
コトラー（Kotler） 9
コミュニティ 157, 176
コミュニティビジネス 156
コモディティ化 5, 12, 14
固有的資源 205
コラボレーション 50
コンソーシアム 51

コンテンツ　132
コンテンツ産業　133
コンパクト　176

さ行

サービス　21
在庫管理　73
財産権　137
再生可能エネルギー　109
サイモン（Simon）　166
サムスン　3
産業クラスター　125
事業カテゴリー　25
事業の再定義　2, 7
事業の定義　3
資源依存アプローチ　175
資源ベースの視点　192, 193, 195
持続的競争優位　192
シャープ　18
社会的価値　167, 169, 172, 177
社会的企業　157
社会的距離　120
社会的排除　158, 162, 163
熟練技能　7
シュンペーター（Schumpeter）　185, 214
シュンペーター・マークⅠ　189
シュンペーター・マークⅡ　189
シュンペーター仮説　220
障がい者　169
情報通信技術（ICT）　133
情報の粘着性　117, 119, 125
人格権　137
新結合　125, 185, 214
新興国市場　3, 100
進捗管理　73

スウォッチ　11
セイコー　10
生産性パラドクス　64
製品アーキテクチャ　6
製品の属性　16
設計企画力　103
漸進的イノベーション（Incremental Innovation）　17, 190
全量固定価格買取制度　108, 109, 125
ソーシャルイノベーション　157
ソーシャルキャピタル（社会関係資本）　159, 177
ソーシャルビジネス　156
組織慣性　223
組織均衡論　165
組織的学習　219
組織風土　205
組織力　103
ソフト　21
ソリューション　25

た行

多角化　173
多機能化　10
タタ　83, 90
ダベンポート（Davenport）　67
断続的イノベーション（Radical Innovation）　190
地域イノベーション　125
地域経済の活性化　163
チェスブロウ（Chesbrough）　35
知覚価値　172
知識の幅と共有可能性　223
知的財産権　136
調整能力　197
著作権　134, 136

著作権制度　135
著作権の使用　136
著作権の保護期間　141
著作権の利用　136
著作権ビジネス　135
著作者　140
著作物　140
低価格自動車　84, 86, 100
デザイン　38
デザイン・イノベーション　39
デザイン思考　40, 45, 48
デジタル・プラットフォーム　134
デジタル・ミレニアム著作権法　141
デジタル組織　65
デジタルビジネス　146
電子発注　69
デンソー　95
独自資源（固有的資源）　197
トヨタ　102
トヨタ生産方式　101
ドラッカー（Drucker）　3, 186

な行

内需発展型の産業化　116
内発的発展　164
ナノ　84, 87, 89
日産　102
ニュー・パブリック・マネジメント（NPM）　165
認知能力　196
ネットワーク外部性　64

は行

把握能力　197
バーコード　73
バーナード（Barnard）　165
バーニー（Barney）　193
媒介する存在　157
破壊的イノベーション　17, 35
パッケージビジネス　146
発言の促進　172
発電の導入ポテンシャル調査　108
パブリック・ドメイン運動　143
非営利組織（NPO）　159
ビジネス・モデル　38
ビジネスシステム　29
風力発電　109
フェアユース規定　144
フォン・ヒッペル（von Hippel）　36, 117
福祉多元主義　163
部品構造のスリム化　92
ブルー・オーシャン戦略　14
プロセス・イノベーション　66, 79, 191
プロダクト・イノベーション　191
文脈的知識（contextual knowledge）　219
ベルヌ条約　139
変革的イノベーション　17
ペンローズの制約　211
ポーター（Porter）　192
補完資産　218
ポジショニングアプローチ　192, 195
ボッシュ　94
本格的イノベーション　17

ま行

名目的知識（nominal knowledge）　218
モバイル　70
問題解決能力　195, 218

や行

ユーザー・イノベーション　36
ユーザー・センタード・デザイン　37
洋上風力発電　108
洋上風力発電機　120

ら行

リード・ユーザー法　37
陸上風力発電　108

陸上風力発電機　122
リバース・イノベーション　88
隣接権　137
ルーティン　222
ルーティンの休止機能　222, 223
レパートリー　222
連鎖モデル　125
ロールモデル　16
録音録画補償金制度　147
ロック・イン効果　222

欧文索引

Base of Pyramid（BOP）　85
DRM（デジタル・ライツ・マネジメント）
　　145
ERPソフト　62
ICT（情報通信技術）　57
ICT投資　61
IT　203

POSレジ　77
RPS法　115, 125
SMH社　11
TRIPS協定　140
VRIO分析　193
WIPO著作権条約　141

【著者略歴】

小川　正博（おがわ　まさひろ）：編者　および　第1章　担当
大阪商業大学総合経営学部教授
［主要著書］『ネットワークの再編とイノベーション』（共編著，同友館，2012年），『日本企業のものづくり革新』（共編著，同友館，2010年），『21世紀中小企業論（新版）』（共著，有斐閣，2006年），『北海道の企業』（共著，北海道大学出版会，2005年），『事業創造のビジネスシステム』（共編著，中央経済社，2003年）．

西岡　正（にしおか　ただし）：編者　および　第8章　担当
兵庫県立大学大学院経営研究科准教授
［主要著書］『ネットワークの再編とイノベーション』（共編著，同友館，2012年），『日本企業のものづくり革新』（共編著，同友館，2010年），『地域ブランドと産業振興』（共著，新評論，2007年），『地域振興における自動車・部品産業の役割』（共著，社会評論社，2007年）．

秋山　秀一（あきやま　しゅういち）：第2章　担当
兵庫県立大学大学院経営研究科准教授
［主要著書］『自立する関西へ』（共著，晃洋書房，2009年），『現代中小企業論』（共著，同友館，2009年），『日本のインキュベーション』（共著，同友館，2008年），『多様化する中小企業ネットワーク』（共著，ナカニシヤ出版，2005年）．

竹内　英二（たけうち　えいじ）：第3章　担当
株式会社日本政策金融公庫総合研究所上席主任研究員
［主要著書］『2012年版新規開業白書』（共著，佐伯印刷，2012年），『環境問題と小企業の経営』（共著，中小企業リサーチセンター，2010年），『小企業で働く魅力』（共著，中小企業リサーチセンター，2008年）．

太田　志乃（おおた　しの）：第4章　担当
一般財団法人機械振興協会経済研究所研究員
［主要著書］「電動アシスト自転車の動向と可能性」『廃棄物資源循環学会誌』第22号（単著，廃棄物資源循環学会，2011年），『図解　早わかりBRICs自動車産業』（共著，日刊工業新聞社，2007年）．

北嶋　守（きたじま　まもる）：第5章　担当
一般財団法人機械振興協会経済研究所調査研究部長，駒澤大学大学院兼任講師
［主要著書］『ネットワークの再編とイノベーション』（共編著，同友館，2012年），『日本企業のものづくり革新』（共編著，同友館，2010年），『事例に学ぶ地域雇用再生』（共著，ぎょうせい，2010年），『講座　現代の社会政策3　労働市場・労働関係・労働法』（共著，明石書店，

2009年),『地域からの経済再生』(共著,有斐閣,2005年)。

崔　圭皓（ちぇ　きゅほ）：第6章　担当
大阪商業大学総合経営学部准教授
［主要著書］『転換期を迎える東アジアの企業経営』(共著,御茶の水書房,2011年),『現代企業論』(共著,実業出版,2008年),『新グローバル経営論』(共著,白桃書房,2007年)。

鈴木　正明（すずき　まさあき）：第7章　担当
株式会社日本政策金融公庫総合研究所上席主任研究員
［主要著書］『新規開業企業の軌跡』(勁草書房,近刊),『新規開業企業の成長と撤退』(共編著,勁草書房,2007年),「NPOバンクの現状と課題」(『調査季報』,国民生活金融公庫総合研究所,2006年)。

髙橋　美樹（たかはし　みき）：第9章　担当
慶應義塾大学商学部教授
［主要著書］『日本の中小企業研究（2000〜2009）』(共編著,同友館,近刊),『東アジア自転車産業論』(共著,慶應義塾大学出版会,2009年),『日本と東アジア産業集積研究』(共著,同友館,2007年),『イノベーションと事業再構築』(共著,慶應義塾大学出版会,2006年)。

2012年9月10日　第1刷発行

現代日本企業のイノベーションⅢ
中小企業のイノベーションと新事業創出

Ⓒ 編著者　　小 川 正 博
　　　　　　西 岡 　 正

　発行者　　脇 坂 康 弘

発行所　株式会社 同友館　〒113-0033 東京都文京区本郷 3-38-1
　　　　　　　　　　　　　　TEL.03(3813)3966
　　　　　　　　　　　　　　FAX.03(3818)2774
　　　　　　　　　　　　　　http://www.doyukan.co.jp/

落丁・乱丁本はお取り替えいたします。　西崎印刷／大日本印刷／東京美術紙工
ISBN 978-4-496-04914-9　　　　　　　　　　　Printed in Japan

本書の内容を無断で複写・複製（コピー），引用することは，
特定の場合を除き，著作者・出版者の権利侵害となります。